David Gibbins

David Gibbins est docteur en archéologie à Cambridge. Passionné de plongée, il fait autorité dans le domaine des civilisations disparues. Il s'est inspiré de la légende et des données scientifiques concernant l'Atlantide pour écrire son premier roman, *Atlantis* (2005), vendu à 200 000 exemplaires en France. Ce succès sera suivi de bien d'autres best-sellers, où l'on retrouve son héros culte, l'archéologue Jack Howard : *Le Chandelier d'or*, *Le Dernier Évangile*, *Tigres de guerre*, *Le Masque de Troie*, *Les Dieux d'Atlantis* (suite d'*Atlantis*) et *Pharaon*, tous repris chez Pocket. Le dernier titre de cette série, *Pyramide*, a paru en 2014 aux Éditions Les Escales.
Il a également entamé une saga intitulée *Total War Rome*, inspirée du jeu vidéo éponyme, publiée chez le même éditeur et composée pour lors de *Détruire Carthage* (2013) et *L'Épée d'Attila* (2015).

TOTAL WAR ROME II

DU MÊME AUTEUR
CHEZ POCKET

LES ENQUÊTES DE L'ARCHÉOLOGUE JACK HOWARD

ATLANTIS
LES DIEUX D'ATLANTIS
LE CHANDELIER D'OR
LE DERNIER ÉVANGILE
TIGRES DE GUERRE
LE MASQUE DE TROIE
PHARAON
PYRAMIDE

TOTAL WAR ROME

DÉTRUIRE CARTHAGE
L'ÉPÉE D'ATTILA

DAVID GIBBINS

TOTAL WAR ROME II

L'Épée d'Attila

Traduit de l'anglais
par Béatrice Guisse-Lardit

LES ESCALES

Titre original :
TOTAL WAR ROME : THE SWORD OF ATTILA

MIXTE
Papier issu de sources responsables
FSC® C003309

Pocket, une marque d'Univers Poche,
est un éditeur qui s'engage pour la préservation
de son environnement et qui utilise du papier fabriqué
à partir de bois provenant de forêts gérées
de manière responsable.

ISBN : 978-2-266-26280-4

Note préliminaire

Le ve siècle après J.-C. fut l'une des périodes les plus importantes de l'histoire, une époque de bouleversements et de guerres qui a marqué la transition entre le monde de l'Antiquité et celui du début du Moyen Âge. Presque cinq siècles après l'accession au trône d'Auguste, le premier empereur, et huit cents ans après les premières guerres de conquête initiées par Rome, l'Empire romain était sur son déclin, et, bien loin de soumettre quiconque, luttait contre les invasions barbares qui menaçaient de l'engloutir. L'impensable s'était déjà produit : Rome elle-même avait été mise à sac en 410 par une armée de pillards goths. De grands changements étaient intervenus, depuis les jours glorieux de l'Empire, trois siècles auparavant. Rome était maintenant chrétienne, dirigée par une nouvelle hiérarchie de prêtres et d'évêques. L'Empire avait été scindé en deux parties, avec chacune un empereur, et Constantinople et Milan comme nouvelles capitales, toutes deux déchirées par des querelles dynastiques et des luttes intestines. Même l'armée romaine avait changé, au point de n'être presque plus reconnaissable : les vieux légionnaires avaient disparu, remplacés bien souvent par des hommes d'origine barbare. Cependant, quelques-uns, parmi les officiers, gardaient la nostalgie de l'ancien temps, et ceux-là, profondément imprégnés des traditions des Césars et des grands généraux de la République, croyaient que l'ancienne réputation de Rome pourrait servir d'exemple une dernière fois et guider l'armée contre les forces obscures qui la menaçaient. Et surtout, s'il devait y avoir une dernière bataille décisive, ils espéraient que leurs hommes se lèveraient pour défendre l'honneur des légionnaires et des généraux de l'ancien temps.

Beaucoup pensaient que seuls la mort et l'anéantissement les attendaient. L'évêque Augustin avait renoncé aux plaisirs de ce monde et ne regardait plus que la promesse du ciel, vers la Cité de Dieu. Les moines d'Arles croyaient que l'Apocalypse approchait. Cependant, pour la première fois dans l'histoire de Rome, des écrivains contemporains s'intéressèrent à ce que l'on pourrait nommer « la grande stratégie ». Rome devait-elle pacifier les Barbares en leur faisant des concessions, en leur offrant des terres, ou devait-elle s'opposer à eux militairement ? Toutes les couches de la société se préoccupaient de cette question, jusqu'aux plus humbles des soldats, à un niveau de réflexion stratégique probablement jamais atteint chez ceux qui les avaient précédés. Priscus de Panium, principal commentateur des années couvertes par ce roman, était lui-même diplomate et très intéressé par ce problème. Seuls des fragments de son œuvre nous sont parvenus, et il ne semblait guère montrer d'intérêt pour les détails militaires. Aussi ma reconstitution des grands sièges et batailles de cette période a-t-elle requis encore plus d'imagination que les batailles du IIe siècle avant J.-C. décrites dans mon roman précédent, *Total War Rome : Détruire Carthage*. Néanmoins, tout comme l'historien Polybe fut un témoin oculaire de la destruction de Carthage en 146 avant J.-C., Priscus se rendit personnellement à la cour d'Attila le Hun et nous peignit un tableau extraordinairement vivant de ce qu'il y vit. C'est par lui que nous connaissons l'engendrement mythique des Huns par des griffons, leurs rituels funéraires sanglants, leur culte de l'épée, et toutes les raisons pour lesquelles Rome avait tant à craindre de ce nouvel ennemi terrifiant, qui fit vaciller l'Empire déjà au bord du précipice au milieu du ve siècle de notre ère.

Vous trouverez un résumé plus détaillé concernant cette période et l'armée romaine tardive dans la Note de l'auteur qui se trouve à la fin de cet ouvrage, ainsi que des éclairages sur les sources historiques et archéologiques.

D.G.

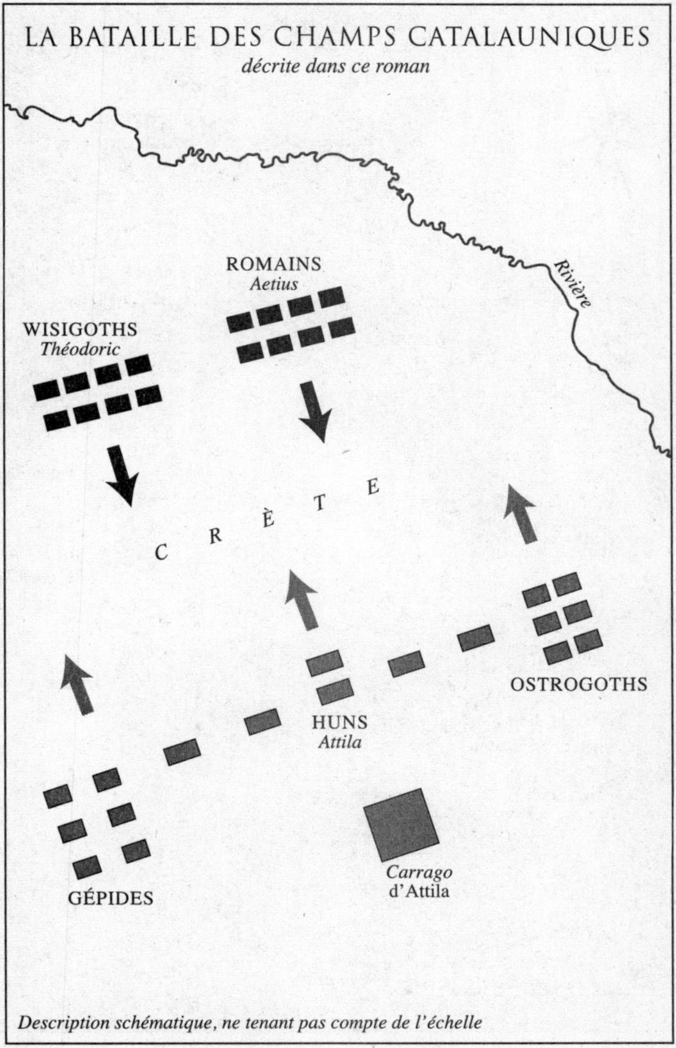

LA BATAILLE DES CHAMPS CATALAUNIQUES

décrite dans ce roman

Description schématique, ne tenant pas compte de l'échelle

BRITANNIE
N
Champs
Catalauniques
GAULE
Milan
Tolosa
Ravenne
MER ADRI
ITALIE
HISPANIE
Rome
MER
TYRRHÉNIENNE
M E R
M É D I
Hippone
Carthage
AFRIQUE
0
800 kilomètres

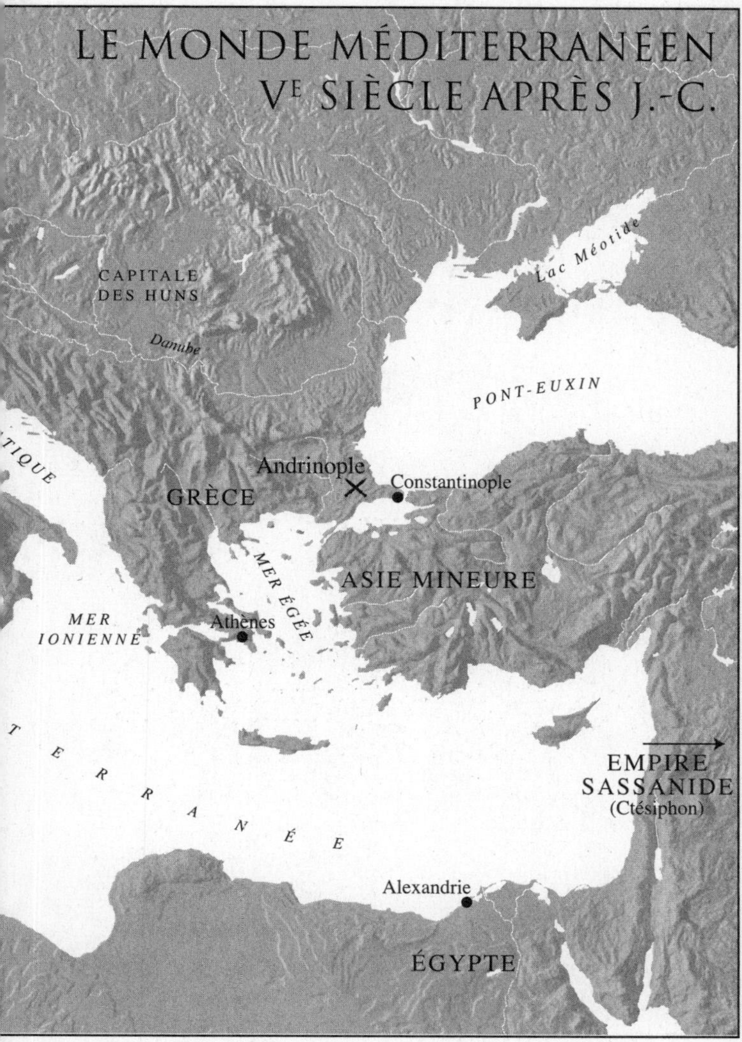
LE MONDE MÉDITERRANÉEN
Ve SIÈCLE APRÈS J.-C.
Lac Méotide
CAPITALE
DES HUNS
Danube
PONT-EUXIN
TIQUE
Andrinople
Constantinople
GRÈCE
MER ÉGÉE
ASIE MINEURE
MER
IONIENNE
Athènes
TERRANÉE
EMPIRE
SASSANIDE
(Ctésiphon)
Alexandrie
ÉGYPTE

Personnages

Sauf indication contraire, il s'agit de personnages historiques.

Aetius – commandant en chef de l'armée romaine d'Occident

Anagastus – général romain sous les ordres d'Aetius

Andag – garde goth d'Attila

Apsachos – archer sarmate fictionnel

Ardaric – chef des Gépides, sous les ordres d'Attila

Arturus – moine guerrier breton semi-fictionnel

Aspar – général romain sous les ordres d'Aetius

Attila – roi des Huns

Bleda – fils aîné de Moundzouk

Caton – *optio* fictionnel dans le *numerus* de Flavius

Denys – moine scythe fictionnel, précepteur de Flavius (et grand-père de Denys le Petit à qui est attribuée la datation de l'ère chrétienne)

Êrekan – fille semi-fictionnelle d'Attila

Eudoxie – épouse de l'empereur Valentinien

Flavius – tribun fictionnel, neveu d'Aetius

Gaudentius – grand-père goth de Flavius et père d'Aetius

Genséric – roi des Vandales

Héraclius – eunuque grec à la cour de l'empereur Valentinien

Macrobius – centurion fictionnel, ami de Flavius

Marcien – empereur d'Orient qui succéda à Théodose

Maximinus – tribun de cavalerie dans l'armée d'Orient

Maximus – soldat fictionnel dans le *numerus* de Flavius

Moundzouk – roi des Huns, père d'Attila

Octar – frère de Moundzouk et Ruga

Optila – garde du corps hun d'Êrekan

Priscus – érudit et envoyé de Théodose auprès d'Attila

Quintus – tribun fictionnel, cousin de Flavius

Quodvultdeus – évêque de Carthage

Radagaise – commandant wisigoth fictionnel sous les ordres de Thorismond (et petit-fils de Radagaise qui envahit l'Italie en 405)

Ruga – frère de Moundzouk et d'Octar

Sangiban – roi des Alains d'Aurelianum (Orléans)

Sempronius – soldat fictionnel dans le *numerus* de Flavius, vétéran de Britannie

Théodemir – commandant wisigoth sous les ordres de Thorismond

Théodoric – roi des Wisigoths

Théodoric – le plus jeune fils du roi Théodoric et frère de Thorismond

Théodose – empereur romain d'Orient

Thorismond – fils aîné du roi Théodoric

Thraustila – garde du corps d'Êrekan

Uago – tribun senior fictionnel des *fabri* à Rome

Valamir – commandant ostrogoth sous les ordres d'Attila

Valentinien – empereur romain d'Occident

Un jour, un berger observa qu'une génisse de son troupeau boitait et, inquiet, ne trouvant pas la cause de sa blessure, suivit la trace de sang et trouva finalement une épée sur laquelle elle avait marché tout en broutant. Il la sortit de terre et l'apporta directement à Attila. Celui-ci se réjouit grandement de ce présent et, comme il était ambitieux, en conclut que cette épée le désignait comme le chef du monde entier et qu'à travers l'épée de Mars la suprématie lui était assurée dans toutes les guerres.

JORDANÈS (circa 550), *Getica*, 35.83, citant
l'historien du ve siècle Priscus,
témoin oculaire à la cour d'Attila

Leur équipement est léger pour assurer une grande mobilité, de manière à surprendre l'adversaire ; leur tactique consiste à se séparer en bandes dispersées et à fondre sur l'ennemi de tous côtés, semant la mort de façon terrifiante... ils sont sans conteste les plus terribles de tous les guerriers, car ils combattent à distance avec des projectiles... puis ils s'engouffrent au galop dans les espaces laissés vides et combattent au corps à corps, sans se soucier de leur propre vie, et tandis que l'ennemi se protège des blessures occasionnées par les coups d'épée, ils lancent des bandes de tissu tressées en nœuds coulants sur leurs adversaires et les entravent si bien qu'ils immobilisent leurs membres.

Ammien MARCELLIN (circa 380),
Res Gestae, 31.2.8-9, à propos des Huns

Prologue

Dans la grande plaine hongroise (396 après J.-C.)

Les deux prisonniers romains avançaient en titubant sur la pente qui menait à la prairie, leurs chaînes traînant dans la neige molle. Un vent coupant balayait le plateau qui encerclait la ravine, procurant une morsure hivernale à ceux qui s'étaient rassemblés pour la cérémonie. Loin au-dessus d'eux, des aigles, qui s'étaient envolés des poings de leurs maîtres, planaient dans l'attente de la viande et du sang qu'on leur abandonnerait à l'issue de la cérémonie. Au bout de la prairie, de grands chaudrons de bronze bouillonnaient sur des brasiers, et la vapeur qu'ils produisaient formait une fine brume au-dessus des têtes. L'arôme capiteux de la viande qui cuisait, du bœuf, du mouton et du gibier, répandait ses effluves le long du ravin et autour des tentes circulaires du campement, au-delà de la source d'où l'eau sacrée commençait son voyage vers le grand fleuve, à deux jours de cheval vers l'ouest, là où s'achevait la terre des chasseurs et où commençait l'Empire romain.

Le plus jeune des deux prisonniers trébucha et s'appuya sur son compagnon, qui l'aida à se redresser et lui parla rudement, dans un langage inconnu de la plupart des hommes présents. Il ne restait de leurs tuniques de soldats romains que des haillons tachés par la rouille des chaînes. Leurs pieds nus, ensanglantés par des journées de marche, étaient entravés.

Le plus âgé, émacié, le poil gris, portait d'anciennes cicatrices sur les joues et le menton, sous sa barbe blanche non rasée, et des scarifications sur les avant-bras, où il avait autrefois tracé la marque de son unité, *LEG II*. Il regardait droit devant lui d'un air de défi, tandis que ses geôliers le forçaient à avancer. Il avait l'attitude du soldat qui a déjà trop souvent vu la mort en face pour redouter ce qui, il le savait, les attendait maintenant.

Le son d'une corne retentit, aigu et strident, et, loin au-dessus, les aigles se mirent à pousser des cris rauques qui résonnèrent dans tout le ravin. Un lourd chariot, tiré par deux bœufs et entouré de cavaliers tenant leur lance dressée, leur arc sur le dos, apparut en vue du campement. Les hommes portaient des pantalons de cuir et des tuniques dont la fourrure était tournée vers l'intérieur pour les protéger du froid. Sous leurs selles, le sang suintait des coussins de viande crue sur lesquels ils étaient assis et dégoulinait sur le flanc des chevaux. La viande protégeait les animaux des blessures occasionnées par la selle tout en s'attendrissant pour servir de nourriture à leurs cavaliers au cours de la longue chasse dans la steppe qui devait succéder à la cérémonie. Les hommes étaient coiffés de casques coniques luisants sur leur chapeaux de fourrure à large bord, pourvus d'oreillettes qu'ils pouvaient rabattre et attacher pour se garantir du vent glacial du plateau. Par-dessus leur tunique, ils portaient une armure sophistiquée composée de petites plaques rectangulaires cousues ensemble, qu'ils se procuraient en échange de fourrures précieuses auprès de négociants venus de la lointaine Serikon, le pays que les Romains nommaient Thina. La soie que les femmes de l'assemblée portaient autour de la tête provenait également de ces marchands, ainsi que les feux magiques que les archers enverraient dans le ciel pour marquer la fin de la cérémonie et le début du grand festin qui suivrait jusque tard dans la nuit.

Le chef des cavaliers dépassa au petit galop le lieu où se trouvaient les chaudrons, traversa la foule et s'arrêta au centre de la prairie, devant un immense bûcher de fagots, prêt à être allumé, qui faisait le double de sa taille. Il tira sur les rênes, sur lesquelles apparurent alors les feuilles d'or qui les décoraient, et fit demi-tour pour faire face au chariot qui s'approchait, tout en se penchant pour chuchoter et calmer son cheval qui hennissait et piaffait. Lorsque le chariot s'arrêta, il ficha sa lance dans le sol, ôta son casque, qu'il posa sur sa hanche, et attendit, impassible. Il avait le front haut et fuyant car on le lui avait bandé à la naissance, ses cheveux noirs étaient serrés et attachés au sommet de sa tête, puis redescendaient en une longue queue-de-cheval, maintenant libérée de la pointe conique de son casque, où elle avait été enserrée. Il avait le teint buriné par les intempéries, les yeux bridés et le nez plat caractéristiques de son peuple. Les pointes effilées de sa moustache tombaient de chaque côté de sa bouche. Deux vilaines cicatrices tailladaient ses joues diagonalement, de la tempe au menton, refermées depuis longtemps, mais congestionnées et pourpres à cause de l'air glacial.

Il se redressa sur sa selle, les mains sur les hanches.

— Je suis Moundzouk, votre roi, dit-il.

Sa voix était gutturale, discordante, comme les cris des aigles, les mots finissant sur les rudes consonances d'une langue faite pour être entendue et comprise malgré le hurlement du vent. Il désigna le chariot.

— Et aujourd'hui, si ce que nous disent les signes est juste, vous allez voir votre futur roi.

Il déplaça son cheval sur le côté et les jeunes gens firent avancer lentement les bœufs jusqu'à ce que le chariot, flanqué de hautes ridelles de bois qui en dissimulaient l'intérieur aux regards, se trouve à l'intérieur du cercle formé par les spectateurs. Tandis que les jeunes gens dételaient les bêtes et les emmenaient, quatre hommes s'approchèrent : deux tenant des torches allumées, un autre, le marcheur de feu, protégé par des vêtements de cuir, portant un seau pesant, et derrière lui la silhouette traînante du chaman aux yeux blancs et aveugles, qui peinait sous le poids d'une omoplate de taureau blanchie par le soleil. Le marcheur de feu s'approcha du bûcher et y vida le contenu de son seau, répartissant sur les fagots de brindilles la boue noire et épaisse prise dans le fond du ravin, où elle sortait de terre en bouillonnant, puis il revint près du chaman.

La garde personnelle de Moundzouk se plaça derrière eux : des Alains, des Saxons, des Angles, renégats de l'Ouest, des hommes fidèles au plus offrant, dont il avait acheté l'allégeance avec l'or qu'il avait reçu de l'empereur à Constantinople contre la promesse de rester à l'est du grand fleuve. Il avait appris à utiliser les mercenaires auprès des rois des Goths, des souverains qu'il avait courtisés avant de les écraser. Devenu roi et bien plus qu'un petit chef de guerre, il avait appris à ne faire confiance à personne, même pas à ses propres frères. Les cavaliers de la grande plaine, ses guerriers huns, étaient les meilleurs qui aient jamais arpenté les prairies, mais chacun d'entre eux était un roi potentiel, habitué à commander à toute l'étendue visible de la steppe jusqu'à l'horizon. Les mercenaires, eux, combattraient jusqu'à la mort, non par loyauté mais parce qu'ils savaient qu'un mercenaire qui se rendait était exécuté à coup sûr.

Les jeunes gens qui avaient emmené les bœufs étaient revenus et se tenaient maintenant de chaque côté du chariot. Moundzouk fit un signe de tête et ils déverrouillèrent et abaissèrent les ridelles. À l'intérieur, deux femmes étaient accroupies devant une troisième, couchée sur le dos et dans les dernières phases de l'accouchement : la reine de Moundzouk. Un voile couvrait son visage. Elle était silencieuse, mais le tissu bougeait au rythme de sa respiration haletante, et ses mains étaient blanches et crispées. Les femmes présentes dans la foule se mirent à lancer des youyous en se balançant d'avant en arrière. Les hommes entonnèrent d'une voix sourde une mélopée qui enflait dans un lent crescendo. Il y eut un mouvement dans le chariot. Une des femmes s'agenouilla soudain et regarda Moundzouk en désignant le bûcher. Celui-ci mit son casque et fit reculer son cheval. Le moment était venu.

Moundzouk prit une torche allumée à l'un des hommes et fit pivoter sa monture en direction du bûcher. D'un geste rapide, il balança la flamme au-dessus de sa tête puis la relâcha, et la regarda s'écraser et exploser dans une gerbe d'étincelles. Rien ne sembla se produire d'abord, comme si le bûcher l'avait absorbée, puis une lueur orange envahit le centre et des flammèches se mirent à courir en suivant les coulées de bitume tout autour, formant un cercle de feu. Les flammes montèrent à l'assaut des brindilles et, en quelques secondes, les réduisirent en un monticule de cendres, révélant une vision étonnante. Au centre, comme si elle avait émergé de l'étreinte d'un dieu, apparut une épée luisante dont la longue lame pointait vers les cieux, et dont le pommeau recouvert d'or reposait sur un piédestal de pierre sculpté à la forme d'une main humaine. C'était l'épée sacrée des rois huns, que le chaman avait apportée pour la cérémonie du renouveau, prête à disparaître encore comme par enchantement, dans l'attente de sa redécouverte, exactement comme cela s'était produit une génération auparavant, lorsque le futur roi avait été Moundzouk lui-même.

Moundzouk fit effectuer un nouveau demi-tour à son cheval et les ornements d'or de son harnais resplendirent à la lueur des flammes. Dans le chariot, les femmes étaient toujours groupées autour de la forme allongée, mais, l'un des jeunes gens, qui s'était tenu jusque-là à côté du chariot, s'était avancé devant. La tradition voulait que la tâche qui allait suivre soit accomplie par cet adolescent, Bleda, fils aîné du roi, dont la naissance n'avait pas été accompagnée des signes propices mais qui serait le compagnon d'armes du futur roi. Il se tenait, hésitant, la tête encore enveloppée de bandes de laine, l'œil droit retombant là où l'épée de Moundzouk avait glissé sur ses larmes lorsqu'il avait pratiqué sur ses joues les scarifications portées par tous les guerriers huns. Les bras et les jambes enveloppés de linges humides, il regardait le feu avec crainte.

— Va, lui intima l'un des autres garçons, d'un ton pressant.

Il se mit à courir, en criant de sa voix éraillée d'adolescent, et sauta dans les braises. Son cri se transforma en gémissements de douleur tandis qu'il s'efforçait de franchir le monticule qui s'éboulait pour atteindre l'épée. Il glissa, puis se saisit de la poignée, l'arracha à son support et se retourna en trébuchant à travers les braises en direction de Moundzouk. Il haletait, les yeux ruisselants et les mains brûlées, mais il avait réussi. Une femme se hâta de verser sur lui un seau d'eau qui le fit grésiller et fumer. Il prit l'épée par la lame et présenta le pommeau à Moundzouk, qui la saisit par la poignée et la souleva très haut, puis poussa un rugissement dont l'écho fit résonner tout le ravin. C'était le cri de guerre des Huns, un cri de mort qui terrorisait tous ceux qui l'entendaient.

Il éprouva le tranchant de la lame fraîchement aiguisée, et son doigt se mit à saigner. Il regarda en direction des deux Romains. L'un vivrait, l'autre mourrait. C'était ainsi que se déroulait la cérémonie depuis que sa lignée régnait sur la grande plaine. Bleda savait qu'il lui appartenait de choisir.

Le Romain le plus âgé le toisa d'un air méprisant, en tirant sur ses chaînes. Bleda soutint son regard, puis leva le bras et le désigna. Moundzouk devait mettre à l'épreuve le courage de l'homme, pour s'assurer que le choix était juste. Il prit sur sa selle la massue qui lui servait pour achever le gibier, s'avança au petit galop et en frappa violemment la bouche de l'homme. Il entendit le craquement de l'os brisé, l'homme tituba en arrière, mais se redressa, la mâchoire inférieure fracassée. Il cracha une gorgée de sang et de dents brisées, puis fixa le roi d'un air de défi.

— *Futuere*, Barbare, gronda-t-il.

Moundzouk lui rendit son regard. Il savait ce que signifiait cette injure. Mais c'était bien. Ces hommes ne ressemblaient pas aux émissaires de Constantinople, les eunuques pleurnicheurs, seuls captifs qu'ils avaient pu trouver pour la cérémonie de Bleda, des hommes qui avaient commis l'erreur de se présenter devant Moundzouk dépourvus d'or, qui avaient supplié qu'on les épargne de leurs voix de fausset et qui s'étaient souillés devant sa reine. Lorsqu'il les avait vus affronter la mort de cette façon, comme des lâches, il avait su que les signes ne seraient pas bons, que la volonté des dieux n'était pas que Bleda fût le prochain roi. Mais cette fois-ci, c'était différent. Ces deux-là étaient des soldats. Capturés trois semaines auparavant au cours d'un raid sur un fort du grand fleuve, celui que les Romains appelaient Danubius, ils s'étaient battus comme des lions mais avaient été pris au lasso et entravés avec leurs propres chaînes, celles qu'ils avaient utilisées pour réduire d'autres en esclavage. Ses frères Octar et Ruga, qui avaient commandé l'expédition, s'étaient moqués de la légendaire aptitude à la marche des Romains, mais les captifs avaient pourtant continué à avancer. Moundzouk avait vu les cicatrices sur les bras du plus âgé, la marque de la légion. Seuls les plus endurcis s'infligeaient cela. Octar et Ruga avaient eu la main heureuse. Le sang du Romain donnerait à son fils l'accès aux âmes et aux esprits du plus grand ennemi que son peuple eût jamais affronté. L'autre serait l'esclave du futur roi et lui enseignerait tout le savoir-faire de leurs guerriers, l'art de l'escrime et la stratégie, lui montrerait comment se battre comme eux et comment penser comme leurs généraux.

Il fit un signe de tête et les hommes de sa garde firent tomber les deux prisonniers à genoux à coups de pied. Le sang coulait de la bouche du plus vieux, mais il se maintint pourtant droit, le regard dirigé devant lui. Il prononça dans sa langue, en grognant, pour son compagnon, des mots que Moundzouk comprit :

— Souviens-toi de nos camarades, mon frère. Souviens-toi de ceux qui sont partis avant nous. Ils nous attendent sur l'autre rive.

Le jeune soldat tremblait, le visage livide et les yeux injectés de sang, comme quelqu'un qui commence à prendre conscience de l'inimaginable. Il ne devait pas savoir qu'il avait une chance d'être épargné. Il tenait quelque chose dans ses mains entravées et le serrait si fort que ses phalanges en étaient blanches. Il leva les bras en direction du feu, soulevant à grand-peine l'objet entre ses doigts jusqu'à ce qu'il apparaisse. C'était une croix de bois toute simple qu'il semblait avoir faite lui-même. Elle se détachait ainsi sur l'écran des flammes et il se mit à prononcer des incantations, celles des prêtres aux robes brunes qui avaient visité une fois, il y avait longtemps, le peuple des plaines pour leur montrer le dieu saignant de la croix, un dieu qui leur paraissait une divinité de faiblesse et de renoncement, qu'ils méprisaient.

Moundzouk vit la croix et fut pris d'un accès de fureur. Il changea d'avis : c'est l'autre qui serait épargné. Il rugit, empoigna la grande épée, sauta à bas de son cheval, et, repoussant Bleda, s'avança à grandes enjambées vers le jeune soldat. Il lui coupa les deux mains d'un seul coup, ce qui envoya la croix valdinguer dans le feu en tournoyant. Il lança l'épée en l'air, la rattrapa au vol par la poignée et l'enfonça directement à travers le cou et le torse de l'homme, l'épinglant du même coup au sol. Le soldat vomit son sang, les yeux vitreux, puis s'écroula tandis qu'un jet rouge jaillissait de ses poignets et que sa tête pendait en avant. Moundzouk rugit de nouveau, frappa sa poitrine de ses poings, et ses gardes lui répondirent en écho. Il posa son pied sur l'épaule de l'homme, tira l'épée et en essuya le sang sur ses joues, tout en léchant le plat de la lame. Il attrapa le Romain par les cheveux et le décapita, lança la tête dans le feu, puis enfonça sa lame au milieu du torse, en arracha le cœur qu'il pressa dans sa main levée jusqu'à ce que tout le sang ait coulé sur son bras et sa tunique. Il laissa les dernières gouttes couler dans sa bouche puis le jeta sur le corps.

Il s'était souvenu des paroles du chaman. « Il ne suffit pas de tuer les victimes une fois. Pour que le sacrifice porte ses fruits, il faut les tuer de nombreuses fois, encore et encore, jusqu'à ce que les dieux soient satisfaits, qu'ils trinquent avec leur chope à chaque coup, et que la bière répandue se mêle au sang des victimes… »

Derrière lui, les hommes ajoutèrent des fagots sur le bûcher, et le marcheur de feu posa l'omoplate de taureau dans les braises. Moundzouk leva bien haut l'épée dont la lame était luisante de sang et se tourna vers le chariot. Les hommes rugirent d'impatience, et les femmes se remirent à leur mélopée. L'une d'entre elles, dans le chariot, se retourna et présenta le bébé, un garçon, et le chant s'intensifia. Moundzouk se saisit de l'enfant de la main gauche et le tint en l'air. Il examina les yeux, fentes sombres qui semblaient le transpercer, réfléchissant les flammes. Le présage était favorable. Le bébé n'avait pas encore crié. « Son sang doit couler avant le premier cri. »

Il leva l'épée jusqu'à lui faire effleurer une joue, éclaboussant l'enfant avec le sang du soldat. Moundzouk se souvint des paroles qu'on lui avait enseignées. « Le sang de l'ennemi se mêlera au sang du roi. C'est alors seulement que tu connaîtras ton ennemi et sauras comment le vaincre. Tu ne seras plus qu'un avec lui. » Il appuya la lame et entailla la joue du garçon jusqu'à la mâchoire, fit la même chose de l'autre côté, regarda les gouttelettes de sang dégouliner de la lame et tomber au sol, tandis que la mélopée se transformait en youyous, et que les flammes s'élevaient au-dessus du bûcher.

Il leva les yeux vers le ciel. Les cris des aigles avaient augmenté en intensité, s'étaient faits aigus, rauques, couvrant les craquements du feu. L'odeur et la chaleur des entrailles les avaient excités. Très haut, il voyait les ondulations des nuages qui couraient vers l'ouest, comme un torrent indomptable. Un des aigles, le plus grand, s'était séparé des autres et planait en cercles de plus en plus petits. Le battement de ses ailes résonnait plus fort à chaque fois qu'il passait au-dessus de la prairie.

Moundzouk se recula rapidement et ses hommes repoussèrent la foule pour lui faire place. Soudain, l'oiseau replia ses ailes et se laissa tomber à l'intérieur du cercle, droit sur le corps ensanglanté et le cœur du jeune homme, qu'il attrapa dans ses serres en même temps qu'un ruban de viscères, qu'il arracha au cadavre. Il redéploya ses ailes immenses, s'éleva et se dirigea vers l'est, en direction des montagnes et de l'aire lointaine où il se repaîtrait de sa part du festin.

Moundzouk respira profondément, savourant l'odeur cuivrée du sang frais. Les présages étaient favorables. L'épée avait parlé. Il rendit le bébé à la femme en contrebas. Il avait vu de ses yeux les gravures représentant des aigles sur la falaise au-dessus des Portes de Fer, près du pont en ruine et du fort, sur le fleuve où ils avaient capturé les Romains. Autrefois les aigles avaient été des animaux sacrés pour ceux-ci, que les gravures représentaient portés au-dessus des soldats, mais on disait qu'après l'échec des Romains pour s'emparer des terres au-delà du Danube les aigles s'étaient envolés, dégoûtés, pour retrouver leurs aires ancestrales dans l'Est, enragés par le déshonneur et la trahison. Maintenant, les soldats qui gardaient les forts sur le fleuve suivaient le dieu de la croix, un dieu de paix et non un dieu de guerre, un dieu que Moundzouk ne pouvait que mépriser. Dorénavant, les aigles avaient trouvé de nouveaux maîtres, des cavaliers qui un jour balaieraient tout sur leur passage, dans leur désir de donner aux aigles leur revanche, conduits par un roi qui arracherait le cœur même de Rome.

Il y eut un mouvement près du feu et Moundzouk se retourna pour regarder le chaman et le marcheur de feu : à l'aide d'un bâton, ils sortaient l'omoplate des braises. Ils l'arrosèrent avec un seau d'eau, ce qui la fit siffler et craquer. Le chaman s'agenouilla à côté en marmonnant pour lui-même, et l'autre homme guida sa main jusqu'à la partie plate de l'os, dont la surface était brûlée et couverte de fines craquelures. Le chaman y promena ses doigts pendant plusieurs minutes, l'interprétant de la manière qu'il était seul à connaître, marmonnant, levant ses yeux aveugles de temps à autre en direction de la chaleur du feu, puis les baissant de nouveau. Après une pause finale, il se leva péniblement, aidé par le marcheur de feu. Il prit son bâton et boitilla vers Moundzouk. Ses yeux blancs rougeoyaient à la lueur du feu. Moundzouk posa le plat de l'épée sur son épaule et sentit le sang humide et poisseux contre son cou.

— Que dis-tu, vieil homme ?

Le chaman leva la main.

— Tu dois prendre l'épée et l'enterrer dans les herbages au-dessus du grand lac, sous les aires des aigles. Si, lorsque ton fils atteint l'âge adulte, un berger se présente devant lui avec une génisse dont la patte saigne, alors le garçon saura que l'épée s'est soulevée et l'attend là où l'animal a été blessé. Si, lorsqu'il la trouve, la lame est polie et brillante, le tranchant affûté comme si elle avait été récemment aiguisée, alors cela signifie que l'épée a soif de sang, et il connaîtra sa destinée.

Un autre aigle fondit depuis les hauteurs en criant bruyamment, prit un morceau de viande que lui présentait le chaman et s'envola lourdement vers l'ouest, provoquant dans son sillage un courant d'air froid qui fit vaciller les flammes en direction du roi. Bientôt, les autres aigles suivraient, fondant au sol pour déchiqueter des lambeaux de chair.

Moundzouk se dirigea vers son cheval, en agrippa la crinière de sa main libre et sauta en selle, tout en tenant l'épée. L'une des femmes lui donna de nouveau le bébé, emmailloté maintenant, son visage lavé de son sang. Il tint l'épée derrière lui d'une main et souleva le bébé dans l'autre, pour que tous puissent le voir. Tous les muscles de son corps étaient tendus, et il sentit la soif du combat surgir en lui. Il regarda de nouveau les yeux de son fils, les blessures fraîches sur ses joues.

— Tu apprendras les traditions de notre peuple, dit-il. Tu apprendras à te servir de l'arc, de l'épée et du lasso, du cheval. Tu apprendras la langue et les traditions de notre ennemi, pas pour communiquer avec lui, mais pour connaître sa stratégie et son art de la guerre, pour savoir de quelle façon le détruire. Ton armée se déplacera plus vite que les nouvelles de sa venue. Tes conquêtes ne cesseront que lorsque les fleuves seront rouges du sang des guerriers huns et que notre lignée sera éteinte.

Le chaman boita jusqu'au cheval, les bras tendus devant lui. Puis il trouva les rênes, s'en saisit et demanda, en levant ses yeux aveugles vers le cavalier :

— Comment l'appelleras-tu ?

Moundzouk fixa l'épée, une épée qui portait un nom

ancien dans leur langue, un nom que peu avaient jamais osé prononcer, puis regarda l'enfant de nouveau.

— Tu porteras le nom de l'épée qui t'a scarifié. Tu ne feras plus qu'un avec elle. Tu ne seras pas seulement un chef de guerre. *Tu seras le dieu de la guerre.*

Il leva l'enfant très haut et rugit son nom de toute la force de ses poumons :

— Attila !

PREMIÈRE PARTIE

CARTHAGE, AFRIQUE DU NORD

439 après J.-C.

R V
COMOB

1

Un chien hurla, un son étrange, irréel, qui déchira l'air calme du matin et résonna dans la vallée désolée, entre le désert et la mer. Sur le parapet, l'homme se leva, enveloppé dans son manteau pour se protéger du froid, heureux de porter des bottes en peau de mouton, un pantalon et une tunique de laine sous sa cotte de mailles. Il tendit l'oreille. Les sons portaient loin à travers les collines dépouillées d'Afrique, mais ce qu'il venait d'entendre était proche et ne se trouvait pas à plus d'une heure de marche. Il jeta un coup d'œil aux hommes qui essayaient de dormir dans la tranchée derrière lui, agités, mal à l'aise, comme si le chien faisait irruption dans leurs rêves. Un instant, il se demanda si lui aussi n'était pas dans une sorte de séjour infernal, sous l'effet anesthésiant du froid et du manque de sommeil. Mais le hurlement recommença, pas celui d'un seul chien, mais de plusieurs, un crescendo fantasmatique qui montait et hésitait comme une rafale de vent, puis mourait de nouveau. Cette fois-ci, il sut que ce n'était pas un rêve. Il sentit soudain un frisson le long de sa colonne vertébrale, qui n'était pas dû au froid mais à quelque chose d'autre.

Il s'empressa de frapper dans ses mains et de taper des pieds. Il savait que beaucoup, parmi les hommes, devaient être réveillés maintenant, qu'ils le regardaient de leurs yeux embrumés, que les sentinelles de nuit réparties le long de la ligne comptaient sur lui pour recevoir des ordres. Il devait garder son calme. *Il ne fallait pas montrer sa peur.*

« Faites passer la nouvelle. Les villes de l'ouest d'Africa Proconsularis sont tombées. L'évêque Augustin est mort. L'armée des Vandales arrive. »

Le soldat qui avait apporté le message peinait à reprendre sa respiration. Son visage était pincé par le froid, ses yeux injectés de sang et creusés d'épuisement sous la visière de son casque. Flavius cessa de taper dans ses mains et le fixa, luttant pour comprendre, puis hocha la tête et le congédia. Toujours silencieux, il regarda l'homme se frayer un chemin et enjamber les soldats à peine visibles qui dormaient toujours dans la tranchée, en direction de la sentinelle suivante, pour lui répéter son message dans un chuchotement rauque.

« Les villes de l'Ouest sont tombées. » Flavius frappa de nouveau ses mains l'une contre l'autre, en essayant de contrôler son tremblement. Pendant le jour, il faisait à peu près chaud, mais en ce début de printemps, le froid restait mordant pendant la nuit et l'avait empêché de trouver le sommeil pendant le bref instant où il s'était autorisé à s'allonger pour essayer de dormir un peu. Il escalada le contrefort en terre du parapet qu'ils avaient construit le soir précédent et regarda vers l'ouest. Hippone avait été, sur le rivage africain, le dernier bastion avant Carthage, la cité antique dont les murs occidentaux se dressaient dans la brume à moins de mille cinq cents pas derrière lui. Carthage avait été possession romaine pendant presque six cents ans, au centre de la province la plus riche de l'empire d'Occident. Et maintenant, même l'évêque Augustin les avait abandonnés. Neuf ans auparavant, lorsque les Vandales avaient pris son évêché d'Hippone et en avaient fait leur forteresse, le bruit avait couru qu'il était mort de faim pendant le siège, mais cela n'avait jamais été confirmé. Ils savaient maintenant ce qu'il en était, qu'il avait finalement quitté sa cité terrestre pour la Cité de Dieu, le seul endroit où il pouvait trouver une protection contre l'attaque imminente.

Au-dessus de Flavius, le ciel rougissait, zébré par le soleil levant qui venait d'apparaître derrière la montagne au sommet en forme de cornes, à l'est de Carthage. L'air avait toujours l'odeur de la nuit, l'humidité, imprégné d'un côté par la senteur forte de la mer et de l'autre par les relents poussiéreux du désert. Plus de cinq siècles auparavant, Polybe avait décrit le goût du désert devant Carthage, un goût comparable à celui du sang, et Flavius pensa qu'il le sentait maintenant, une âcre odeur cuivrée qui semblait s'élever avec la poussière au-dessus des collines. Ils étaient coincés entre les deux mondes, entre la mer et le désert, et défendaient un couloir étroit dans lequel déferlerait bientôt un torrent mortel, comme si les eaux de crue d'un grand fleuve se collectaient dans les collines et les ravins à l'ouest et allaient d'un coup, inexorablement, se déverser sur eux, irrésistibles.

Il prit son épée, l'attacha à sa ceinture sous son manteau, puis souleva son casque et constata que la feuille d'or indiquant son rang de tribun, qu'il avait commandée dans un atelier de Milan, avait déjà été déplacée et salie, avant même qu'il ait vu la moindre action. Il se pencha, cracha dessus et commença à la frotter avec le coin de son manteau. Il leva la tête en entendant des pas provenant de l'endroit où se trouvait le feu de la cuisine, derrière la crête.

— Ce n'est pas la peine, Flavius Aetius, dit l'homme dans un latin teinté du rude accent de la frontière danubienne. À moins, bien sûr, que tu ne veuilles être la cible du premier jet de lance barbare.

— Les hommes doivent voir mon grade et savoir qui ils doivent suivre, répliqua Flavius, d'un ton qu'il aurait aimé rendre sévère.

— Dans l'armée de cet homme, tout le monde commande en se mettant devant, grogna le nouvel arrivant. Ce n'est pas comme dans l'armée de vos ancêtres révérés, du temps de Scipion et de César, où abondaient les casques à plumes et les cuirasses polies comme celles que l'on voit sur les sculptures du Forum, à Rome. Dans l'armée de cet homme, si un tribun veut gagner le respect de ses soldats, il commande *primus inter pares*, premier parmi ses pairs. De cette façon, lorsqu'il est tué, son unité ne faiblit pas, car ceux qui l'entourent comblent le vide et un autre prend sa place. Et si tu veux montrer à tes hommes qui ils doivent respecter, tu devrais souiller cette feuille d'or avec la saleté et la sueur qu'on acquiert en creusant les tranchées, puis avec le sang collant provenant des entrailles de tes ennemis. Je parie qu'ils ne t'ont pas enseigné ça, dans ta *schola militarum* à Rome. Réfléchis-y, puis va manger. Je vais inspecter les armes des hommes.

Songeur, Flavius contempla son casque, puis regarda l'homme s'en aller. Macrobius Vipsanius était fortement musclé, plus petit que la plupart des Illyriens, et la forme en amande de ses yeux trahissait de lointains ancêtres d'au-delà les steppes scythes. Il paraissait tout aussi romain que n'importe quel centurion, mais son sang était celui d'un Barbare. C'était la même chose pour Flavius, car il descendait par sa mère de l'ancienne *gens* Julia, mais par son père d'un chef de guerre goth. Il en était ainsi pour la plupart des soldats maintenant, en raison de l'intégration et des mariages, de la pacification et de la création de colonies à l'intérieur des frontières, du besoin de recruter de plus en plus de guerriers barbares pour conserver la puissance de l'armée romaine. Des chefs barbares comme le grand-père de Flavius avaient admiré la tradition martiale romaine et envoyé leurs fils dans les écoles militaires de Milan et de Rome. Mais quelque chose distinguait toujours ces hommes des autres, une sorte d'intensité, que Flavius avait vue chez son père et son oncle et dont il espérait être lui-même pourvu. C'était une impatience qui avait conduit d'autres Barbares, qui n'avaient pas envoyé leurs fils à Rome, qui n'admiraient pas les traditions romaines, à parcourir l'Empire en brûlant et en ravageant sur leur passage, à réaliser ce que certains pensaient impossible : traverser la mer au niveau des piliers d'Hercule, pour aller d'Hibérie en Afrique. En se transformant et en s'adaptant, semblables à une bête monstrueuse changeant d'aspect, ils avaient commencé leur marche inexorable le long du rivage africain vers Carthage. Et chacun savait que l'avancée des Vandales ne faisait qu'annoncer ce qui allait venir, que pour chaque tribu pacifiée par Rome, chaque bande de guerriers intégrée, il y avait une autre force plus belliqueuse, cachée dans les forêts et les steppes. Et derrière cette force s'en avançait une autre comme on n'en avait jamais vu, une armée de guerriers uniquement tournée vers la destruction, qui menaçait d'éclipser Rome non par la colonisation et les traités, mais par le feu et l'épée.

Flavius avait rencontré Macrobius seulement trois semaines auparavant, lorsqu'il avait débarqué à Carthage avec les autres tribuns fraîchement nommés et qu'on lui avait donné la responsabilité du *numerus*[1] de reconnaissance de la garnison de la cité. Il s'agissait de son premier commandement sur le terrain. La moitié des candidats officiers qui avaient suivi avec lui l'entraînement de la *schola militarum* à Rome étaient des vétérans comme Macrobius, des hommes sortis du rang, qui avaient été recommandés par le *comes* de leur unité aux frontières ou le *dux* de l'armée régulière. Le conseil militaire de l'empereur avait délibérément choisi la vieille cité comme site pour la *schola*, pas seulement pour rappeler aux cadets la gloire passée de l'Empire, mais surtout pour les tenir à l'écart des cours impériales de Ravenne et de Milan, où les jeunes cadets privilégiés comme Flavius auraient pu profiter d'appuis pour leur faciliter les choses au cours de la formation et obtenir des passe-droits. Macrobius, quant à lui, aurait méprisé la *schola* et y aurait perdu son temps. C'était un centurion-né, il n'avait pas son pareil pour transformer en unité de combat les quatre-vingts hommes disparates d'un *numerus* frontalier, mais préférait laisser les décisions de vie et de mort à un tribun qu'il respectait. Il aimait passionnément son grade ancien, dû au fait qu'il appartenait à la fameuse Vingtième Légion Valeria Victrix, qui avait

1. Un glossaire comportant certains des mots latins employés dans ce roman se trouve en fin d'ouvrage. *(N.d.T.)*

été l'orgueil de la garnison romaine en Britannie mais se trouvait actuellement n'être plus qu'une unité de l'armée de la frontière africaine, depuis que Rome s'était retirée de cette province, trente ans auparavant. Ses soldats disaient en plaisantant qu'il était le dernier centurion de la Rome ancienne. L'issue probable des événements de la journée pourrait bien leur donner raison.

Au cours des semaines qui avaient précédé l'arrivée de Flavius, on avait confié à Macrobius la tâche de constituer l'unité de reconnaissance, à partir d'éléments récupérés parmi les troupes frontalières du désert qui n'avaient cessé d'arriver à Carthage, ayant abandonné leurs forts, chassées par la menace qui venait de l'ouest. La frontière se trouvait ainsi réduite au périmètre de défense qu'ils occupaient maintenant en vue des murs de Carthage. L'effectif de la garnison de la ville était terriblement réduit : moins d'un millier d'hommes appartenant à ce qui restait de la Vingtième Légion, plus l'équivalent de trois *numeri* de *limitanei*, soit en tout un peu moins de trois cents hommes supplémentaires. Même à l'intérieur de la ville, la garnison était désastreusement insuffisante, et de longues portions des remparts n'étaient défendues que par des sentinelles, tout juste assez nombreuses pour alerter le commandant de la garnison de l'approche d'un ennemi, mais sûrement pas pour repousser véritablement une attaque. Tout espoir de renfort étant exclu, la défense de Carthage ne consistait plus maintenant qu'à tenter de préserver le prestige et l'honneur romains, en se battant jusqu'à la mort avec bravoure pour s'assurer que l'histoire ne se souviendrait pas de la fin de la domination de Rome sur l'Afrique du Nord comme d'une déroute et d'un massacre ignominieux.

Flavius chassa cette idée de sa pensée et se concentra sur ses hommes. Contrairement aux volontaires du passé, ils étaient presque tous conscrits, excepté les Illyriens du Danube, qui représentaient ce que Rome avait de plus proche des cadres professionnels motivés par une tradition martiale. Cependant, Macrobius lui avait montré qu'on pouvait faire quelque chose même avec le pire des ratés, qu'on pouvait toujours trouver un peu de force quelque part. Le meilleur atout de cette armée de la Rome chrétienne résidait dans la taille réduite de ses unités, car celles-ci se révélaient moins complexes à commander que les vieilles légions et mieux adaptées au déploiement en ordre dispersé et aux escarmouches. Flavius avait, de sa poche, payé aux soldats une prime en *solidi* d'or, ce qui était toujours un bon début pour un nouveau chef. Avec Macrobius comme guide, il avait essayé de leur inculquer un esprit de corps, en leur parlant des généraux et des guerres du passé, de Scipion l'Africain et de la prise de Carthage par les Romains. Il leur avait dit qu'il ne voyait pas pourquoi ils ne seraient pas aussi bons que les soldats des Césars, et que même à cette époque, c'étaient sur les auxiliaires des frontières qu'avait reposé l'essentiel des combats, comme sur les *limitanei* modernes.

Au cours des trois semaines qui avaient précédé leur déploiement aux avant-postes sur cette crête, il s'était joint aux hommes comme un simple soldat pendant les entraînements commandés par Macrobius, qui les faisait marcher sans relâche sous le soleil africain, les emmenait s'exercer à des missions de reconnaissance loin dans l'étendue désertique au sud de Carthage.

Ils avaient employé des guides numides pour leur enseigner comment trouver de l'eau et un semblant de chaleur la nuit, ce que Flavius avait notablement échoué à faire au cours des dernières heures. Il se remémora tous les entraînements, tous les exercices, et tapa dans ses mains de nouveau pour se réchauffer, en regardant le long de la crête de l'escarpement derrière lequel ils s'abritaient. Le retranchement était coupé en deux par la route qui menait à Carthage, celle qu'emprunterait un attaquant venant de l'ouest. Ses hommes étaient répartis de chaque côté et il apercevait à peine, derrière eux, le ravin peu profond où se trouvaient le point d'eau et le feu du déjeuner, dont la mince fumée s'élevait au-dessus de la butte. Moins nombreux ils étaient, plus il était facile de les surveiller – et de les nourrir –, pensa-t-il, désabusé. C'était à peu près tout ce qu'on pouvait dire en faveur de l'effectif réduit qu'il commandait.

Il regarda Macrobius se diriger vers lui le long de la tranchée, tout en accomplissant sa tâche. Il passait son doigt sur le tranchant des épées des hommes, le léchait lorsqu'il saignait, laissant la lame hors du fourreau pour qu'elle soit aiguisée lorsque ce n'était pas le cas. En dépit de sa propre inexpérience, Flavius savait que Macrobius le respectait car il avait été le seul parmi les officiers à se porter volontaire pour l'unité d'avant-garde. De son côté, Flavius respectait en Macrobius son apparente indifférence au fait qu'Aetius, l'oncle de Flavius, soit le *magister militum* de l'empire d'Occident, ce qui faisait de lui le deuxième personnage de l'Empire après l'empereur Valentinien. Ici, sur le front, le népotisme traditionnel et les relations que possédait une famille n'avaient guère d'importance. La seule chose qui comptait, c'était si un soldat avait le courage de défendre sa position et de combattre jusqu'à la mort pour son camarade. Flavius avait commencé à comprendre que cultiver cette qualité chez ses hommes était plus important que toute la tactique et la stratégie qu'il avait apprises à la *schola militarum* à Rome, et qu'il ne réussirait comme chef d'une petite unité comme celle-ci, dans le peu de temps dont il disposait, qu'en fonction de son aptitude à écouter Macrobius et à tenir compte de son avis.

Macrobius vint à lui en s'essuyant la main sur sa tunique et en se bouchant une narine avec les doigts pour se moucher dans la poussière.

— S'il s'agissait d'un entraînement, je les ferais crucifier, grogna-t-il. Plus de la moitié des épées étaient rouillées. Si le tranchant est émoussé, ils peuvent aussi bien utiliser le plat de la lame, pour l'effet que ça fera…

— Toute l'huile qui nous restait a été utilisée pour la cuisine hier soir, et lorsqu'elles ne sont pas bien huilées, les lames rouillent en quelques heures, objecta Flavius. Où est le maréchal-ferrant ?

— Près du feu, avec l'*optio*. Il est en train d'installer la meule à aiguiser. Je m'assurerai que les hommes affûtent leurs épées lorsqu'ils iront déjeuner.

Flavius indiqua de la tête l'extrémité sud du parapet, où il voyait revenir le messager.

— As-tu entendu les nouvelles ?

Macrobius hocha la tête sombrement.

— J'ai d'abord su par un traînard, il y a une heure environ, pendant que tu dormais. Cela fait plusieurs heures qu'il en vient de l'ouest, pour la plupart des esclaves numides qui peuvent à peine aligner deux mots de latin et sont trop choqués et épuisés pour bien nous renseigner. Il nous faut trouver quelqu'un de crédible, qui nous apporte des informations exactes…

Flavius coiffa son casque, monta sur le point le plus élevé du parapet et regarda au-dessus de la crête. Les réfugiés étaient arrivés de l'ouest par petits groupes dès le déploiement du *numerus* à cet endroit. Il s'agissait de survivants des villes et des cités qui avaient été prises par l'armée vandale sur toute la côte depuis les piliers d'Hercule. Macrobius le rejoignit. Les poils gris de son menton luisaient dans la lumière de l'aube et son chapeau de feutre pannonien, à force d'être porté pendant des années sous son casque, en avait pris la forme. Ils scrutèrent ensemble vers l'ouest l'horizon où les replis du terrain et les vallées étaient encore plongés dans l'obscurité de la journée naissante. Macrobius plissa les yeux et désigna quelque chose du doigt.

— Là-bas, à environ trois mille pas vers le sud-ouest. En venant de cette direction, ils se différencient des autres réfugiés, car quiconque voulait éviter la capture aurait marché plein sud en quittant les villes situées à l'ouest, puis se serait dirigé vers l'est dans notre direction en suivant les limites du désert, un terrain difficile où ils avaient peu de chance d'être poursuivis. Ce sont peut-être des citoyens qui se sont échappés, plutôt que des esclaves épargnés comme ces Numides. Ils sont trois, peut-être quatre, avec un animal.

Flavius suivit son regard, ne vit rien.

— Tu as une meilleure vue que moi, centurion.

— J'ai servi pendant vingt-deux ans dans les *limitanei*, l'armée des frontières, dont dix ici en Afrique, aux limites du grand désert. On apprend à bien repérer au loin les taches dans la poussière.

Ils entendirent une voix ensommeillée qui provenait des formes allongées derrière eux dans la tranchée, des hommes qui pour la plupart étaient maintenant réveillés.

— « Enrôle-toi dans les *limitanei* », qu'ils disaient. « Visite les frontières de l'Empire », qu'ils disaient. « Mange du sanglier et du gibier tous les jours, fais ton choix parmi les femmes locales et obtiens cent *jugera* de bonne terre en guise de prime pour ta retraite. Tu n'auras jamais besoin de lever ta lance avec colère. Rencontre des membres fascinants de tribus barbares… »

— Ça, c'est bien vrai, lui répondit un autre en grognant. Fascinants, oui, pendant les quelques instants où tu as à peine le temps de les voir débouler de la forêt dans ta direction, en hurlant, avec leurs peintures de guerre. Ensuite, si tu as la chance de t'en tirer, on t'expédie en bateau ici, à l'autre bout de l'Empire, et on te dit de creuser une tranchée et d'attendre que la même chose se reproduise…

— Et pendant ce temps-là, les *comitatenses* sont planqués dans les villes et autour de l'empereur, et ils se font du lard et de l'argent à nos dépens !

Macrobius haussa le sourcil et demanda à Flavius :

— As-tu déjà entendu ce refrain ?

— Sur les *comitatenses* ? On n'entend que ça. Les *comitatenses* disent la même chose sur les *limitanei*. Chacun pense que l'autre ne vaut rien. S'il ne grognent pas à propos de ça, c'est à cause d'autre chose. Tous les soldats du monde le font. Se plaindre, se plaindre, encore et encore.

Il se tourna vers les hommes et s'adressa à eux à voix haute :

— Et j'ai grande envie de donner raison aux *comitatenses*, quand je vous regarde.

— Et on n'est jamais payés, ajouta le premier qui avait parlé, en se levant, encore ensommeillé.

— On n'a pas été payés depuis une génération, oui ! ponctua l'autre. S'il n'y avait pas les primes données par les empereurs ou les rares officiers généreux qui veulent vraiment qu'on se batte pour eux, on ne serait pas mieux lotis que des esclaves…

— Tu auras ton dû, Maximus Cunobelinus, le rassura Flavius. J'ai tenu ma promesse et je vous ai donné à chacun une prime de cinq *solidi* lorsque l'unité a passé l'inspection de façon satisfaisante, et vous et vos familles en aurez cinq de plus lorsque ceci sera terminé. C'est l'équivalent de deux années de solde. J'ai envoyé des instructions au chef des comptables de mon oncle Aetius, à Milan, pour qu'il reçoive favorablement les demandes de toute femme ou de tout enfant dont le nom figure sur la liste que je lui ai envoyée il y a deux semaines depuis Carthage. On s'occupera bien de vos familles.

— Et toi, tribun ? Qui reçoit ce que tu gagnes ?

Flavius s'éclaircit la gorge. Ils savaient tous qu'il n'était pas payé, que son revenu provenait de la richesse de sa famille.

— Un dixième de mon or va à la basilique Saint-Pierre à Rome, pour la gloire de Dieu.

Le soldat fit gicler sa morve sur le sol.

— L'Église a trop d'argent, voilà ce que je pense. Jésus était pauvre comme nous et il n'avait pas besoin de prêtres avec de beaux vêtements ou de basiliques immenses en marbre. C'est nous qui sommes les vrais soldats du Christ, pas les prêtres.

L'autre homme, un archer sarmate nommé Apsachos, se leva en grimaçant.

— De toute façon, les *solidi* en or ne servent à rien ici. Je ne vois aucun marché, dans ce désert abandonné de Dieu, pour y acheter à manger, et je crève de faim.

Macrobius sauta dans la tranchée en face des deux soldats.

— Alors tu as de la chance. D'après le fumet que je sens, c'est prêt. Comme vous êtes les premiers à vous lever, je vous désigne avec le reste de la section de l'*optio* Caton pour le premier service de déjeuner. Il y a un quartier de chevreuil et un bol de bouillon pour chacun. Prenez vos épées avec vous et faites-les aiguiser. Lorsque vous aurez fini, revenez ici et je désignerai la prochaine section. Et souvenez-vous : si j'en vois un pisser ou chier en dehors de la tranchée des latrines, je n'ai pas besoin de vous dire en quoi consistera votre prochaine occupation…

Les deux hommes bondirent hors de la tranchée, suivis par environ une douzaine d'autres soldats qui sommeillaient jusque-là à proximité, tous tirés des limbes par le mot « déjeuner ». Macrobius remonta la tranchée en direction de l'*optio* de la section suivante. Les effluves de viande bouillie et rôtie avaient fait saliver Flavius et il se rendit compte soudain à quel point il était affamé. C'était l'avantage qu'il y avait à commander une unité de reconnaissance, car on disposait ce faisant d'un détachement de *sagittarii*, tel le Sarmate Apsachos, des archers aussi utiles à la chasse qu'au combat. La veille au soir, dans une oasis boisée, ils avaient cerné et abattu trois descendants des chevreuils acclimatés ici quelques siècles auparavant, lorsque les Romains avaient pris possession pour la première fois de ces terres après les guerres puniques et les avaient transformées en une vaste réserve de chasse. Flavius avait ressenti l'ivresse de cette poursuite et oublié le combat proche, et cette excitation l'avait ramené aux années de son adolescence, lorsqu'il apprenait à chasser avec son père et ses oncles dans les forêts du centre de la Gaule. Le chevreuil constituerait un déjeuner revigorant pour les soixante hommes alignés au sommet de la colline, et le cuisinier avait préparé une boisson chaude avec le bouillon.

Flavius tenta d'ignorer les gargouillements de son estomac et la pensée que la nourriture chaude le réchaufferait. *Primus inter pares* ou pas, il n'était pas question qu'il passe devant ses hommes à la cuisine. En dépit de la grogne et de l'humour grivois, c'étaient les hommes les plus endurcis de la garnison d'Afrique, et tous savaient que ce repas avait toutes les chances d'être leur dernier. S'il devait les conduire à la mort au cours du prochain combat, il aurait au moins la satisfaction de savoir qu'il avait assumé ses responsabilités de chef et fait ce qu'il fallait pour leur famille et leur estomac.

Il avala sa salive avec difficulté, regarda devant lui. Les hommes qui ne déjeunaient pas encore se tenaient déjà le long du parapet, silencieux, leur épée au fourreau, la lance prête, les archers avaient détaché leur arc, et tous regardaient vers l'horizon, comme Flavius, pour tenter de percevoir les prémices de ce qui allait venir. Il vit un homme faire le signe du Christ, et il se retourna pour regarder l'énorme croix de bois qui avait été érigée à l'extérieur des murs de Carthage, dressée là comme la croix de la crucifixion dont on disait qu'elle dominait toujours le rocher du Calvaire à Jérusalem. Celle de Carthage avait été faite avec des poutres noircies trouvées en dehors des bâtiments détruits lorsque Scipion avait pris la ville. Elle semblait se trouver là maintenant comme un symbole de la gloire passée, comme un talisman contre le mal qui avançait sur eux. Et cependant la croix était derrière eux, invisible lorsqu'ils se tournaient pour faire face à l'ennemi, comme si le Christ lui-même craignait de s'égarer trop avant dans les mâchoires de l'enfer, comme si le mince rempart de soldats se trouvait sur une terre déjà perdue, où même le pouvoir du Seigneur serait balayé par la violence de ses ennemis.

Il pensa à ce que le soldat avait dit de la richesse de l'Église et de la pauvreté de Jésus. Cela faisait une centaine d'années que l'empereur Constantin avait renoncé aux dieux anciens et embrassé la croix, et on ne comptait plus les années *ab urbe condita*, depuis la fondation de la ville, mais *anno domini nostri iesu*, depuis la naissance de notre Seigneur Jésus-Christ. Flavius avait appris le grec auprès du moine Denys de Scythie, qui avait trouvé le nouveau système de datation et dont il portait les livres tandis que le moine trottinait entre les bibliothèques grecque et latine, de chaque côté de la colonne de Trajan à Rome, pour choisir des ouvrages de piété chrétienne, les faire copier dans les *scriptoria*, et jeter les autres, qu'il jugeait immoraux et corrompus. Flavius était retourné dans la bibliothèque grecque lorsqu'il avait appris son affectation à Carthage, pour consulter les historiens militaires, et avait été choqué par les vides sur les étagères. Il avait emporté l'ouvrage de Polybe sur Carthage afin de le mettre à l'abri des moines, sous le prétexte qu'il serait nécessaire sur le terrain comme manuel d'entraînement pour le combat à venir.

C'était un monde en mutation, et pas seulement dans les bibliothèques. Les vieilles familles patriciennes étaient toujours là, les sénateurs et les chevaliers, les *gens* anciennes comme la famille de sa mère, mais ils n'avaient plus du pouvoir que le nom, car la nouvelle aristocratie était constituée par les prêtres et les évêques. Cela faisait quelques générations maintenant que les chrétiens pouvaient pratiquer leur religion ouvertement, enfin libérés de siècles de persécution. Les anciens temples avaient été convertis en églises, et de nouvelles basiliques avaient été construites. Cependant, nombreux étaient ceux qui évitaient ces lieux et continuaient à adorer leur dieu dans l'intimité de leur maison ou dans des pièces souterraines secrètes, des grottes et des catacombes. Ils considéraient que le christianisme leur avait promis une religion sans prêtres, une religion des gens ordinaires, or l'Église de Rome et celle de Constantinople n'étaient rien de plus que la vieille religion sous une nouvelle apparence, avec des rituels obscurs, la crainte du châtiment divin, et des voies obligées vers le salut qui assujettissaient l'assemblée des fidèles aux prêtres. Et pour les empereurs et les généraux, le prophète des Évangiles, amoureux de la paix, ne suffisait plus pour motiver l'Église pour la guerre des guerres, pour l'époque obscure qui s'annonçait. Le Christ devait être cuirassé, recréé à l'image de Mars Ultor – le Vengeur –, placé devant les soldats sur le champ de bataille pour les dissuader de jeter leurs armes et de suivre la voie choisie par Augustin vers la Cité de Dieu, où les prêtres ne gardaient aucun pouvoir et où le seul empereur était la vraie divinité.

Flavius se tourna et vit le nuage de poussière que Macrobius avait remarqué au loin dans la direction du sud-ouest. Il respira profondément. Il n'y avait pas de prêtres ici aujourd'hui et aucune croix lumineuse pour montrer la voie aux soldats. Ce qui importait maintenant n'était pas le bras vengeur du Seigneur ou la pitié du Christ, mais les superstitions et les rituels infimes qui, depuis des temps immémoriaux, permettaient aux soldats de garder courage, des prières dites à la dérobée, un porte-bonheur, la statuette de l'être aimé conservé dans un petit sac fixé à la ceinture.

Il sortit la petite croix d'argent qu'il portait autour du cou, la serra quelques instants, puis la replaça de nouveau sous sa cotte de mailles. Même pour cela, il n'était plus temps. Tout ce qui comptait en cet instant, c'était de garder son sang-froid, de dominer sa peur, de se concentrer sur l'acier froid, la soif de bataille et le désir de tuer.

2

Flavius arracha avec ses dents les derniers filaments de viande accrochés au cuissot de gibier et jeta l'os. Il essuya d'un revers de manche la graisse qui collait à sa barbe de plusieurs jours. Il se sentait déjà mieux et un semblant de chaleur commençait à gagner ses membres. Il refusa le vin qu'on lui offrait, de crainte d'être gagné par la somnolence, et préféra la boisson que Macrobius lui avait passée, la *catha*, une infusion de feuilles, provenant de la partie orientale du désert, que les soldats des frontières avaient pris l'habitude de boire à l'exemple des nomades, pour rester éveillés. Il vida le bol de bois et le rendit à Macrobius, lequel y prit un paquet de feuilles, qu'il coinça derrière sa joue et entreprit de mâcher tout en recrachant les morceaux de tige. Il fixa Flavius et lui dit, la joue gonflée :

— Quand on a appris à aimer ça, l'infusion ne suffit pas. Tu n'as aucune idée de ce que c'est que de passer des mois dans un avant-poste du désert à essayer de rester éveillé…

— Maintenant, je crois comprendre pourquoi ta vision de nuit est si bonne, répondit Flavius.

Depuis qu'il avait bu, tout lui paraissait plus lumineux,

plus clair, comme s'il pouvait voir légèrement plus loin. Il pointa du doigt vers le sud-ouest.

— Ils arrivent maintenant, en haut de la montée. Ils ne sont pas à plus de deux stades[1]. Devrais-je ordonner aux hommes de se tenir prêts ?

— À toi de décider, tribun.

Flavius regarda ses hommes alignés en contrebas.

— La dernière section peut continuer à manger. Les autres se tiennent prêts derrière le parapet, le casque sur la tête et l'épée sortie. Qu'un *sagittarius* se positionne tous les cinq hommes, prêt à tirer. Ils ne doivent le faire qu'à mon commandement.

— À tes ordres, tribun.

Macrobius transmit la consigne à son *optio* le plus ancien, et on entendit le cliquetis des armures et des épées des hommes qui s'apprêtaient à combattre des deux côtés de la tranchée. Le vieux soldat revint vers Flavius et les deux hommes montèrent en haut du parapet et s'y postèrent de nouveau. Macrobius, les pieds écartés et plantés solidement sur le sol, la main sur le pommeau de son épée, portait maintenant son casque sur son chapeau de feutre. Flavius se tint prêt à sortir son épée du fourreau et sentit de nouveau dans sa bouche la poussière de l'air. Le groupe de réfugiés apparut, trois hommes et un cheval. Ils se frayaient lentement un chemin en direction du parapet. L'homme de tête tenait une croix qui semblait avoir été faite à la hâte avec deux branches et un lien. Il y eut un mouvement et des murmures parmi les soldats postés derrière Flavius.

— Les Vandales aussi prétendent être chrétiens, dit

1. Soit un peu moins de quatre cents mètres. *(N.d.T.)*

l'un d'entre eux. Il ne faut pas faire confiance à cette croix. Je suis d'avis qu'il faut tirer…

— Seulement quelques-uns sont chrétiens, et des chrétiens bizarres, vraiment, lâcha un autre. De toute façon, celui-là, devant, porte une robe de moine. C'est un homme d'Église, c'est sûr.

— Fermez-la, grogna Macrobius dans un rictus, ou je vous envoie là-bas tous les deux pour servir de cible.

L'homme en habit de moine s'approcha à environ une vingtaine de pas, puis passa les rênes du cheval à un de ses deux compagnons, des Nubiens portant des pagnes pour tout vêtement. L'homme baissa son capuchon, montrant les cheveux longs et la barbe d'un moine pénitent, puis leva sa main pour se protéger les yeux et scruta le parapet. Il remarqua le casque de Flavius et fit quelques pas dans sa direction. L'archer derrière Flavius tendit son arc, mais le tribun le stoppa de la main.

— Fais-toi connaître, commanda-t-il.

— Je suis un homme de Dieu.

Macrobius grogna :

— On voit bien qui tu prétends être. D'où viens-tu ?

— Je viens d'Hippone. Je suis Arturus, le scribe de l'évêque Augustin.

— Arturus, c'est vraiment un drôle de nom, remarqua Macrobius, soupçonneux, tout en tirant à moitié son épée du fourreau. On dirait un nom vandale, à mon avis.

— C'est un nom breton.

Macrobius s'esclaffa :

— Que peut bien faire un moine breton dans le désert africain ?

— Sauf erreur sur ton accent et ton apparence, je

pourrais tout aussi bien te demander ce qu'un Illyrien, peut-être même un Rhétique du Danube avec quelque chose d'un Scythe peut bien faire ici aussi.

Macrobius faillit bondir et Flavius leva le bras pour le calmer.

— Dis-nous ce qu'il est advenu de l'évêque Augustin.

Arturus hésita :

— Nous… nous avons quitté Hippone secrètement lorsque les Vandales sont apparus à l'horizon, à l'ouest. Nous avons vécu dans un monastère proche du grand désert et y avons travaillé à ses derniers écrits. Lorsqu'il fut pris par la maladie qui devait l'emporter, il m'ordonna de partir et de mettre ses livres à l'abri. Ils sont ici, dans mes fontes. J'ai emprunté le chemin du sud que connaissaient mes Nubiens, en lisière du grand désert, pour ne pas être poursuivi, mais heureusement les Vandales se sont attardés dans les villes pour piller et incendier et ne se sont pas beaucoup intéressés à ceux qui s'étaient échappés. Ils savent qu'ils nous auront tous à la fin. Et, en ce qui concerne l'évêque Augustin, je ne peux que craindre le pire…

— Le bruit court qu'il est mort.

Arturus inclina la tête.

— Oui, à Hippone. Cette rumeur m'a été confirmée par les réfugiés. C'est ce qu'Augustin lui-même aurait voulu.

Flavius observa l'homme, essayant de le jauger.

— Que peux-tu nous dire de l'armée vandale ?

— Tu dois savoir qu'elle est commandée par le roi Genséric. Et tu dois avoir appris que Boniface, le *magister* de l'armée d'Afrique et *comes Africae*, s'est rallié à l'ennemi, de telle sorte que presque toute l'Afrique romaine se trouve maintenant au pouvoir de Genséric, excepté Carthage, ici même. Genséric est revenu sur sa parole et a passé par les armes la plupart des *comitatenses* qui s'étaient rendus à lui, de sorte que son effectif n'a pas augmenté à la suite de la trahison de Boniface. Mais les forces sont très inégales, puisque Genséric a plus de vingt mille guerriers vandales à sa disposition, tous ivres de sang. Il a aussi presque un millier d'Alains…

— Des Alains ? dit l'un des hommes à voix basse. Ici ?

Arturus hocha la tête sombrement.

— Genséric se proclame maintenant *dux Vandales et Alanes*. Les chefs des tribus d'Alains sont sous ses ordres. Il les utilise comme fer de lance de ses attaques. Ce sont des géants aux yeux bleus, qui dépassent les autres d'un pied…

Il s'interrompit de nouveau et scruta attentivement les soldats romains.

— Mais, si cela vous intéresse, je connais le moyen de les tuer. Si vous avez assez de cran pour ça.

— Voilà une affirmation bien hardie pour un moine, remarqua Flavius. Et qui dénote un sens tactique bien affûté. Es-tu l'un des fidèles d'Augustin ? Un soldat reconverti en moine ?

Un coup de vent chaud et sec souleva l'habit d'Arturus, et Flavius vit le reflet du métal en dessous, le fourreau d'une épée qui ressemblait à un *gladius* d'autrefois. Il plissa les yeux en regardant l'homme et fit un signe de la tête en direction de l'arme.

— Ainsi, vous autres moines pratiquez le combat au corps à corps ?

Arturus soutint son regard, les yeux froids et durs,

puis ouvrit son habit de façon à ce que tous puissent voir le pommeau de l'arme.

— On voit que tu n'étais pas à Hippone, répondit-il calmement.

Il sortit l'épée et plaça le plat de la lame sur la paume de sa main. C'était une vieille épée au tranchant irrégulier, creusé et bosselé par l'usage, mais les parties propres étaient brillantes et coupantes. Elle était recouverte près de la poignée d'une épaisse couche de sang séché et coagulé.

— Je n'ai pas encore eu la possibilité de la nettoyer correctement avec de l'huile, dit-il. Nous n'avons pas cessé d'avancer depuis que j'ai quitté Augustin… et j'ai rencontré quelques maraudeurs vandales.

Apsachos le Sarmate, qui se trouvait derrière Flavius, dégaina sa propre épée, bien plus longue, et la tint de façon qu'elle brille dans la brume.

— Enfonce l'épée dans le sable, conseilla-t-il. C'est comme ça qu'on nettoyait les nôtres quand on était basés dans le désert. Elle est propre en un rien de temps, et en plus, ça la polit du même coup.

Arturus désigna de la tête ses deux compagnons.

— Les guerriers numides croient que cela porte malheur d'enfoncer son épée dans le sable. Ils sont convaincus que si l'on fait cela on transperce la peau de la Terre-Mère, que les puits tariront et que l'ennemi fondra sur toi. Ils essuient leur lame et la nettoient avec de l'huile d'olive. Ce sont peut-être des païens superstitieux, mais dans cette contrée, j'ai tendance à faire comme eux.

Apsachos regarda la lame de son épée, grogna et la remit au fourreau.

— Ça, c'est le comble, marmonna-t-il. Comme si

ça n'allait pas assez mal comme ça, sans en plus y ajouter de mauvais présages…

L'ombre d'un sourire effleura les lèvres du moine, et il se tourna vers Flavius.

— En réponse à ta question, j'ai toujours préféré le combat au corps à corps à la tactique de la pointe de l'épée enseignée de nos jours par les Romains à leur infanterie. On peut très bien utiliser des épées longues et des jets de lance en formation serrée pour repousser un ennemi qui charge, mais à condition que celui-ci ne brise pas les rangs, et de toute façon ce type de combat ne correspond pas à ce que j'ai dans le sang.

— Et ton sang quel est-il ? interrogea Flavius, moqueur, en regardant le moine.

L'homme marqua un temps d'arrêt, regarda la rangée de soldats, puis abaissa son épée en tendant sa main droite.

— Gaius Arturus Prasutagus, ancien commandant de la *cohors Britannica* du *comites Prænesta Gallica*, l'armée du Nord.

Flavius regarda l'homme dans les yeux, se décida et prit sa main.

— Flavius Aetius Secundus, tribun du *protectores numerus* de la Vingtième Légion Victrix, les éclaireurs de la garnison de Carthage…

Il montra de la main la tranchée.

— Voici mes hommes.

Flavius avait senti Macrobius se raidir et le vit glisser de nouveau sa main vers la poignée de son épée.

— Attends un peu, grogna l'Illyrien. Est-ce que ce n'est pas l'unité qui a déserté en Gaule ? Qui est passée aux Barbares ? Qui a tué des Romains ?

Tous les soldats s'agitèrent, soupçonneux, les yeux fixés sur le moine. Flavius leva la main.

— Laissez-le s'expliquer. Et c'est maintenant un homme d'Église.

— C'est ce qu'il prétend, grommela le centurion.

Arturus abaissa le col de son habit, révélant une cicatrice ancienne qui balafrait son cou entre le bas de son oreille gauche et la clavicule opposée.

— Lorsque j'avais six ans, les Saxons ont traversé la mer et envahi le fort où je vivais, sur le rivage. Ils ont tué ma mère et mes sœurs, et m'ont laissé pour mort après m'avoir tranché la gorge. Mon père commandait la garnison.

Flavius s'adressa au soldat qui se trouvait derrière lui, un vétéran grisonnant encore plus vieux que Macrobius. Il faisait toujours partie de l'unité en raison de ses talents d'archer.

— Sempronius, tu étais là-bas, en Britannie, à la fin ?

L'homme abaissa son arc, se pencha et cracha.

— Oh, oui, j'y étais. Une toute jeune recrue avec la *classis Britannica*, la flotte de Britannie. On formait la garnison du fort de mer de Dubris et on a été les derniers à partir, après avoir surveillé le retrait de toutes les troupes de la frontière du Nord et des autres forts maritimes. Ce n'était pas glorieux. Nous ne nous sommes même pas battus. Nous sommes partis à la faveur de l'obscurité, en manœuvrant nos navires de transport à la perche à l'endroit même où les Césars avaient pris pied presque cinq siècles auparavant, à l'époque où Rome était dirigée par des hommes forts. Nous, on était sous les ordres de cet empereur fantoche,

Honorius, qui a abandonné la Britannie et ses civils à leur triste sort.

Arturus avait écouté l'homme, le visage grave. Il approuva d'un signe de la tête.

— Si la garnison était restée en Britannie, les choses auraient été très différentes. Ils n'auraient pas repoussé les Saxons, mais ils auraient pu les persuader de se mettre d'accord pour accepter qu'on leur octroie des terres, comme les Wisigoths en Aquitaine. La Britannie serait toujours une province de l'Empire et les Saxons auraient envoyé leurs fils faire leur éducation à Rome, exactement comme le font les Goths maintenant depuis la Gaule. Au lieu de cela, les empereurs en ont supprimé la garnison pour mener leurs propres guerres de succession et pour renforcer leur garde personnelle. Ils ont ainsi affaibli la Britannie et en ont fait une cible tentante pour l'invasion. À l'époque de son retrait définitif, cette garnison n'était guère plus qu'un squelette. Rome n'a pas perdu la Britannie à cause de la pression des Barbares, mais à cause de l'obsession des empereurs pour leur sécurité personnelle et de la menace des usurpateurs…

— L'empereur Valentinien est différent, intervint Flavius. Avec lui, Rome sera forte de nouveau.

— Peut-être, concéda Arturus. Mais je ne le vois pas ici marchant derrière une croix, à la tête de ses hommes pour lutter contre la plus grande menace que l'Empire ait jamais eu à affronter. Perdre l'Afrique avec son revenu et son grain serait un dommage bien plus important que le sac de Rome elle-même. Et pourtant, l'empereur siège à Milan avec sa cour, et tout ce que je vois ici, devant moi, c'est un jeune tribun, un centurion et une soixantaine d'hommes d'un *numerus* de *limitanei*, un galet pour contenir un torrent en furie…

— C'est nous, grommela l'un des hommes. Les *limitanei* du dernier retranchement.

— Rome a besoin de généraux comme Genséric, affirma Arturus. Des hommes qui sont à la fois rois et chefs de guerre, des hommes comme Jules César ou Trajan autrefois. Sans eux, Rome peut gagner des batailles, mais elle ne gagnera jamais de guerres. Et il y a pire à venir que les Vandales. Au-delà de leur contrée d'origine, dans les forêts et les steppes de l'Est, se trouve une force obscure encore plus grande, qui dépasse l'imagination, qui grossit jour après jour en vue de la confrontation qui poussera l'Empire dans ses derniers retranchements.

Flavius demanda, en désignant d'un geste l'arme d'Arturus :

— Cette épée ? C'est un héritage du passé ?

— Mon père, lui aussi, a été laissé pour mort au milieu d'un amas de corps saxons, ce jour où on m'a tranché la gorge. J'ai réussi à me traîner jusqu'à lui et, dans son dernier souffle, il m'a donné cette épée. Il m'avait dit que la Britannie résisterait à l'invasion tant qu'elle serait portée par un soldat descendant de son propriétaire d'origine. Je suis devenu l'enfant de troupe d'une unité du *comitatenses* et j'ai été adopté alors par les soldats. Deux ans plus tard, lorsque j'ai quitté la Bretagne avec eux, j'avais toujours l'épée. Son propriétaire d'origine était un soldat de la Neuvième Légion qui avait été la première à aborder avec l'armée d'invasion de l'empereur Claudius, plus de trois cent cinquante ans auparavant.

— Alors tu es romain, intervint Macrobius avec mépris. Cela aggrave encore ton crime de désertion.

— Qu'est-ce que cela signifie, être romain ? répondit Arturus en jetant un regard circulaire. Qui d'entre vous ici est véritablement romain ? Oui, vous combattez au sein d'une armée romaine contre les Barbares. Mais vous êtes aussi des Sarmates, des Goths, des Illyriens. J'ai des ancêtres romains, mais la famille de mon père était principalement du royaume breton d'Icène, et celle de ma mère des Brigantes. Et après qu'Honorius nous a abandonnés nous ne nous sommes plus considérés comme romains, mais comme bretons.

— Alors, pourquoi cet habit ? demanda Flavius. Pourquoi ne retournes-tu pas en Britannie pour combattre les envahisseurs ? On entend dire que la résistance se poursuit dans les montagnes à l'ouest de l'île…

Arturus remit son épée au fourreau et referma sa robe de moine. Il passa ses mains sur son visage, du front jusqu'à la barbe, lentement. Flavius vit pour la première fois à quel point il semblait éprouvé par les éléments et fatigué. Arturus laissa ses mains reposer sur la rustique croix de bois qui pendait à son cou. Macrobius, impassible, n'avait pas lâché la poignée de son épée. Arturus souleva la croix et l'embrassa, puis regarda de nouveau Flavius.

— Lorsque j'ai quitté la Bretagne, j'avais la ferme intention d'y revenir et de reprendre l'épée de mon père pour me battre contre les Saxons. Ma mission pour l'évêque Augustin n'est pas encore terminée. Je dois mettre ses livres en lieu sûr, dans un monastère en Italie. Mais je ne fuirai pas Carthage sans affronter l'ennemi. Je vous offre mon épée.

— Tu ne nous as toujours pas dit comment tuer les Alains, grommela l'un des hommes.

Flavius dévisagea Arturus. Ils ne connaissaient pas encore toute son histoire, ils ne savaient pas encore comment Arturus en était arrivé à quitter son unité en Gaule, mais le temps manquait pour cela.

— J'accepte ton offre.

Arturus hocha la tête, puis le fixa d'un regard froid.

— Et maintenant, si nous devons combattre avec toi, mes hommes et notre cheval ont besoin d'eau.

Flavius regarda Macrobius conduire le groupe au point d'eau, sauter dans la tranchée, puis accéder à l'autre côté d'un bond, la main toujours sur la poignée de son épée, toujours clairement méfiant vis-à-vis d'Arturus. Le jeune homme se tourna vers l'ouest, réfléchissant à ce qu'avait dit Arturus. Il se souvint d'avoir été fortement impressionné dans sa jeunesse par Augustin, le fêtard que tous auraient voulu égaler. Comme tout le monde, il avait été perplexe lorsque ce dernier avait brutalement renoncé au vin et aux femmes pour l'habit de moine. Certains voyaient cela comme une force, comme la preuve qu'il avait la volonté de renoncer aux vices de ce monde, mais d'autres considéraient cela comme une faiblesse, comme un signe que l'habit était une tentation à laquelle les hommes d'action devraient résister pour accomplir le vrai travail de Dieu sur Terre, qui consistait à mener les armées du Christ contre l'ennemi barbare.

Flavius tendit l'oreille. Il était certain de l'avoir entendu à nouveau, le bruit qui l'avait hanté au cours de ces dernières heures où il était resté allongé à lutter contre le froid, à osciller entre veille et sommeil. Ce son venait de l'ouest et il l'avait entendu enfler et décroître sur fond de ronflements et de grognements autour de lui. Depuis qu'il avait bu l'infusion de feuilles de *chata* que Macrobius lui avait préparée, son ouïe semblait plus sensible, plus fine, et il se demanda s'il ne ressentait pas cette exacerbation des sens éprouvée par ceux qui ne peuvent pas dormir, s'il n'était pas le jouet de son imagination et de la mémoire de ce son dans la nuit. C'est alors qu'il l'entendit de nouveau et vit qu'il n'était pas le seul à s'arrêter et à écouter, et qu'une onde de tension semblait vibrer dans la tranchée. C'était un chien qui hurlait, puis d'autres, et cela résonnait à l'ouest, d'un bout de l'horizon à l'autre, bien plus proche maintenant que lorsqu'il l'avait entendu auparavant. Il ne s'agissait pas simplement de jappements et de hurlements de chiens sauvages, c'était différent, plus régulier, et il ressentit le même frisson le long de sa colonne vertébrale que moins d'une heure plus tôt.

Il s'efforça de l'ignorer et se concentra sur la tactique qu'il avait élaborée avec Macrobius au cours des deux jours précédents. Tout reposait sur le sang-froid des hommes du *numerus*, s'ils étaient capables de laisser l'ennemi s'approcher le plus près possible. Ils avaient caché cinq « onagres » parmi les collines derrière la tranchée, des catapultes chargées de boules inflammables, tendues et réglées pour que les projectiles explosent sur le terrain en pente à moins d'une centaine de pas en avant du retranchement. Ils ne pourraient tirer qu'une fois et les artilleurs avaient inondé les machines de naphte de façon à ce que l'allumage des boules mette du même coup le feu aux catapultes, empêchant ainsi qu'elles tombent aux mains des ennemis. Une équipe de *fabri* de la garnison de Carthage avait également creusé un fossé devant les engins et l'avait rempli de pots de naphte prêts à être renversés et allumés après l'explosion des boules de feu, pour couvrir la retraite d'éventuels survivants du *numerus* vers les murs de Carthage. Pour une position défendue par moins de cent hommes, cela constituerait à coup sûr une coûteuse démonstration de force, plus impressionnante qu'aucune de celles opposées par les garnisons réduites du rivage d'Afrique occidentale lors de l'avance des Vandales. Cependant, ni Flavius ni Macrobius ne se faisaient d'illusions sur son efficacité. Dès que les Barbares se seraient rendu compte de la taille minuscule des forces engagées contre eux, l'obstacle momentané représenté par les boules de feu ne ferait qu'accroître leur furie, et il ne resterait plus à ceux du *numerus* qui auraient pu regagner les murs de Carthage qu'à tenter de s'échapper par la mer avec le reste de la garnison. Mais Flavius savait qu'organiser un plan de défense n'était pas seulement un geste héroïque : ce qui était en jeu était le prestige militaire de Rome, ou du moins ce qu'il en restait. Il avait déjà largement souffert de la trahison du commandant des *comitatenses* à l'ouest, et ce serait pire si la nouvelle se répandait chez les autres ennemis que l'armée de Rome ne s'était même pas donné la peine d'offrir la moindre résistance lors d'une attaque contre Carthage, la cité dont la conquête par Rome, six cents ans auparavant, avait initié l'Empire. Flavius se disait que, si chacun des hommes du *numerus*, Macrobius et lui compris, tombait en entraînant avec lui dans la mort un guerrier vandale ou alain, alors il aurait été fidèle à la parole qu'il avait donnée à son oncle Aetius lors de son affectation comme tribun de toujours soutenir l'honneur de Rome et celui des soldats sous son commandement, pour faire en sorte que ses actions ne soient pas inscrites dans l'histoire comme les derniers soubresauts d'une armée mais comme une ultime action de courage et de résistance.

Macrobius l'avait rejoint sur le parapet et écoutait les étranges hurlements provenant des collines en face d'eux.

— J'ai déjà entendu ça, grogna-t-il. C'était quand je servais sous ton oncle sur la frontière du Danube, il y a vingt ans, lorsque les Vandales sont sortis des forêts pour la première fois.

— Ce sont des chiens alaunts, expliqua Arturus, en se plaçant de l'autre côté de Flavius. Des énormes bêtes de chasse et de combat, entraînées uniquement à tuer. Genséric les garde en laisse jusqu'au dernier moment, jusqu'à ce que leurs yeux soient rouges et leurs gueules écumantes, puis il les lâche en même temps que les guerriers alains. Lorsque les hurlements se transforment en aboiements, cela veut dire qu'ils arrivent…

Flavius se sentit glacé jusqu'à la moelle des os. Il savait maintenant que le hurlement était un bruit non du désert mais des forêts du Nord, d'un endroit où les chiens étaient en réalité des loups et où ceux qui les avaient dressés, les maîtres-loups, sortaient des forêts en rugissant avec leurs animaux, ne faisant qu'un avec eux, portant avec eux l'obscurité qui balayait l'empire d'Occident depuis maintenant plus de cinquante ans. Il ferma les yeux un instant et essaya de se concentrer. Il devait garder son sang-froid. Il regarda encore, inspecta l'horizon, ne vit rien de nouveau. Les hurlements avaient cessé, remplacés par un silence étrange, irréel, comme le calme qui précède la tempête.

Arturus se tourna vers lui.

— Quel est ton plan ?

Flavius inspira profondément.

— Tu as certainement vu les catapultes et le fossé avec les jarres de naphte, au-delà du point d'eau. Après, ce ne sera plus qu'une question de tir à l'arc et de combat au corps à corps. Cette crête surplombe la route qui mène à la porte occidentale de la ville. C'est le passage obligé pour n'importe quel assaillant. Depuis notre position dominante nous devrions pouvoir défendre le défilé assez longtemps pour que ceux qui sont encore à Carthage et veulent s'enfuir atteignent le port et embarquent sur les dernières galères restantes. Lorsque le moment sera venu, nous nous replierons vers les murs de la cité.

Arturus se retourna vers les remparts.

— Genséric laissera ses hommes violer et piller pour les satisfaire, mais il épargnera les vies des citoyens dirigeants et leur proposera des conditions généreuses. Il a l'intention de s'installer à Carthage et leurs impôts sont sa richesse future. Mais il n'épargnera aucun individu pris des armes à la main…

— Tu en sais long sur Genséric, grommela Macrobius.

— Genséric emploie des mercenaires étrangers pour constituer sa garde personnelle. C'est plus sûr pour un roi que d'utiliser ses propres hommes, car la loyauté d'un mercenaire repose sur l'or. Avant de prendre l'habit de moine, j'étais capitaine de sa garde.

Macrobius se raidit.

— Je savais que notre confiance était mal placée,

gronda-t-il, en saisissant de nouveau le pommeau de son épée.

— C'était il y a dix ans, lorsque j'ai quitté l'armée du Nord, se défendit Arturus en levant une main. Je faisais partie d'un petit groupe de Bretons appartenant à la *cohors Britannica*, une unité de *foederati*, mais le *comes* avait mal agi avec nous. Il nous avait ordonné de massacrer la population et de brûler les récoltes pour mater une révolte de paysans dans le nord de la Gaule. Nous avons déserté, c'est vrai, mais alors nous ne nous battions plus pour Rome. Quelques-uns d'entre nous rentrèrent pour rejoindre la résistance en Britannie et d'autres se firent mercenaires chez les rois barbares. Je n'étais pas encore prêt à rentrer et j'ai mis mes talents au service du roi vandale. Cependant, n'ayez crainte : mon cousin Prasutagus était venu avec moi pour servir Genséric, mais le roi décida qu'il ne devait pas y avoir d'alliances de membres de la même famille au sein de sa garde et le fit assassiner. Même comme chrétien, je suis toujours tenu par le vieux serment du *wergeld* des Icènes et je dois venger mon cousin, dans ce monde ou dans l'autre. Genséric n'est pas mon ami.

Macrobius grogna, la main toujours sur son épée. Il y eut un mouvement le long de la position, un bruissement et des chuchotements parmi les hommes, puis une sentinelle arriva en courant et déclara, haletante :

— Il y a des gens qui arrivent, centurion, de nouveaux réfugiés, visibles depuis le flanc gauche de l'escarpement !... Ils paraissent désespérés, courent, trébuchent, jettent tout ce qu'il leur reste de possessions en chemin... C'est comme s'il arrivait quelque chose derrière eux, juste hors de vue, qui les chasse vers l'avant…

— Ils sont perdus, dit Arturus. Nous devons nous préparer. L'ennemi est pratiquement sur nous.

Flavius sentit que sa tête tournait. Un vertige le saisit, puis il eut une révélation soudaine. Il avait déjà entendu ce bruit. Quelques mois auparavant, après avoir lu dans Polybe la vieille prophétie selon laquelle Carthage tomberait de nouveau, il s'était rendu au sud de Rome, aux champs Phlégréens, avant d'aller sur la tombe du grand Scipion l'Africain. Celle-ci était abandonnée depuis longtemps et envahie par les herbes folles. Il avait voulu visiter l'antre de la Sibylle, pour voir par lui-même la source de la prophétie. Il avait trouvé la grotte, s'était frayé un chemin au milieu de l'amoncellement de croix et de bougies qui occupaient le foyer de la prêtresse d'Apollon, morte depuis longtemps, et avait écouté devant l'ouverture béante. On disait que le corps desséché et noirci de la Sibylle était toujours suspendu dans les profondeurs de la grotte et que, si on écoutait attentivement, on pouvait entendre ses dernières paroles. Il était reparti déçu, désappointé de n'avoir entendu que le souffle du vent d'ouest qui venait de la mer et sifflait dans les rochers. Il comprenait seulement maintenant ce qu'il avait réellement entendu. Ce n'était pas du tout le son de la mer, mais les aboiements et les hurlements des chiens dans le lointain. L'ombre de la Sibylle l'avait prévenu : la prophétie se réaliserait.

Il sentit une sueur froide sur ses mains, son cœur se mit à battre la chamade. La bouche sèche, le souffle court, il tenta d'ignorer son estomac noué, ses mains tremblantes, de se convaincre que c'était juste les effets de l'épuisement, de l'air du désert et du froid. Il savait bien pourtant qu'il était paralysé par la peur. Il s'obligea à prendre dans sa bourse de ceinture une des pièces qui lui restaient après avoir payé les hommes la veille, pour tenter de maîtriser le tremblement de ses mains. Il regarda le portrait de l'empereur impassible, son visage carré, côté face, et côté pile, revêtu de l'armure à plaques portée autrefois par les légionnaires, jambes nues, tenant dans la main un globe avec une croix, un pied posé sur la tête anthropomorphe d'un serpent vaincu. Flavius avait prévu de regarder cette pièce juste avant la bataille, pour se rappeler pourquoi il se battait, pour l'Empire et pour la Croix, pour Rome. Mais il ne put que serrer la pièce dans sa main pour s'empêcher de trembler, tout en observant le spectacle qui s'offrait à lui. Il voyait les réfugiés, maintenant, des silhouettes de gens qui tombaient, chancelaient en descendant la colline, se relevaient et tentaient de poursuivre leur chemin, des femmes et des hommes tirant des enfants derrière eux, tous à bout de forces après des jours et des jours de fuite devant une chose terrifiante à peine imaginable, qui aboyait et hurlait, de plus en plus fort, de plus en plus près… Flavius entendait résonner dans ses oreilles les battements de son propre cœur affolé. Il y avait une différence entre lui, soldat de la Rome chrétienne, et les légionnaires qui l'avaient précédé, de l'époque où les amphithéâtres n'étaient pas devenus des lieux saints de pèlerinage et étaient encore baignés du sang des gladiateurs. Il n'avait encore jamais vu un être humain déchiqueté et mis à mort par un animal.

Macrobius dit quelque chose doucement, dans la langue gutturale que Flavius l'avait déjà entendu employer avec plusieurs des autres soldats des terres du Danube. Il se tourna vers lui.

— Qu'as-tu dit ?

Macrobius contempla l'horizon sombrement, puis tira son épée.

— J'ai dit en langue vandale ce que le maître-loup est en train de dire à ses hommes maintenant : « Lâchez les chiens de guerre. »

3

Les chiens arrivèrent dans un silence terrifiant, le silence d'animaux déterminés à tuer, qui n'avaient même plus besoin de terroriser leur proie, Flavius le savait, de par sa propre expérience avec ses chiens de chasse. Le premier venait tout juste de dépasser les réfugiés les plus proches, et il en voyait maintenant des douzaines, filant devant un flot continu de guerriers vandales dont il savait qu'il absorberait les gens qui tentaient de leur échapper aussi facilement qu'un immense raz de marée engloutit tout sur son passage. Lui et son *numerus* faisaient partie de ce tout. Ils n'étaient qu'une fragile ligne de défense qui n'avait aucune chance de stopper l'attaque, mais ils ne tomberaient pas sans avoir combattu.

Il s'obligea à détacher les yeux du spectacle, se retourna pour s'assurer que tout était prêt. À quelques centaines de pas derrière eux, les murs de Carthage étaient auréolés par la lueur rougeoyante du soleil levant, comme si la cité était déjà en feu. Il se demanda s'il y avait qui que ce soit pour regarder depuis les remparts, ou si les sentinelles s'étaient déjà enfuies vers les derniers navires encore à quai. Derrière les petites collines, à cinq cents pas en arrière de la tranchée, il apercevait tout juste le bras des cinq catapultes, dont un treuil maintenait tendue la corde enroulée qui constituait le ressort du levier à la base de la lourde armature. Sous chacun était suspendue une poche contenant une boule d'argile remplie du mélange combustible, prête à fendre l'air aussitôt que les artilleurs auraient ôté la dernière cheville avec un maillet de bois. Il voyait les hommes, un par catapulte, armés de la mèche qu'ils avaient allumée aux restes du feu de la cuisine. À son commandement, ils mettraient le feu aux boules, puis à la naphte contenue dans le fossé en face d'eux.

Ils le fixaient, attendant son signal. Tous les hommes postés dans la tranchée en faisaient autant, les phalanges blanchies sur leurs armes, le *numerus* tout entier aussi tendu que les catapultes. Il fit face de nouveau pour regarder au-dessus du parapet. Les chiens se rapprochaient. Ils n'étaient plus qu'à environ quatre cents pas, leurs crocs apparents entre les babines retroussées, tout à leur hâte d'atteindre leur proie, soulevant derrière eux un immense nuage de poussière. Il vit, émergeant de celui-ci, s'avancer à grandes enjambées les premiers maîtres-loups, des guerriers alains, des hommes immenses aux épaules couvertes de fourrures. Armés des redoutables massues cloutées qui les caractérisaient, ils faisaient claquer les fouets qu'ils employaient pour faire courir les chiens. Derrière eux, les Vandales dévalaient la pente comme un torrent, traversaient la vallée et remontaient de l'autre côté en direction de la tranchée. Les chiens étaient suffisamment proches pour que l'on voie leurs crocs et le rouge de leurs yeux. Flavius scrutait la masse en mouvement, estimant leur vitesse et leur point d'impact probable. Quelque chose n'allait pas… Il se tourna vers Macrobius.

— Les boules de feu sont censées tomber sur le gros de l'ennemi. Mais les chiens seront sur nous avant que les Vandales soient à notre portée…

Macrobius brandit son épée.

— Alors nous nous occuperons des chiens lorsqu'ils arriveront. Ne change pas ton plan, tribun.

Il se tourna vers ses hommes.

— Tenez-vous prêts, grogna-t-il. *Sagittarii*, tendez vos arcs.

Au signal de Macrobius, les archers, postés tous les cinq hommes le long de la ligne, levèrent leurs arcs et se mirent en position de tir. Flavius jeta un coup d'œil derrière lui sur les artilleurs. Il leur avait dit de ne lâcher qu'à son commandement et il espérait qu'ils garderaient leur sang-froid. C'étaient des hommes qu'il avait recrutés spécifiquement dans le *numerus* pour cette tâche, des vétérans des *limitanei*, recommandés par Macrobius, qui avaient juré de tirer leurs épées et de combattre à leur poste une fois que les onagres auraient été relâchés.

Le premier alaunt se trouvait maintenant à un jet de pierre, une forme bondissante plus grande qu'aucun loup jamais vu par Flavius, gravissant la pente dans leur direction, le poil sombre ébouriffé et parsemé de l'écume baveuse qui coulait de ses babines. Flavius empoigna son épée des deux mains, prêt à l'enfoncer dans des ventres, des cous, sachant qu'il y aurait peu de possibilités d'en utiliser le tranchant en portant des coups de taille. Il envia à Arturus son *gladius*, aperçut le Breton dans son habit de moine, un peu plus bas le long du parapet, non loin de la route le long de laquelle il avait envoyé ses Numides et son cheval, en direction de la ville. Les chiens étaient quasiment sur eux, un cordon de grands fauves massifs dans un nuage de poussière, obscurcissant ce qui venait derrière eux. Macrobius se tendit, puis baissa le bras.

— *Maintenant !* rugit-il.

Flavius entendit le sifflement des flèches juste au moment où le premier chien atteignait le parapet et se jetait sur eux. La flèche du Sarmate positionné derrière lui s'enfonça jusqu'à l'empennage dans la gueule de la bête, trop tard pour l'empêcher, déjà agonisante, transformée en un amas de membres informes et sanguinolents, grondant et gémissant, de retomber sur l'homme et de lui déchirer la gorge, avant de s'écrouler dans la poussière. D'autres chiens avaient chuté dans leur course et boulé sur le sol, embrochés par les flèches, mais certains, trop nombreux, n'avaient pas laissé aux archers le temps de bander de nouveau leur arc et de viser, et s'étaient jetés sur eux, tous crocs dehors. Macrobius se laissa tomber en arrière, son épée dressée au-dessus de lui, sur laquelle vint s'empaler et littéralement s'étriper le chien qui l'avait choisi pour cible. Un autre attaqua Flavius par le flanc et lui déchira l'avant-bras avec ses griffes, lui laissant quatre entailles rouges où afflua rapidement le sang. Le fauve escalada la tranchée et s'en fut, passant au galop près des artilleurs et des onagres, fonçant droit sur les murailles de Carthage, nouveau chef d'une meute qui se dégageait de la mêlée et poursuivait sa course, comme si l'odeur de la ville les attirait encore plus que le sang et le carnage autour d'elle.

Flavius se redressa avec peine, le bras dégoulinant de sang, et vit dans un brouillard les silhouettes massives des maîtres-loups alains qui arrivaient dans la foulée, suivis par la horde vandale, à moins de deux cents pas. Le moment était venu. Il se tourna vers les artilleurs, sentit son sang lui éclabousser le visage lorsqu'il leva le bras et donna le signal.

— Lâchez tout ! hurla-t-il.

Les hommes allumèrent les boules de feu avec leurs mèches et délogèrent les chevilles de bois au moyen de leurs maillets. Les bras se détendirent vers le haut lentement, gracieusement, faisant décrire aux poches un grand arc de cercle jusqu'au moment où ils heurtèrent les poutres matelassées en faisant un bruit sourd, et libérèrent leurs missiles. Les catapultes s'enflammèrent instantanément tandis que les boules de feu s'envolaient, puis s'écrasaient dans une explosion d'argile et de flammèches. La première toucha en pleine poitrine un guerrier alain, transformant ses fourrures et ses cheveux en brasier. Il continua sa progression, titubant et pirouettant comme un feu de joie ambulant, puis s'écroula lourdement dans la poussière. Les autres boules s'écrasèrent sur la première ligne de Vandales, créant un mur de feu humain ininterrompu que certains essayaient désespérément d'éteindre en se couchant et en se roulant dans la poussière, tandis que les autres poursuivaient leur course aveuglément, telles des torches humaines, hurlant et laissant tomber leurs armes, aussitôt cueillis par les flèches des archers postés derrière Flavius.

Les Alains qui se trouvaient devant la ligne de feu remisèrent leurs fouets dans leurs ceinturons et s'avancèrent, armés seulement de leurs massues de guerre, des armes terrifiantes taillées d'une seule pièce dans une branche de chêne, cloutées de pointes de fer que le soleil faisait étinceler. Le plus proche chargea en direction d'Arturus, qui se tenait sur le parapet, capuchon baissé et *gladius* brandi. Flavius vit les artilleurs s'approcher du fossé creusé devant les catapultes, prêts à enflammer la naphte avec leurs mèches, de façon à créer une barrière de feu derrière les survivants du *numerus* et à permettre leur retraite. Il prit conscience des flèches qui commençaient maintenant à siffler au-dessus d'eux depuis les rangs vandales, certaines heurtant bruyamment le parapet, d'autres faisant mouche. Macrobius, sa cuirasse dégoulinante des entrailles du chien, se tourna vers Flavius, et tous deux, dos à dos, hurlèrent en direction de chaque côté de la tranchée :

— Retraite ! Retraite !

L'ordre arriva trop tard pour les hommes postés à la gauche de Flavius. Un Alain avait surgi sur le parapet, un homme immense avec des avant-bras presque aussi épais que sa massue. Il arracha la tête d'un homme, l'expédiant du même coup dans l'estomac d'un autre, le projectile improvisé s'écrasant contre la cotte de mailles du soldat et lui brisant le dos, ce qui projeta un jet de sang et de viscères qui dégoulina sur ses jambes. Le guerrier alain continua à progresser le long de la tranchée, faisant tournoyer sa massue, tandis que les archers survivants lui faisaient face et lui tiraient dans la poitrine et la tête à bout portant, le truffant de flèches, jusqu'à ce qu'une dernière, en plein front, le fasse enfin tomber. Il s'affaissa sur les genoux et s'affala de tout son long au milieu du carnage qu'il avait créé.

Brusquement, il y en eut un face à Flavius, une immense silhouette se découpant sur le feu qui faisait toujours rage le long de la ligne vandale derrière lui. Flavius se remémora ce qu'Arturus lui avait dit juste avant la bataille, accomplissant sa promesse de lui révéler comment se battre contre les Alains. « Ne recule pas. Reste à ton poste et esquive le premier coup. Et alors, lorsqu'il a les bras en l'air et qu'il est vulnérable, bondis en avant et enfonce-lui ton épée dans le cœur. » Le guerrier alain rugit. Ses dents étaient aiguisées comme celles de ses chiens et ses cheveux blonds attachés volaient au vent derrière lui. Il sembla à Flavius qu'il n'entendait et ne voyait rien, qu'il était pris dans un temps semblant se distendre à l'infini. On lui avait parlé de cette sensation éprouvée par ceux qui avaient affronté la mort au combat, mais il n'y avait pas cru. Puis il prit conscience de la course de la massue qui fondait sur lui, visant son torse. Il fit un pas de côté, évita le coup, et l'arme poursuivit sa trajectoire vers le haut, de telle sorte que l'homme se trouva la tenir au-dessus de sa tête, emporté par son élan vers l'arrière, les yeux pleins de rage en réalisant sa vulnérabilité. Flavius imagina qu'il voyait le cœur de l'homme derrière sa poitrine qui se soulevait et il y enfonça son épée de toutes ses forces, la sentit fracasser la colonne vertébrale et ressortir de l'autre côté. Il l'y maintint, tous les muscles tendus, dans la puanteur de la sueur et de l'adrénaline, et il sentit le cœur palpiter contre la lame jusqu'à ce qu'il faiblisse et s'arrête de battre. L'homme toussa en rejetant un torrent de sang et s'effondra contre Flavius, les bras mous et sans vie, tandis que sa massue tombait derrière lui.

Flavius repoussa le corps sur le côté avec difficulté, posa son pied sur la poitrine et en sortit son épée. Macrobius s'était emparé de l'arc et du carquois de l'archer tombé derrière eux et tirait aussi vite qu'il le pouvait au-dessus du parapet. Les Vandales avaient réussi à franchir le carnage provoqué par les boules de feu et n'étaient plus qu'à quelques mètres. Flavius regarda la tranchée à gauche et à droite, ne vit que des cadavres. Macrobius lâcha sa dernière flèche, arracha son épée du sol où il l'avait fichée, poussa le jeune homme de l'épaule et hurla :

— Ils sont tous morts ou inconscients ! Tu as accompli ton devoir. Maintenant, il faut rejoindre les survivants…

Il tira Flavius au fond de la tranchée puis la lui fit remonter, en direction des artilleurs qui les attendaient. Le jeune homme vit alors que le Sarmate gisant tout près d'eux était toujours en vie, qu'il essayait de parler et faisait un geste de la main. Flavius laissa tomber son épée et le redressa. À cet instant, une flèche se ficha dans le cou de l'homme, le sang gicla et ils furent tous deux projetés vers l'avant. Macrobius empoigna Flavius pour le séparer du soldat dont les yeux avaient maintenant la fixité de la mort, et les deux hommes franchirent le fossé en trébuchant juste au moment où les artilleurs y trempaient leurs mèches et que la naphte s'embrasait en un mur de feu.

Flavius s'arrêta un bref instant, plié en deux, le souffle court. Il sentait la chaleur lui brûler le dos. Il avait conscience que Macrobius et Arturus rassemblaient les artilleurs et les poussaient en avant, et voyait d'autres survivants du *numerus* dépasser en courant les onagres qui se consumaient sur le terrain découvert à l'est. C'était bien. Il serait le dernier à quitter le champ de bataille. Il avait défendu son honneur, tenu la promesse qu'il avait faite à son oncle Aetius à Rome quelques semaines auparavant et n'avait pas abandonné ses hommes. Il regarda le sang couler sur son avant-bras, vit ses veines gorgées de sang, sentit les battements précipités de son cœur. Il avait ressenti autre chose que la douleur et la peur, une immense exaltation. Il avait pour la première fois tué un homme au combat. Il comprit à cet instant ce que les Grecs entendaient par *kharme*, l'appel de la bataille, et pourquoi les hommes le ressentaient si violemment. C'était bon.

Macrobius était devant lui et criait :

— Viens, tribun ! Rejoignons les murs de Carthage. Nous devons courir pour survivre.

Une demi-heure plus tard, Flavius était assis au milieu de ses hommes, à l'abri derrière la porte est des remparts dont les grands battants de bois leur avaient été ouverts par l'escouade de sentinelles de la garnison qui avaient juré de rester à leur poste jusqu'à ce que tous soient de retour en sécurité à l'intérieur. Il les avait observés tandis qu'ils en barraient les vantaux, puis se retiraient en direction du port pour se joindre au reste de l'arrière-garde de la garnison qui attendait sur le quai de pouvoir embarquer sur les dernières galères encore disponibles. Autour d'eux, les faubourgs semblaient désertés, mais Flavius savait que les habitants de Carthage se terraient à l'intérieur de leurs maisons. Du moins ceux qui avaient cru aux promesses du traître Boniface, lorsqu'il leur affirmait que les civils qui resteraient seraient épargnés ainsi que leurs biens, que les notables de la cité trouveraient une place dans la nouvelle administration de Genséric et son conseil de chefs. Ces garanties ne concernaient pas les *milites* de la garnison et n'auraient pas été crues si cela avait été le cas. Leur démonstration symbolique de résistance depuis la tranchée avait infligé suffisamment de pertes aux Vandales pour les rendre fous de colère, réduisant à néant tout espoir de grâce qu'ils auraient pu éventuellement nourrir. Leur seule perspective de survie impliquait de fuir Carthage sans perdre un instant.

Flavius leva l'une des outres de peau laissées pour eux par les sentinelles et laissa couler dans sa gorge l'eau qu'il avala à grandes goulées tout en la laissant éclabousser son visage. Il rendit l'outre à l'homme qui la lui avait donnée et regarda autour de lui. Macrobius lui avait fait un bilan des morts et des blessés, mais il ne pouvait que trop facilement faire le compte par lui-même. Ils avaient perdu deux hommes de plus pendant la retraite à l'abri des murailles, l'un tué par un alaunt solitaire, l'autre n'avait pas survécu à ses blessures alors qu'on le soutenait dans sa fuite. Ils n'étaient plus que seize, de l'effectif de départ des quatre-vingts hommes du *numerus*. *Seize hommes*. Flavius avait dès le premier jour trouvé son commandement minuscule, mais là, on avait dépassé le stade de la plaisanterie. Ces seize hommes étaient tout ce qu'il restait de l'armée d'Afrique, ils étaient les derniers soldats de la puissance qui, des siècles auparavant, avait frayé durement son chemin pour franchir ces collines et s'approprier Carthage, et lui, Flavius, était leur chef. Tous portaient les marques de l'assaut, pour certains des morsures béantes causées par les alaunts, pour d'autres des chairs écrasées et déchirées par les coups de massue des Alains. Les marques de Flavius, les quatre zébrures parallèles sur son avant-bras, infligées par les griffes du chien, commençaient à enfler et à le lancer douloureusement.

L'archer sarmate Apsachos se laissa rouler sur le sol, leva sa jambe droite et examina la chair lacérée de son mollet.

— J'ai bien failli servir de petit déjeuner à un chien, si vous voulez savoir.

À côté de lui, son camarade s'esclaffa, puis grimaça de douleur, en pressant une tache rouge qui commençait à s'étaler sur son flanc droit à travers sa cotte de mailles.

— Tu es trop drôle, Apsachos. Si je ne devais pas contenir mes intestins, je m'en tordrais les boyaux…

— Laisse-les donc sortir, qu'on voie si tu as vraiment des tripes. Tu n'as pas prouvé que tu en avais, tout à l'heure.

— C'est parce que tu étais trop occupé à montrer ton derrière à l'ennemi en essayant de t'enfuir, pendant que je m'occupais tout seul d'un Alain…

— Il y en a un seul que j'ai vu faire ça, intervint Macrobius en s'accroupissant au milieu des hommes, c'est votre tribun, Flavius Aetius. Mais tout le monde a eu du cran ici, y compris vos camarades qui sont maintenant avec Dieu. Quant à toi, Apsachos, si tu étais aussi rapide pour creuser des latrines que pour décocher tes flèches, je t'obtiendrais la *corona civica* avec des guirlandes de feuilles d'olivier…

— Des décorations pour cette action, centurion ? Un mauvais combat d'arrière-garde dans une mauvaise campagne, ce que Rome a de meilleur fuyant la queue entre les jambes après avoir abandonné Carthage, le joyau de l'Empire ?! Je pense qu'en voilà une que nos généraux bien-aimés, qui savourent leur raisin et disent leurs prières à Ravenne et à Milan, préféreront oublier.

Macrobius arracha la cotte de mailles endommagée sur son bras gauche, révélant une flèche vandale cassée, profondément enfoncée dans son épaule.

— Nous avons tous nos décorations, Apsachos, des décorations qui resteront sur nos corps pour nous rappeler ce jour et nos camarades tombés ici. C'est tout ce qui importe. Les généraux qui ont la tête dans les nuages et les évêques qui les dirigent peuvent aller au diable. Et maintenant, finissez de boire cette deuxième outre que les gardes nous ont laissée. J'entends les alaunts aboyer aux portes. Si on ne s'en va pas maintenant, on fera vraiment le déjeuner des chiens.

4

Flavius aida un des blessés à se lever et le soutint. Ils progressaient difficilement dans leur traversée de Carthage vers l'est, en direction des ports. Arturus les y avait précédés pour retrouver ses Numides et récupérer ses fontes. La ville ne résisterait pas longtemps aux Vandales. Dès qu'ils se rendraient compte que les murs n'étaient pas défendus, ils utiliseraient des grappins pour les escalader puis ouvriraient les portes afin de laisser entrer les autres à leur suite. Flavius sentait leur présence à l'extérieur, comme un flux puissant, immense, impatient, prêt à engloutir la ville, n'attendant que le signal des éclaireurs sur les remparts pour donner l'assaut final. Il essaya d'accélérer l'allure et, vingt minutes plus tard, ils avaient mis une bonne distance entre le mur et eux.

Près du rivage, ils dépassèrent le bâtiment des Bains impériaux, vaste protubérance sur les remparts donnant sur la mer. Plus loin se trouvaient les fameux ports intérieurs, construits sept cents ans auparavant par les Carthaginois puniques pour se garantir de la menace d'une attaque navale de Rome, menace qui se concrétisa lorsque Scipion Émilien débarqua de la mer avec ses troupes et rasa entièrement la cité. Les ports – reconstruits à l'époque de Jules César – étaient en vue maintenant, et ils longèrent villas et immeubles pendant encore vingt minutes pour en atteindre les premières installations, juste avant le promontoire oriental, d'où la cité surplombait la mer Méditerranée.

Dans les rues quasiment désertes régnait un calme angoissant, mais il aperçut quelques douzaines de personnes sur le quai de l'autre côté du bassin, devant la proue d'une galère, le dernier bateau à flot dans le port. En approchant, il trouva Arturus en habit de moine avec ses deux Numides et son cheval. À côté d'eux se trouvait le capitaine, un homme à barbe blanche qui avait accepté de rester pour récupérer les éventuels survivants. Flavius se hâta en direction de l'homme, lui tapa sur l'épaule et s'adressa à lui en grec :

— Nous ne sommes que seize. Il n'y en a pas d'autres. Merci d'avoir attendu, *kybernetes*.

— Ne me remercie pas, Flavius Aetius. Souviens-toi que j'ai été tribun moi aussi dans ma jeunesse, j'ai commandé une liburne de la flotte de l'Adriatique, la *classis Adriatica.* Même maintenant, en tant que civil, je ne laisserai jamais tomber des camarades qui se battent pour Rome. Toi et tes hommes possédez la *virtus*, ce n'est pas comme ces membres de la garnison qui se sont déjà enfuis…

— Quand pouvons-nous embarquer ?

— Très bientôt. Nous finissons le chargement de vaisselle d'or et d'argent de l'évêque de Carthage. Sur l'ordre exprès d'Héraclius, le *primicerius sacri cubiculi* de l'empereur…

— Cet eunuque ? La nounou de l'empereur ?

Macrobius, qui venait de les rejoindre, se pencha pour cracher.

— Le mieux à faire, c'est de le détrousser une fois à bord, puis de le jeter à la mer !

— Les richesses passent avant les hommes, grogna un autre homme du *numerus*. C'est toujours comme ça.

Le capitaine regarda Macrobius et lui expliqua, comme en s'excusant :

— Tu sais comment ça se passe, centurion. Si j'arrive à Ostie avec seulement des soldats et sans trésor, les hommes de main goths d'Héraclius me traîneront à la prison Mamertine à Rome et m'écorcheront vif. Si j'arrive avec des soldats *et* un trésor, tout ira bien pour tout le monde.

— Pour Héraclius, ce sera encore mieux si tu débarques avec un trésor et *sans* soldats, affirma Macrobius. Je veux bien me battre pour Valentinien, mais ses eunuques peuvent aller se faire voir en enfer.

Flavius s'adressa au capitaine :

— Tu as dix minutes, pas plus. Les Vandales ont dû réussir à franchir les murs et seront ici dans moins d'une heure.

— À tes ordres, tribun.

Le capitaine se tourna vers son équipage, occupé à monter des boîtes et des caisses sur la galère par la passerelle. C'était un navire à un seul niveau et à coque large, qui pouvait loger trente rameurs, plus les hommes du *numerus*, à condition qu'ils s'installent au milieu des caisses sur le pont étroit construit au-dessus de la poutre centrale de la coque, entre les bancs. Le vaisseau était amarré à l'extrémité du port rectangulaire, opposée au chenal oriental qui menait à la mer, par où ils devaient s'échapper. De l'autre côté du quai se trouvait le port circulaire intérieur, qui avait été autrefois le port d'attache des galères de guerre des Carthaginois, puis le quartier général de la flotte céréalière romaine. Les restes de quatre galères de guerre romaines avaient été hissés à la limite du bassin, fonds défoncés, avirons détruits. Flavius jeta un coup d'œil à Arturus.

— Au moins, une fois que nous serons en mer, les Vandales ne se lanceront pas immédiatement à notre poursuite.

Arturus ferma ses fontes avec un lien, puis regarda le port.

— N'y compte pas trop. Cela fait soixante ans, depuis que les Goths n'ont pas réussi à traverser le Bosphore à Constantinople après la bataille d'Andrinople, qu'on raconte que la mer est le talon d'Achille des Barbares. Mais, à cette époque, ils ne connaissaient pas du tout la Méditerranée et préféraient aller à l'ouest plutôt qu'à l'est. Lorsque, au cours de leur grande migration, ils sont arrivés à la pointe sud de la Grèce, puis de l'Italie, ce n'est pas tant l'ignorance de la mer qui les a empêchés de poursuivre plus au sud que le fait qu'ils n'en voyaient pas l'intérêt. C'était des terres qu'ils voulaient, la piraterie ne les intéressait pas. Pour Genséric, c'est différent. Il comprend que la mer n'est pas une barrière mais un lieu de passage, que la Méditerranée est le champ de bataille que tout Barbare résolu à conquérir Rome ne peut ignorer qu'à ses dépens. Parmi les mercenaires bretons qui restèrent avec Genséric après que j'ai quitté son service, il y avait un ancien artificier de la flotte du détroit gaulois, la *classis Britannica*. Il savait construire les bateaux à fond plat chers aux peuples marins du Nord-Ouest.

C'est à bord de bateaux de ce type que Genséric est passé de l'Hispanie à l'Afrique au niveau des Colonnes d'Hercule. Et tu peux être certain qu'une fois qu'il aura pris les ports de Carthage avec ses Vandales ils se rendront rapidement maîtres de la Méditerranée. Ces pillards terrestres deviendront des pillards des mers. Je les connais. Je les ai vus de mes propres yeux. J'ai combattu avec eux, dans les montagnes et les plaines du Nord, dans les forêts, dans les steppes lointaines de l'Est, bien au-delà de la portée de Rome.

Flavius le fixa.

— Tu as voyagé bien loin, Arturus.

— J'ai vu des lieux obscurs.

Arturus se tourna vers les Numides et sortit de sa robe deux petites bourses remplies de pièces qu'il donna à chacun, puis caressa le nez du cheval, se rapprocha de lui et murmura dans son oreille. Il lui donna une tape sur la croupe et leva la main en signe d'adieu lorsque le cheval se mit à trotter derrière les deux Numides pour quitter le port et se diriger vers la porte orientale de la ville.

— Où vont-ils ? demanda Flavius.

— Dans un lieu où les hommes comme eux ne sont pas réduits en esclavage par des hommes comme nous, répondit Arturus. Je leur ai conseillé de se diriger vers l'est et le grand désert d'Égypte, puis de prendre la direction du sud le long du Nil en direction du royaume d'Aksoum. C'est le tout premier royaume chrétien, fondé avant même que Constantin le Grand ait eu sa révélation et ait converti l'Empire romain. S'ils atteignent Aksoum sains et saufs, il se peut qu'ils y trouvent un sanctuaire de liberté.

— Et toi, pourquoi ne les accompagnes-tu pas ?

Arturus souleva ses fontes et les mit sur son épaule.

— Parce que j'ai juré que je porterai ces travaux d'Augustin en lieu sûr en Italie.

— Sont-ils destinés aux bibliothèques de Rome ? Là, au moins, les moines des *scriptoria* les conserveront comme étant la parole de Dieu et ne les dégraderont ni ne les détruiront, comme ils le font pour de si nombreux ouvrages du passé païen.

— Je te le dirai lorsque nous serons sur le bateau. Nous devons partir, maintenant.

Le capitaine du navire leur fit signe d'avancer d'urgence. Un homme d'Église adipeux, un évêque, à en juger par sa robe, se hâtait poussivement. Il traînait d'une main un sac cliquetant de précieux métal d'église et, de l'autre, tirait par le cou une jeune esclave. C'était une Africaine, grande, remarquable, avec ses cheveux noirs bouclés, ses joues marquées. Tout en se laissant ainsi emmener, elle lança à Flavius un regard indéchiffrable. Il avait déjà vu suffisamment de jeunes esclaves malmenées pour penser y être indifférent, mais la vue de cette fille traînée par un homme d'Église suant avec son sac de butin lui répugna. Il savait que cela aurait dû être le dernier de ses soucis à ce moment et il essaya de ne pas y penser tandis qu'Arturus gravissait la passerelle et montait à bord. Flavius attendit que le dernier de ses hommes l'eût franchie, puis suivit Macrobius. Il réfléchit un instant, se retourna, se mit à courir et dépassa le matelot qui détachait la planche qui les reliait au quai, s'accroupit et appuya sa main contre la vieille pierre punique de Carthage pour la dernière fois. En baissant les yeux, il vit quelque chose dans un interstice entre les pavés, une pièce d'argent ternie, et réussit à l'extraire : sur une face, il vit une tête de déesse. Il la retourna, l'examina, puis la fourra dans la bourse fixée à sa ceinture. Il fit demi-tour, courut jusqu'à la passerelle et embarqua d'un bond juste avant que les hommes ne commencent à hisser la planche à bord. En regardant le quai, il n'y vit plus que les outres de peau vides de leur eau qu'on avait laissées là et les résidus de nourriture, ultimes traces de l'armée romaine sur le rivage d'Afrique.

Le capitaine fit larguer les amarres et la galère s'éloigna du quai. Les rameurs s'étaient assis sur les bancs et se préparaient à l'effort qui les attendait. Les quelques hommes du *numerus* dont l'état le permettait encore avaient pris place parmi eux pour ramer et les autres étaient étendus de tout leur long sur le pont central et à la proue. Un *iatros* grec, médecin embarqué parmi les quelques civils qui partaient avec eux, se penchait déjà sur les premiers. Il était muni de son scalpel de bronze pour nettoyer leurs blessures et d'une éponge trempée dans l'eau de mer pour les laver. La fille aux cheveux bouclés se leva pour aider, mais l'évêque la tira violemment et l'obligea à lui masser le cou. Le capitaine rugit un ordre et le premier coup des rames propulsa la galère au centre du port en direction de l'étroit passage qui traversait les remparts de la ville du côté est et conduisait à la mer. On entendait maintenant résonner dans la ville la clameur des conquérants : ordres criés, ici et là un mot d'une langue gutturale déchirant l'air pur du matin, les hurlements et les aboiements des chiens. Les Romains avaient embarqué de justesse et Flavius savait qu'ils ne seraient pas en sécurité tant qu'ils n'auraient pas passé la limite des murs de la cité et qu'ils ne seraient pas hors de la portée des flèches des archers vandales qui auraient pu atteindre les portes du port à temps.

Les rames plongèrent de nouveau, et le capitaine poussa la lourde rame de gouverne pour diriger la galère vers le passage. Flavius passa au milieu de ses hommes pour rejoindre Arturus, qui était assis à la proue, et s'agenouilla près de lui. Il était toujours dans l'excitation du combat et il restait aux aguets, regardait de tous côtés, cherchant l'ennemi. Puis il se tourna vers la passe devant eux, là où il savait qu'ils seraient le plus vulnérables. Un des hommes désigna, derrière eux, l'acropole de la ville :

— Ça y est, ils sont là. Sur la plate-forme.

Flavius mit la main en visière au-dessus de ses yeux et regarda. Le soldat avait raison. Il y avait un flot d'hommes le long de la plate-forme massive en maçonnerie qui s'étendait au sommet de la cité. C'était le site du vieux temple punique de Baal Hammon, où se trouvait maintenant une imposante basilique chrétienne. Un homme se détachait, les mains sur les hanches, et observait le port et la mer, comme s'il contemplait déjà Rome. Flavius comprit à cet instant qu'il s'agissait de Genséric, qu'il voyait un roi barbare pour la première fois de sa vie. Un frisson le parcourut. Il serra le bordage du bateau, le regard fixe, et cessa de penser aux événements des dernières heures, pour envisager les mois et les années à venir, la façon dont les hommes comme Genséric allaient modeler l'Empire que Flavius avait juré de défendre.

— C'est le moment de regarder Carthage brûler, grommela le soldat.

Arturus resserra les sangles de ses fontes pour en préserver le contenu de l'humidité, car les premières gouttes d'écume produites par les rames les avaient atteintes.

— Nous verrons peut-être des feux, mais ce seront des feux de victoire, pas des incendies destructeurs. De la même façon que les chrétiens à Rome ont converti les basiliques en églises et le Colisée en autel consacré à Dieu, Genséric et ses chefs de tribu ne détruiront pas Carthage mais transformeront les palais et les villas en salles de réunion et de festin. Les grands monuments de Rome survivront, mais ne te fais pas d'illusions : ils ne seront plus que des squelettes, comme les os blanchis sur le champ de bataille de guerriers morts depuis longtemps. À moins que Rome ne se ressaisisse et ne réagisse à la menace avec une force militaire d'une puissance encore jamais vue pour affronter les Barbares.

Le capitaine aboya un ordre et les rameurs poussèrent fort sur les rames, puis les rentrèrent et les maintinrent le long des plats-bords, au moment de glisser dans l'obscurité du passage. Les parois étaient sombres, presque invisibles, et les blocs de maçonnerie à peine discernables de la roche elle-même. Au-dessus d'eux les murs imposants de la ville s'effaçaient, nimbés par le soleil éblouissant. C'était comme si Carthage s'éloignait déjà dans l'histoire, fantomatique, diaphane, prête à être enfouie de nouveau dans la vase et les marais qui occupaient cet espace lorsque les Phéniciens avaient tiré sur le rivage leurs premières galères, avant même la fondation de Rome. Flavius se tourna vers Arturus, réagissant à ce qu'il venait de dire :

— Et nous autres soldats de Rome, que devons-nous donc faire ?

Arturus lui-même semblait s'intégrer à ce lieu

crépusculaire, assis bien droit à la proue comme un roi mythique, ses longs cheveux et sa barbe absorbés dans l'étrange pénombre de la passe. Il posa la main sur ses fontes et répondit calmement :

— En guise de réponse, je te dirai ce que j'ai l'intention de faire avec ces livres. Lorsque j'étais enfant, en Britannie, avant l'arrivée des Saxons, on m'enseigna le grec et le latin. Après ma fuite, les soldats me placèrent dans un monastère en Gaule jusqu'à ce que je sois assez âgé pour m'engager dans l'armée. Je partis lorsque j'eus seize ans, mais les moines m'avaient déjà parlé d'Augustin. Après les années passées avec les *foederati*, puis comme mercenaire chez les rois barbares, je trouvai à son service beaucoup de choses qui me convenaient. Je n'en pouvais plus de tuer, je ne m'y étais pas endurci. La Cité de Dieu paraissait être un lieu meilleur qu'aucune ville créée par les hommes. Mais alors je compris que les dirigeants fantoches de Rome commençaient à y voir une excuse pour ne pas s'occuper de la crise, pour ne pas mettre en œuvre la stratégie et l'organisation nécessaires pour affronter la menace barbare…

— Si seule la Cité de Dieu importe, pourquoi se préoccuper des affaires terrestres ?

— Tu as pu le constater par toi-même, Flavius. Des hommes – des empereurs – pouvaient se servir des enseignements d'Augustin comme excuse pour vivre dans l'indolence et le plaisir. Puis Augustin commença à prêcher contre la liberté, à affirmer que les hommes ne pouvaient influer sur leur propre destin. L'excuse était encore meilleure. Si la vie des hommes est décidée par avance, pourquoi se casser la tête à débattre de stratégie ? Au bout de deux années passées à Hippone avec Augustin, j'ai commencé à entendre l'appel de mon pays natal, à me rappeler le vœu que j'avais fait, lorsque j'étais enfant, de retourner en Britannie afin de combattre pour mon peuple. Il se disait qu'une résistance s'organisait contre les envahisseurs saxons dans les montagnes et les vallées de l'Ouest, une résistance menée par le peuple et des capitaines élus. Les enseignements d'Augustin ne me semblaient plus faire partie de la vision que j'avais de ma destinée. J'étais secrètement devenu un hérétique bien avant de quitter son service.

— Tu as décidé de retourner en Britannie.

— C'était mon objectif lorsque nous nous sommes rencontrés. L'avance des Vandales et la chute d'Hippone m'avaient délié de mon obligation vis-à-vis d'Augustin, et le passage par Carthage était la première étape sur mon chemin en direction de mon pays. J'accomplirai mon serment à Augustin. Je protégerai son œuvre et la porterai en Italie, mais pas à Rome ni à Ravenne. J'irai jusqu'au monastère du mont Cassin, au sud de Naples, où je la confierai à un moine choisi parmi les frères de mon ordre, qui n'en dira mot à personne et la gardera en lieu sûr dans les profondeurs de la montagne.

— Où elle se couvrira de poussière et ne sera lue par personne…

— Où elle attendra des temps plus propices à la contemplation, une époque où les hommes pourront réfléchir à Dieu et au chemin du ciel sans interférence avec une bataille pour un royaume terrestre.

— Et à quel ordre appartiens-tu ?

Arturus prit un temps de réflexion. Puis :

— Je ne peux pas te révéler son nom. Rome nous

a décrétés hors-la-loi. C'est un ordre né au sein de mon peuple. On y croit que l'homme est maître de son propre destin. Les batailles sont gagnées par des soldats et non par des prêtres. Et ce sont les rois qui dirigent les affaires des hommes sur Terre, pas Dieu.

Macrobius, qui jusque-là avait aidé le médecin grec, vint s'asseoir pesamment à côté d'Arturus.

— Je t'ai vu tuer deux des guerriers alains et affronter la première vague de Vandales. Un moine combattant, admit-il à contrecœur, c'est ce que tu es, je te l'accorde, bien que je ne puisse juger si ton histoire tient vraiment debout.

Arturus fouilla sous sa robe et en sortit son épée. Macrobius se raidit, et Arturus lui posa la main sur l'épaule en souriant.

— N'aie aucune crainte, mon ami. Il se trouve que j'ai vu que ton tribun Flavius Aetius n'avait plus son épée. Il l'a abandonnée en tentant de sauver un homme, ce qui lui aurait valu autrefois la *corona civica*. Mais auparavant je l'avais vu combattre un Alain avec cette même arme et être gêné par sa longueur. La mienne lui conviendra mieux, car elle est plus courte et conçue pour l'estoc… Je souhaite qu'elle te soit une fidèle compagne, Flavius, comme elle l'a été de mes ancêtres légionnaires en Britannie.

Il tendit à Flavius le glaive dont la lame était teintée du rouge terni du sang séché, et dont l'extrémité était marquée par les entailles et les bosses du récent combat. Flavius le retourna et le soupesa.

— Et toi ? Un moine breton hérétique peut-il combattre à mains nues ?

— J'ai accompli mon vœu de *wergeld* pour le meurtre de mon cousin par Genséric, répondit Arturus en rajustant sa robe. J'ai fait couler le sang de ses soldats, et nous sommes quittes. Je ferai forger une nouvelle épée en Britannie, une arme pour une nouvelle ère, un nouveau royaume. Mais ton royaume est encore l'empire de Rome, et le glaive des légionnaires garde toujours son pouvoir pour toi. La guerre t'attend.

— Genséric va traverser la Méditerranée.

Arturus approuva de la tête.

— Lorsqu'il partira d'ici en direction du nord et prendra la Sicile, Rome aura perdu son dernier grenier à céréales. Si on ne lui distribue plus de céréales, le peuple de Rome se révoltera et les esclaves se soulèveront, exactement comme lorsque les Goths ont ravagé la ville du temps de nos pères. Les forces navales de Rome doivent se préparer à affronter cette nouvelle menace. Mais il y a pire encore, nous en avons déjà parlé. Tous les combattants romains doivent s'attendre à lutter contre quelque chose de nouveau et d'obscur : les ténèbres qui se propagent irrésistiblement depuis les steppes situées sur l'autre rive du Danube. Un nouveau chef s'est dressé parmi les Huns. Je l'ai combattu une fois, lorsque le chef goth que je servais a emmené sa garde rapprochée dans leur citadelle de bois dans un repli de la grande plaine à l'est du Danube. Nous nous sommes affrontés dans leur arène de combat et je l'ai vaincu. Mais il était encore jeune et les cicatrices de naissance sur ses joues s'étaient à peine guéries. C'est un homme, maintenant, endurci par la guerre, impitoyable et ambitieux, avec des visées sur l'empire d'Occident.

Macrobius grogna :

— Tu veux parler d'un des fils de Moundzouk. On

dit qu'il porte le nom de l'antique épée des rois huns. Son nom est Attila.

La galère glissait en silence au pied des murailles de la ville, toujours sous l'impulsion du dernier coup de rames. Soudain, ils se trouvèrent dehors, sous un soleil aveuglant. Ils sentirent brutalement l'assaut des vagues qui frappaient l'étrave, et toute la force du vent du nord-ouest. Le capitaine rugit un ordre, les rameurs sortirent les rames et à la poupe un géant à la peau noire se mit à donner le rythme, frappant le tambour à chaque fois que les rames plongeaient dans l'eau. La cadence s'accéléra lorsqu'ils doublèrent le promontoire et le capitaine manœuvra l'énorme rame de gouverne pour mettre le cap sur Rome. Un paquet d'embruns surgit à la proue et les trempa complètement, douche bienvenue qui les lava de la poussière de la cité. Flavius en profita pour essuyer la lame du glaive, puis la glissa dans le fourreau vide sous son manteau. Dès qu'il le pourrait, il demanderait de l'huile d'olive au cuisinier du bateau pour la protéger de la rouille.

Il vit qu'Arturus le regardait, lui fit un signe de tête, puis s'arc-bouta lorsque la galère se mit à tanguer dans la houle. Il se souvint de la pièce ancienne qu'il avait trouvée sur le quai, la sortit de sa bourse et l'observa à la lumière du soleil. Elle était en argent, mais le métal avait été patiné par le temps et avait perdu sa brillance. Du côté opposé à la déesse, il pouvait tout juste distinguer deux cavaliers et un chien de petite taille avec, en dessous, un seul mot gravé : *ROMA*. Il se rappela les pièces d'or récemment frappées qu'il avait distribuées aux hommes du *numerus* avant la bataille. Elles portaient sur une face l'effigie de l'empereur Valentinien, le cou épais, l'air indifférent, et, côté pile, le même empereur en armure, le pied posé sur le serpent et tenant à la main le globe et la croix. Le jeune homme savait que la pièce d'argent datait d'une époque ancienne, celle des grandes victoires et des conquêtes magnifiques des généraux comme Scipion et César, qu'il pensait ne jamais pouvoir égaler. Et cependant, à cet instant, alors que l'excitation de la bataille faisait encore bouillir le sang dans ses veines, la pièce lui parut fantomatique, tout comme les murailles qu'ils venaient à peine de franchir : elle avait perdu toute couleur et appartenait au passé. Il pensa à ce qu'Arturus avait dit. Pour que Rome survive autrement que comme une relique du passé, il lui fallait aller de l'avant. C'était ce que semblait dire la pièce de Valentinien, avec son or resplendissant, ses images puisant dans la force de la tradition, mais le regard tourné vers l'avant. L'empereur était revêtu de l'armure vénérée des légionnaires, mais il soumettait un ennemi nouveau et brandissait les symboles d'une nouvelle religion, d'un nouvel ordre du monde qui pourrait façonner le futur de Rome. Flavius espérait seulement que cette image de l'empereur ne serait pas contredite par la réalité, mais c'était une chose dont peu de gens pouvaient juger s'ils n'avaient pas été admis dans le cercle de courtisans de plus en plus restreint et secret des palais de Ravenne et de Milan.

Déjà l'évêque, pris par le mal de mer, vomissait à la poupe de la galère, tandis que la fille aux cheveux bouclés n'avait d'yeux que pour Flavius, attendant de voir ce qu'il ferait de la pièce. Il réfléchit un instant, puis l'envoya d'une pichenette loin dans la mer, rejoindre les détritus de l'histoire auxquels elle appartenait. Les soldats de Rome, dorénavant, devaient empoigner leurs épées et affronter un nouvel ennemi. Pas question de se complaire dans un passé glorieux disparu à jamais. Son regard se fixa sur la jeune femme, puis de nouveau sur ses hommes. Il ressentait les élancements de sa blessure et tous ses os lui faisaient mal, mais les embruns lui avaient redonné de la vigueur. Il prendrait sa place parmi les rameurs dès que le premier homme donnerait des signes de fatigue. Le retour allait être long et difficile.

DEUXIÈME PARTIE

ROME, ITALIE

449 après J.-C.

R V
COMOB

5

Flavius assistait, avec une fascination ébahie, à l'avancée en masses compactes de l'infanterie des Goths, qui formait une ligne stationnaire sur la hauteur tandis que la cavalerie l'encadrait de chaque côté. C'était une manœuvre classique, directement tirée des manuels, enseignée aux chefs militaires depuis les guerres contre Hannibal. Mais c'était aussi une erreur, tellement flagrante que Flavius commença à désespérer de jamais arracher ce groupe de futurs généraux aux distractions nocturnes, qu'ils préféraient de loin à l'étude.

Il soupira et observa comment les forces romaines se déployaient sur la colline opposée, un peu plus judicieusement. Les sept légions occupaient la crête, les *lanciarii* et les *mattiarii* qui constituaient l'infanterie armée de masses d'armes disposés au centre, les *scutarii*, ou cavalerie à boucliers, en réserve, et les *sagittarii* dispersés le long du front. Il allait leur donner quelques minutes de plus pour se demander comment il était possible que ce déploiement à forces égales puisse se terminer par autre chose qu'un combat d'usure. Ensuite, et ce ne serait pas la première fois, il tenterait de combler les lacunes béantes d'un savoir qu'ils n'avaient évidemment pas consolidé la nuit précédente dans les tavernes et les bordels autour du Forum.

Il passa la main sur les quatre bourrelets blanchâtres qui s'étalaient, parallèles, sur son avant-bras droit. Il en sentait la pulsation quand il faisait chaud ou qu'il s'entraînait, lorsque les veines et les artères de son bras bouillonnaient de sang et faisaient pression contre le tissu congestionné des cicatrices. Dix années avaient passé depuis Carthage – deux ans de campagne contre les Ostrogoths dans le Nord, deux ans de travail administratif et d'entraînement au quartier général des *comitatenses* dans les faubourgs de Ravenne, et presque six ans maintenant à Rome –, et pourtant l'attaque des chiens de guerre alaunts ce matin-là devant Carthage semblait aussi vivace dans son esprit que si cela s'était produit la veille. Il l'avait revécue en rêve pendant des années, des cauchemars qui le faisaient se dresser assis tout raide sur sa couche, agrippant son bras, et le laissaient inondé de sueur, incapable de respirer ou de crier. Cela se produisait moins souvent maintenant, mais lorsqu'il entendait un chien hurler dans le lointain, il pouvait sentir ses nerfs à fleur de peau et la sueur perler dans son dos.

Il observa de nouveau les armées en présence. Ce qu'il avait éprouvé alors ne pourrait jamais être transmis, c'était une chose que ceux qui étaient présents aujourd'hui pourraient comprendre seulement en le vivant eux-mêmes, lorsque eux aussi affronteraient la mort au combat et que ceux qui survivraient apprendraient à vivre avec les séquelles du choc.

Quelqu'un lui secoua le bras.

— Flavius Aetius, qu'est-ce qu'on doit faire maintenant ?

Flavius sursauta et se retrouva nez à nez avec son cousin Quintus. Il se rappela soudain où il était et se tourna vers la maquette disposée sur la table.

— Désolé, j'étais à mille lieues d'ici et je pensais à ma propre expérience du combat…

— Parle-nous-en ! s'écria l'un des garçons. Est-ce que les Alains étaient aussi féroces, et tout ? Les seuls que j'aie rencontrés sont paysans en Aquitaine et ils n'avaient pas du tout l'air méchants…

— Une autre fois, répondit Flavius en se redressant. Il ne nous reste que peu de temps avant la fin de la leçon. Thorismond va vous parler de la bataille.

Le grand Goth hocha la tête en signe d'acquiescement et se fit donner une baguette de bois par l'un des garçons. Thorismond avait été l'adversaire préféré de Flavius à l'époque où eux-mêmes étudiaient à la *schola*, douze ans auparavant. Fils aîné et héritier du roi wisigoth Théodoric, auparavant allié, mais ennemi depuis plusieurs années de Rome, il était venu depuis la place forte de Tolosa en Gaule négocier pendant une trêve avec l'oncle de Flavius, le *magister militum* Aetius. Il cherchait à obtenir l'octroi de nouvelles terres agricoles et de vignes, qui lui avaient été sèchement refusées. Quoique la mission eût été un échec, les termes de la trêve autorisaient Thorismond et sa suite à demeurer un jour de plus à Rome, et il avait accepté de passer une heure dans la classe de Flavius à la *schola* cet après-midi-là.

— Bataille d'Andrinople, près de Constantinople, cinq jours avant les ides d'Auguste, *anno domini* 376, commença-t-il d'une voix grave, dans un latin légèrement teinté d'un accent. Qui peut me dire ce qu'il en était des conditions ce jour-là ?

À sa question ne répondit que le silence, et Flavius examina les seize aspirants officiers rangés autour de la table. La moitié étaient des cadets admis directement, des adolescents comme Quintus qui avaient réussi les examens d'entrée, et l'autre moitié était constituée d'hommes ayant rang d'*optio* ou de centurion, recommandés pour une nomination par leurs chefs respectifs, et dont le plus vieux avait environ trente-cinq ans. Les cadets, plus jeunes, étaient complètement terrifiés par Thorismond et quelques-uns, parmi les plus âgés, éprouvaient visiblement quelque appréhension. C'étaient des hommes qui avaient dû affronter les Wisigoths au combat et conservaient probablement des souvenirs aussi vivaces et terrifiants que ceux de Flavius après avoir combattu les Vandales et les Alains devant Carthage.

Flavius frappa de la main sur la table.

— Eh bien ?

Quintus s'éclaircit la gorge.

— Il faisait chaud.

— Bien, approuva Thorismond en tapant la baguette dans sa main. Et puis ?

Ce fut de nouveau Quintus qui répondit, la voix tremblante :

— Et… il n'y avait pas d'eau.

— Très bien !

Thorismond frappa violemment la table avec sa baguette, ce qui en cassa l'extrémité et fit trembler les figurines.

— Voilà ce que vous n'apprenez pas à ces jeux de guerre. Dans cette pièce fraîche, où vous récupérez de vos gueules de bois en vous demandant quelle sorte de vérole vous ont transmise les putains du Tibre la nuit dernière, il vous est impossible de penser comme des soldats au combat, vous ne croyez pas ? C'est trop facile, quand on a mal aux cheveux et les yeux troubles, de jouer au général avec des figurines sur une maquette. En réalité, pour bien commander, il ne suffit pas d'élaborer une stratégie. Il faut aussi savoir ce que c'est qu'être soldat : se sentir épuisé, affamé et assoiffé, désorienté, déçu par de fausses espérances, humilié. Si vous ne comprenez pas ça, vous pouvez déplacer ces figurines jusqu'à ce que Jupiter revienne diriger Rome et vous ne gagnerez toujours pas de batailles.

Quintus désigna la maquette d'une main légèrement tremblante.

— Avant le combat, les Goths avaient brûlé l'herbe et les récoltes, ce qui avait accru la chaleur et réduit la visibilité. Il faisait déjà chaud comme dans un four, à en tomber par terre. L'empereur Valens avait fait marcher ses hommes durant presque sept heures depuis la ville d'Andrinople en direction du camp goth et il était arrivé au début de l'après-midi, au pire de la canicule. À cette époque de l'année, il n'y avait ni ruisseaux ni aucune autre source d'approvisionnement en eau. Les hommes s'écroulaient, déshydratés, avant même le début de la bataille, et d'autres pouvaient à peine bouger dans leur armure… Je ne suis pas allé plus loin dans ma lecture de la relation d'Ammien Marcellin avant la fermeture de la bibliothèque, termina-t-il en regardant autour de lui d'un air triste.

— Tu veux dire, avant l'ouverture des tavernes, rectifia Thorismond en le fixant.

Soudain, un des jeunes cadets repoussa sa chaise, chancela jusqu'à un coin de la pièce et vomit bruyamment. L'odeur envahit la pièce. Flavius serra les dents, se saisit de sa baguette et disposa la ligne de figurines rouges en cercle.

— C'était comme ça, expliqua-t-il. Les Goths avaient formé un *carrago*, un cercle de chariots qui est en réalité une fortification pour protéger leurs femmes, leurs enfants et leurs biens. Ils avaient disposé autour leur infanterie en plusieurs cercles et posté leur cavalerie à proximité. Comme l'a dit Quintus, les Romains étaient arrivés épuisés et déshydratés, mais ils pensaient qu'ils étaient les plus forts. Il est probable que Valens perdit le contrôle de ses hommes, on ne le saura jamais, car il n'en est pas sorti vivant. Mon grand-père Gaudentius, qui participa à la bataille du côté des Goths, dit que les Romains se sont laissé emporter par la passion, et que, lorsqu'ils virent pour la première fois leur armée, ils se souvinrent de la dévastation causée par les Goths sur leurs terres au cours des années précédentes, que cela les rendit furieux et qu'ils chargèrent sans attendre l'ordre de Valens. D'autres disent que la déshydratation et l'épuisement les firent délirer et les rendirent incapables de penser correctement et de prendre des décisions rationnelles. Quant à moi, je pense que c'est une bonne explication de ce qui s'est produit ensuite.

Il fit avancer les figurines bleues représentant les Romains jusqu'en bas de la vallée puis sur la pente qui menait au cercle de chariots.

— Les Romains quittèrent leur position avantageuse sur la colline adjacente pour charger en descendant la vallée puis en montant la pente en direction des

Goths, ce qui eut pour résultat d'aggraver leur état d'épuisement. Une fois en haut, ils découvrirent que le cercle était imprenable et furent repoussés à chaque tentative d'assaut.

Flavius replaça les blocs bleus au fond de la vallée, puis tira les minces blocs rouges représentant la cavalerie des Goths dans leur direction, tout en laissant intact le cercle de blocs rouges.

— Les Romains se retirèrent en désordre, expliqua-t-il, tandis que la cavalerie de l'ennemi les chargeait, suivie par l'infanterie qui savait maintenant qu'elle pouvait quitter le cercle en toute sécurité. Empêtrés dans leurs lourdes armures de mailles et gênés par leurs boucliers, les Romains furent anéantis et la vallée transformée en bain de sang. On a estimé le nombre de morts romains à vingt mille, presque les trois quarts de ceux qui participèrent à l'action ce jour-là…

— La plus grande bataille contemporaine, ajouta Thorismond. La pire défaite jamais essuyée par les armées romaines. Une humiliation pour tous ceux qui prétendent au titre de soldat, et je parle en tant que Goth, petit-fils, tout comme Flavius, de l'un des vainqueurs, et Barbare du côté paternel.

— Les Huns utilisent le *carrago*, ajouta l'un des hommes plus âgés, regardant Thorismond, le visage tendu. J'ai vu cela de mes propres yeux, de loin, lorsque les Huns se sont avancés jusqu'en Thrace. Au lieu de déployer leur cavalerie à l'extérieur du retranchement comme les Goths à Andrinople, ils gardent leurs archers à cheval à l'intérieur du cercle et les lancent à travers les lignes ennemies au moment opportun. On dit que cette tactique a été mise au point par Attila en personne.

À la mention de ce nom, l'ambiance de la pièce changea, devint plus tendue, plus concentrée. Les cadets, le visage pâle, observaient Thorismond.

Quintus demanda :

— Quelles sont nos chances contre lui, à ton avis ?

— Dans une bataille rangée ? Aucune, à moins que vous ne tiriez les leçons d'Andrinople.

Thorismond jeta un coup d'œil à Flavius, qui s'adressa à la classe :

— Vous avez eu la chance d'avoir le prince Thorismond comme instructeur. Vous allez maintenant me rédiger un résumé en dix points des principales leçons à tirer d'Andrinople. Ceux qui le feront de façon satisfaisante se rendront directement au champ d'exercice pour assister à la démonstration d'armes de cette semaine avec Macrobius. Puis ils iront se nettoyer à fond aux thermes de Caracalla, à mes frais. Ensuite ils reviendront ici et prépareront l'équipement nécessaire pour l'entraînement d'infanterie sur le Champ de Mars. Ceux qui échoueront passeront la soirée entière avec les moines dans la bibliothèque grecque pour aider à réorganiser la section d'histoire militaire. Les tablettes de cire et les stylets sont rangés dans la boîte sous la table.

Quintus se hâta de sortir la boîte et d'en distribuer le contenu. Tout le monde se pencha sur sa tâche. Flavius se leva et accompagna Thorismond vers la porte au fond de la salle et lui dit à voix basse, de façon à ne pas être entendu de ceux qui se trouvaient autour de la table :

— Je m'excuse pour l'état dans lequel ils sont, particulièrement pour mon cousin Quintus. J'ai senti les vapeurs de la nuit dernière dans son haleine. Il a l'étoffe d'un tribun correct, mais s'il échoue à son examen parce qu'il a fait la fête et abusé de l'alcool, ce n'est pas seulement lui qui sera déshonoré, mais moi aussi.

Thorismond toussa.

— Il me rappelle quelqu'un de ma connaissance…

Flavius prit un air exagérément concentré.

— À qui peux-tu bien faire allusion ?

— Tu te souviens, près du Tibre ? C'était à qui boirait le plus. Une coupe de chaque cru, de Falerne à la Campanie, jusqu'à ce que le premier tombe.

— C'est moi qui ai gagné.

— Ces boissons romaines sophistiquées me tordaient les boyaux.

Flavius posa la main sur son épaule.

— Nous nous reverrons, Thorismond.

— En nous battant l'un contre l'autre, ou comme alliés.

— Penses-tu que cela soit possible ? Rome et les Wisigoths pourraient s'allier de nouveau ?

Thorismond regarda fixement le sol.

— Le monde se couvre d'ombres sinistres. La menace d'Attila est la plus grave à laquelle nous ayons jamais eu à faire face. Nous ne survivrons qu'en forgeant de nouvelles alliances, en oubliant nos inimitiés passées et nos différences et en privilégiant le bien commun. Faute de cela, nous allons entrer dans une époque sombre.

— Garde-moi une place dans ta grande salle de cérémonie, Thorismond. Ensemble, nous pouvons faire beaucoup.

— Compte sur moi. Et maintenant, je dois partir.

6

La porte de la salle s'ouvrit et Macrobius apparut, jambes écartées, les mains derrière le dos, sa tunique fraîchement teinte en rouge, arborant toujours fièrement le numéro de son ancien *numerus* des *limitanei* sur les épaules. Flavius jeta un coup d'œil au cadran solaire visible derrière la fenêtre près du marché de Trajan. Il avait dépassé l'horaire, comme d'habitude. Il laissa les cadets finir d'écrire, ramassa les tablettes et se leva.

— C'est tout pour aujourd'hui. La semaine prochaine, nous étudierons la culture barbare.

Un gémissement parvint du premier rang :

— Non, tribun, pas encore la culture barbare… Toujours la guède, les arbres qu'on embrasse et les cris…

— Connais ton ennemi, Marcus Duranius. Et ne t'inquiète pas, tu n'auras pas besoin de t'user les yeux sur un livre à la bibliothèque en essayant de trouver dans quel sens tu dois le tenir. Pour te documenter, il te suffit de parler à tes amis. Ici, la moitié d'entre vous a des ancêtres goths.

— Quand est-ce qu'on reparle de batailles ?

Flavius lui lança un regard sévère.

— La semaine suivante, vous recevrez une formation sur le relevé et la lecture des cartes avec Gnaeus Uago Alentius, un tribun expérimenté des *fabri*. C'est un officier à la retraite qui a enseigné à la *schola* pendant des décennies. Il a accepté de venir vous faire un cours, par amitié pour moi. Vous avez de la chance. Il est gépide par son père, avec du sang alain, et tu pourras donc également le questionner sur la culture barbare, Marcus Duranius. Il est extrêmement strict sur la discipline, alors surveille tes paroles. Maintenant, descendez, désaltérez-vous à la fontaine et préparez-vous à voir quelques exemplaires intéressants de la collection de Macrobius dans la *palaestra*…

— *Ouiii !* s'exclama Marcus Caton, en donnant un coup de poing dans le vide. Le meilleur moment de la semaine !

— Allons-nous les essayer ? interrogea Quintus.

— Ça, c'est au centurion d'en décider. Rompez.

La classe se hâta de rassembler ses affaires et sortit en rangs en passant devant Macrobius, qui regarda le dernier s'en aller avant de se tourner vers Flavius.

— Tu ne leur as pas dit que c'était ton dernier jour ?

— Mon affectation dans l'état-major d'Aetius n'est pas encore confirmée. Mais je n'ai pas voulu m'en aller en fanfare. Après tout, cela fait seulement six ans, alors qu'Uago est resté ici plus de trente ans.

— Le rôle de l'instructeur consiste à inciter les classes sortantes à regarder vers l'avant, et pas en arrière, vers lui, confirma Macrobius. La récompense se trouve dans la qualité du corps d'officiers qu'il contribue à créer.

— Comment s'est passé l'entraînement sur le terrain, ces semaines passées ?

— Au début, un peu de sensibilité exagérée dans ce groupe de garçons fortunés venant de Ravenne, mais nous y avons promptement remédié. Le fait de cohabiter avec des vétérans au poil gris venant des frontières s'est révélé très profitable pour eux.

— *Mens sana in corpore sano*, centurion. Je peux constater les effets de ton entraînement lorsqu'ils arrivent en classe. Épuisés et meurtris, mais l'esprit plus affûté.

— Je suis impatient de retrouver mes hommes.

— Ta nomination de centurion dans la garde personnelle d'Aetius devrait se faire en même temps que la mienne. Cela veut dire que le vieux *numerus* sera de nouveau rassemblé au complet, du moins ceux d'entre nous qui sont encore en vie. Tout comme moi, tu seras à la disposition d'Aetius pour toute tâche qu'il pourra te confier.

— C'est ce qu'un vieux vétéran comme moi pouvait espérer de mieux. Et servir Aetius en personne constituera un plus grand honneur que n'importe quelle décoration.

Flavius hocha la tête. Macrobius avait dépassé l'âge normal de la retraite, puisqu'il avait servi plus de trente ans dans l'armée, mais il restait aussi dur et musclé que beaucoup d'hommes dans la fleur de l'âge. Après Carthage, Flavius avait tenté de lui obtenir la *corona civica* pour le courage qu'il avait montré en tentant de sauver la vie de deux de ses hommes dans le combat contre les Vandales, mais comme la défense de Carthage s'était révélée un échec, lui et tous les autres proposés pour des récompenses avaient été oubliés. Ensuite, quatre années de dures campagnes contre les Ostrogoths avaient ajouté une nouvelle moisson de cicatrices sur le corps de Macrobius. Parmi celles-ci, une estafilade livide, provoquée par un couperet saxon, traversait son cou. Pour les soldats, ces décorations étaient les seules qui importaient vraiment. Mais Aetius les avait remarquées et avait récompensé le *numerus* tout entier en le choisissant comme garde personnelle, ce qui représentait le plus grand honneur que l'on pouvait octroyer à une unité. Lorsque le *numerus* avait été renvoyé à l'arrière, Flavius avait accepté un poste d'instructeur en stratégie de combat à la *schola militarum* de Rome et y avait emmené Macrobius pour occuper un poste vacant au département d'entraînement physique. Au cours des six années passées, ils avaient vu sortir trois promotions de nouveaux tribuns, des jeunes gens qui n'avaient pas encore atteint leurs vingt ans mêlés à des vétérans issus du rang, des hommes qui renforçaient les unités des *limitanei* et des *comitatenses* de la ligne de défense contre la menace grandissante émergeant des steppes situées à l'est du Danube.

Macrobius désigna de la tête l'entrée de la *schola*.

— Il y a ici quelqu'un qui veut te voir.

Flavius regarda en direction de la salle des gardes située près de la rue, et son cœur manqua un battement.

— Dis-moi que ce n'est pas Livia Vipsania, grommela-t-il. Si c'est encore elle, nous devons effectuer une retraite rapide vers l'arrière…

— Tu as de la chance, cette fois-ci. C'est un vieil ami.

Flavius soupira de soulagement. Livia Vipsania était la mère très persévérante de l'une des nombreuses jeunes filles qu'on lui avait présentées, bien contre son gré, en vue d'un éventuel mariage. En tant que neveu du *magister militum* Aetius, qui était l'homme le plus puissant de l'empire d'Occident après Valentinien lui-même, Flavius était considéré comme un excellent parti, même s'il avait donné le plus gros de son héritage pour aider les hommes de son *numerus*. Il ne valait donc guère plus que son salaire de tribun de rang intermédiaire et n'avait pour toute résidence que le modeste quartier des officiers de la caserne qui donnait sur le Circus Maximus. Il avait une compagne, une femme nommée Una, l'esclave qu'il avait vue se faire injurier et battre par l'évêque, à bord de la galère sur laquelle ils avaient fui Carthage. Après avoir assisté à une scène de violence particulièrement cruelle, il s'en était fallu de peu qu'il n'assassine l'homme d'Église, et Macrobius l'avait persuadé d'offrir tout l'or qu'il lui restait pour racheter la jeune femme, ce que l'évêque n'avait été que trop heureux d'accepter. Flavius avait proposé de faire tout ce qui était en son pouvoir pour rendre la jeune femme aux siens, mais cette dernière avait choisi de demeurer avec lui. Il voulait maintenant éviter à tout prix d'être happé dans l'univers des mariages dynastiques et des convenances de la classe dirigeante de Ravenne et de Rome, dans une période où les nuages de guerre qui s'accumulaient au-dessus de l'Empire faisaient paraître toute ambition domestique non seulement déplacée mais surtout irresponsable.

Ils s'avancèrent vers le vestibule où un homme, jusque-là assis dans l'ombre, se leva, rejetant en arrière le capuchon de son ample manteau, et serra dans ses bras Flavius, qui l'entraîna rapidement dans la salle de classe, hors de portée des oreilles indiscrètes. Flavius fit un signe de tête à Macrobius, qui referma la porte derrière lui et se planta devant pour monter la garde, l'ombre de ses pieds visible par l'interstice à la base de celle-ci. Flavius se tourna vers le nouveau venu.

— Arturus ! s'exclama-t-il en le prenant par les épaules. Je te croyais en Parthie et je ne m'attendais pas à te voir avant des mois…

Arturus s'assit pesamment sur une chaise et prit la tasse d'eau que lui tendait Flavius. Ce n'était pas la première fois que ce dernier voyait Arturus revenir épuisé d'une mission d'espionnage pour le compte d'Aetius, mais cette fois-ci, il paraissait plus vieux, la barbe et les cheveux parsemés de ses premiers poils blancs, la peau du visage véritablement tannée par le soleil, parcourue de rides profondes autour des yeux. Il paraissait maigre, presque émacié.

— Tu as besoin de manger, observa Flavius, en considérant son ami avec inquiétude. Viens chez moi à la caserne, Una te préparera en vitesse quelque chose.

— D'accord, mais pas tout de suite. Il y a plus urgent, répondit Arturus en secouant la tête.

— Que se passe-t-il ?

Arturus se pencha vers son ami.

— Je suis allé à Ctésiphon, à l'est de Persépolis, déguisé en marchand de vin. J'y ai passé quatre mois emprisonné dans un cachot pour avoir osé demander aux agents de l'empereur si je pouvais vendre ma marchandise, comme moyen de pénétrer dans le palais. Au cours de ces quatre mois, j'en ai passé un exposé chaque jour au soleil du désert. Même le meilleur des espions peut commettre une erreur, et je sais maintenant que personne dans tout l'Empire sassanide ne mentionne jamais le mot « palais », et encore moins le nom de l'empereur. Mais, lorsque j'ai été libéré et que j'ai pu me remettre, j'ai apporté à mes gardiens un peu de mon vin, que j'avais entreposé en lieu sûr. Ils ont apprécié sa qualité et en ont parlé au palais. Pour te résumer l'histoire, j'ai été invité dans le quartier des domestiques, puis dans la salle à manger impériale, où, après avoir été obligé de boire une grande quantité de mon propre vin pour faire la preuve qu'il n'était pas empoisonné, j'ai passé un jour et une nuit à le servir lors d'une grande fête donnée par l'empereur. J'y ai écouté tout ce que je pouvais. La bonne nouvelle, c'est qu'une petite entreprise familiale de viticulteurs près de Tarragone en Hispanie va bientôt recevoir une commande inattendue et va vraiment beaucoup s'enrichir. La mauvaise, je viens tout juste de la transmettre à Aetius…

— Et ?

Arturus le regarda gravement.

— Les Sassanides ne toléreront aucune alliance contre Attila, ni avec l'empire d'Orient ni avec l'empire d'Occident. Les Huns sont leurs ennemis, mais ils préfèrent les affronter de la façon qu'il choisiront eux-mêmes et sur leur propre territoire, sur le terrain désertique familier à leurs troupes, et où ils pensent qu'un allié romain peu habitué à ces conditions ne constituerait qu'une gêne. Ils croient pouvoir contenir une quelconque attaque d'Attila dans le défilé de l'ancienne frontière parthe au nord, entre le Pont-Euxin et la mer Hyrcanienne, au sud des montagnes du Caucase. Ils pensent aussi qu'Attila n'a pas de visée sur Ctésiphon mais plutôt délibérément sur l'Ouest, de telle sorte que toute attaque contre la Parthie ne serait qu'un galop d'essai destiné à stimuler ses guerriers et aiguiser leur appétit pour la vraie guerre de conquête qu'il a préparée contre l'Ouest. Si j'en juge par toutes les informations glanées par ailleurs par les agents d'Aetius, je crois que les Sassanides ont raison.

— Et donc en quoi cela affecte-t-il les plans d'Aetius ?

— S'il faut exclure une alliance avec les Sassanides, le seul autre moyen de rassembler suffisamment de troupes pour affronter Attila consistera à se tourner vers Théodoric et les Wisigoths.

— Son fils Thorismond était là tout à l'heure. Il est parti avant ton arrivée.

— J'ai réussi à l'intercepter dans la rue en entrant ici. Il sait qui je suis, car il m'a vu lorsqu'il était enfant et que, mercenaire au service de Genséric, je faisais une visite à la cour wisigothe. Il m'a dit qu'il n'irait pas voir Aetius directement, mais qu'il évoquerait la question avec son père à Tolosa lors de leur conseil de guerre.

— Pas un mot de tout ceci à quiconque. Héraclius, l'eunuque de Valentinien, sait à quel point les Wisigoths le détestent et il ferait n'importe quoi pour saboter les plans d'une alliance entre Rome et ceux-ci, même si cela conduit l'empire d'Occident à sa perte.

— C'est principalement à cause d'Héraclius qu'Aetius ne met plus Valentinien dans la confidence en ce qui concerne les affaires de renseignement, affirma Arturus. La prédilection de l'empereur pour les eunuques, comme celle de Théodose en Orient, le réduit quasiment au rôle d'un pantin. C'est le *magister militum* qui tient donc les véritables rênes du pouvoir, mais cela crée un vide dangereux qu'Héraclius et les eunuques d'Orient pourraient remplir. Thorismond a compris cela et il se contentera d'aborder la question d'une alliance de façon privée avec son père Théodoric avant la réunion du conseil.

Flavius fit une moue et secoua la tête.

— Je connais bien mon oncle et je connais également Théodoric, qui est un cousin éloigné de mon grand-père goth et que j'ai rencontré lorsque Thorismond m'a emmené à la cour wisigothe à l'époque où nous étions ensemble à la *schola*. Ce sont tous deux des hommes raisonnables, mais ce sont aussi des guerriers qui n'aimeraient pas du tout renoncer au conflit qui les oppose. Il faudra que les vents de la guerre provenant de l'Est soient bien forts, en réalité, pour les faire se départir de leur animosité…

— C'est pour cette raison que je suis venu te voir et que je te dis cela, expliqua Arturus en sortant de sa tunique un tube de bois contenant un rouleau de papyrus. Voici la confirmation de ta nomination en tant que tribun spécial au service d'Aetius et celle de Macrobius comme centurion de sa garde personnelle. Vous êtes dorénavant aux ordres directs d'Aetius. Il a un autre plan, dont vous faites partie tous les deux.

Flavius frissonna d'excitation.

— Dis-moi ce que je dois faire.

— Tout d'abord, tu dois aller rendre visite à ton vieil instructeur Uago demain matin, pour voir quelques cartes. Après cela, il faut improviser. Valentinien et sa suite sont en ville, et les agents d'Héraclius vont repérer tout officier qui ne se rend pas au palais pour présenter ses respects. S'il nous faut aller à la cour, cela ne devrait pas être plus qu'une distraction par rapport à notre véritable objectif, qui est de quitter la ville au prochain coucher du soleil, pour une mission peut-être sans retour.

Arturus se leva et laissa tomber son manteau, révélant la tunique et l'insigne de tribun des *foederati*, l'emblème du loup du *numerus Britannorum* fixé à son épaule. Flavius y appuya sa main.

— Aetius t'a rendu ton grade d'officier. Cela t'était dû depuis bien longtemps.

Arturus lança son manteau sur son épaule.

— C'est juste une couverture. Je suis moins repérable lorsque je me déplace dans Rome vêtu de cet uniforme qu'avec le manteau d'un espion.

Flavius se dirigea vers la porte, l'ouvrit et regarda Macrobius.

— Lorsque tu en auras fini avec les cadets à la *palaestre*, va voir Una et demande-lui de préparer mes armes et mon équipement. Va ensuite chez toi et fais la même chose.

Macrobius le regarda fixement, les yeux brillants.

— Je savais qu'il se tramait quelque chose ! Arturus n'était jamais venu à la *schola* si ouvertement pour te voir.

— J'en saurai plus demain. Retrouve-moi chez moi à midi.

— À tes ordres, tribun.

— Macrobius…

— Tribun ?

— Y a-t-il quelqu'un à qui tu doives faire tes adieux ?

— Seulement les filles des tavernes près du Tibre. Elles sont gentilles avec un vieux vétéran comme moi, qui n'a jamais été suffisamment payé pour fonder une famille. Qui a tout juste assez pour s'offrir une visite à la taverne.

Flavius sourit et lui tapa sur l'épaule.

— Eh bien, tu ferais bien d'y aller ce soir. Quant à moi, j'ai aussi mes adieux à faire. Il se peut que nous soyons partis de Rome demain soir.

— À tes ordres, tribun, avec plaisir. Mais, d'abord, la *palaestre*…

7

Une demi-heure plus tard, Flavius se trouvait sur le balcon attenant à la salle de classe qui surplombait la *palaestra*, une cour rectangulaire entourée de colonnes et au sol recouvert de sable destiné à absorber le sang. Cela faisait seulement douze ans que Thorismond et lui s'étaient affrontés ici jusqu'à l'épuisement, à la lutte, à l'épée, et en s'exerçant avec toutes les sortes d'armes barbares qu'ils pouvaient se procurer. Flavius y supervisait maintenant le dernier cours de sa carrière. C'était là, dans la *palaestra* et sur le Champ de Mars, à l'extérieur de la cité, que les instructeurs sélectionnaient définitivement ceux qui pouvaient être nommés tribuns, en éliminant les cadets dont ils savaient que les traits de caractère leur vaudraient le mépris de leurs hommes sur le champ de bataille. On pouvait leur pardonner l'hésitation et même la peur, particulièrement en ce qui concernait les candidats les plus jeunes, mais pas l'arrogance et l'étroitesse de la pensée. Même s'il s'agissait de son dernier jour à la *schola*, Flavius savait qu'il devait être semblable aux autres, qu'il lui faudrait essayer d'oublier Una et Arturus pour se concentrer sur l'observation attentive de la douzaine d'aspirants officiers que Macrobius s'apprêtait à faire manœuvrer sur le sable.

Il jeta un coup d'œil, au-delà de la *palaestra*, aux fûts les plus élevés de la grande colonnade de marbre érigée sur le Forum de Trajan, situé plus bas, à la statue de bronze de cet empereur révéré, qui semblait le regarder. Ici, entouré des quatre murs de la *schola*, il se sentait à l'abri de la corruption et des turpitudes de la cour de Valentinien, comme si ce regard venant de haut baignait la cour de la pureté de sa vision. Parfois, il lui semblait que, s'il contemplait la statue suffisamment longtemps, il remonterait le temps, qu'il pourrait descendre, ouvrir les portes qui donnaient sur la rue et se joindre à la foule des légionnaires qui étaient représentés sur la colonne, marcher au pas avec eux en traversant des foules hurlantes qui les ovationnaient, pour enfin déposer leur butin aux pieds de l'empereur, avant de le suivre pour de nouvelles conquêtes et d'autres victoires au-delà des frontières. C'était une vision de Rome qui l'avait motivé lorsqu'il était enfant et qu'il grandissait près de ces monuments, et elle avait toujours le pouvoir de le séduire, en dépit de tout ce qu'il savait de la vacuité du pouvoir impérial et des sombres perspectives qui semblaient offrir peu de chances d'un retour triomphant aux gloires du passé.

Il fut brusquement rappelé à la réalité par l'arrivée sur le terrain de la *palaestra* de quatre esclaves chargés d'une table en bois sur tréteaux, suivis de Macrobius portant un paquet d'armes qu'il déroula sur celle-ci. Leurs travaux pratiques de cet après-midi seraient les derniers à porter sur les armes de leurs ennemis. La semaine précédente, ils avaient étudié les filets lancés par les Suèves, que l'on disait avoir été inspirés de ceux utilisés par les *retiarii* à l'époque des gladiateurs, une arme que même Macrobius ne pouvait maîtriser. Aujourd'hui, il se sentirait plus à l'aise avec les armes des Huns. Ensuite, les élèves subiraient un entraînement intensif sur le Champ de Mars, commanderaient les manœuvres de *numeri* d'infanterie et de cavalerie, s'initieraient aux rudiments de l'artillerie et du génie militaire avec les servants des catapultes et les *fabri*. Enfin, ils effectueraient des marches et des tests d'endurance destinés à opérer la sélection finale. Ce matin-là, en classe, Flavius s'était montré moins sévère que prévu, concernant le fait qu'ils s'étaient clairement laissés aller à fréquenter les tavernes la nuit précédente, car il s'était souvenu de sa dernière soirée de liberté avant que les centurions instructeurs du Champ de Mars ne hurlent leurs ordres et ne les consignent à l'intérieur pour la durée de leur entraînement.

Leur troupe, une douzaine de garçons et de vétérans en apprentissage, arrivait maintenant et s'assemblait en cercle devant Macrobius, éblouis par le soleil dont ils s'abritaient de la main. Macrobius jeta un coup d'œil à Flavius, qui hocha la tête, puis il fixa la classe.

— Bienvenue à la lumière du soleil. Voilà qui devrait finir de vous dessoûler… Qui peut me dire ce qu'il sait des Huns ?

Il y eut un silence, puis Quintus leva la main et fit un pas en avant.

— Ils vivent à l'est du Danube, au nord du lac Méotide, près de l'océan Gelé, et c'est une race d'une sauvagerie inégalée…

Il s'interrompit.

— Eh bien ? l'interrogea Macrobius en le regardant fixement. Continue.

Quintus s'éclaircit la gorge.

— Ils sont grands mais leurs jambes sont courtes, comme des bêtes hirsutes à deux pattes. À leur naissance, on pratique trois incisions sur leurs joues, ce qui laisse des cicatrices permanentes et signifie que les hommes ne peuvent pas avoir de barbe. Ils se déplacent sans cesse sur les pâturages, dorment à la belle étoile ou dans des tentes sommaires et, lorsqu'ils partent en guerre, vivent dans des chariots comme les Goths.

Marcus Caton leva la main, lui aussi.

— Et ils mangent la viande presque crue de n'importe quel animal. Ils se contentent de la réchauffer en la plaçant entre leurs cuisses lorsqu'ils sont à cheval.

Il ajouta avec enthousiasme :

— Et ils portent des chapeaux de forme ronde avec des protège-oreilles, des jambières en cuir de veau, et des tuniques faites avec les peaux de souris cousues étroitement ensemble. Leurs armures sont faites de petites plaques de bronze tricotées dans leur tunique, que l'on dit avoir été copiées sur celles des guerriers de Thina. En plus, ils se teintent avec de la guède bleue…

— Mais non, idiot, se moqua Quintus, ça, c'est les Agathyrses !

Macrobius les regarda, soupçonneux.

— Voilà qui me rappelle quelque chose… Qu'est-ce que vous avez lu, tous les deux ?

— Je suis allé à la bibliothèque latine, hier après-midi, répondit Quintus.

— Vous étiez censés faire une recherche sur la bataille d'Andrinople.

— J'ai trouvé ce volume, *Res Gestae*, *Les choses que j'ai faites*, écrit par Ammien Marcellin, du temps de nos grands-pères, avoua Quintus. Un livre très agréable, bien plus intéressant que ceux qui traitent d'Andrinople. Je ne veux pas être irrespectueux, mais tous ces Grecs n'ont pas l'air d'en savoir beaucoup sur la bataille, contrairement à Ammien. Et en plus, il a écrit en latin.

Macrobius grogna :

— Ammien était un vrai soldat. Je veux bien t'accorder ça, contrairement aux soi-disant historiens d'aujourd'hui, des moines et des scribouilleurs qui n'ont jamais eu de leur vie l'occasion de tirer l'épée pour de vrai.

— Il a écrit qu'il faisait partie des *protectores domestici*, renchérit Quintus. C'était une unité calquée sur la vieille garde prétorienne, destinée à protéger l'empereur…

— Ça, c'était au début de sa carrière, un poste de représentation pour les garçons riches comme la moitié d'entre vous. Après, il a continué en véritable soldat, il a effectué des campagnes en Gaule et en Perse, sous les empereurs Constantin et Julien. Il est devenu le bras droit du *magister militum* Ursicin, le plus grand général de notre époque avant Aetius. Mon grand-père s'est battu sous les ordres de Potentias, le fils d'Ursicin, à Andrinople. Il l'a protégé de son corps lorsqu'il a été mis à terre et l'a traîné jusqu'aux lignes romaines. Cet acte lui aurait valu la *corona civica* s'il était resté un seul officier en vie pour le voir. Ursicin et Ammien ont tous deux été chassés de l'armée après la prise d'Amida, en Asie mineure, par les Perses. Cette ville était impossible à défendre, mais l'empereur avait besoin d'un bouc émissaire, et il a donc renvoyé son meilleur général et le plus capable de ses lieutenants. Caractéristique, pour le coup…

Il fixa de nouveau les deux garçons.

— Alors ? Que dit d'autre Ammien ?

Quintus s'éclaircit encore la gorge.

— Je n'ai pas eu le temps d'en lire plus sur les Huns, mais j'ai vu le passage où il dit qu'aucune bête fauve n'est plus féroce avec les humains que les chrétiens ne le sont entre eux.

Macrobius jeta un coup d'œil à Flavius sur le balcon, puis se pencha, la main sur un genou, et dit à voix basse :

— Dans l'armée de cet homme, on ne vous pose pas de questions sur l'idole ou le dieu qui vous aide à traverser la nuit, ni sur ce qui vous encourage avant une bataille : vous adorez qui vous voulez. Mais, une fois que vous serez sortis des murs de cette *schola*, soyez sur vos gardes. Si tu prononces quelque chose du genre de ce que tu viens de dire, tu auras des problèmes. Je suis très étonné que les moines responsables des bibliothèques n'aient pas repéré et mis au rebut les écrits d'Ammien. L'évêque de Rome se prend maintenant pour Dieu lui-même et il a des espions partout.

Quintus hocha la tête, pensif, puis leva de nouveau la main, le visage rouge d'excitation.

— Ammien dit aussi que, au-delà de la terre des Huns, se trouve la tribu des Geloni, qui écorchent les ennemis qu'ils ont tués au combat et font de leur peau des vêtements pour eux et pour leurs chevaux.

— J'ai entendu dire ça, renchérit un autre des garçons. Un cavalier scythe – qui l'avait vu de ses propres yeux – avait dit à mon vieux maître d'équitation que les Geloni préféraient écorcher un homme avant qu'il soit mort, parce que la peau est toujours vivante, aussi, lorsque tu la mets sur toi, elle se colle et te va comme un gant. Ça fait l'économie d'un tailleur, tu ne trouves pas ?

— C'est dégoûtant, protesta un autre garçon.

Marcus Caton s'avança, les yeux brillants.

— Quintus, tu te souviens de ce dernier passage d'Ammien que tu m'as lu dans la bibliothèque ? Sur les anthropophages et les Amazones ?

Il se tourna vers les autres.

— Les anthropophages vivent plus loin que les Geloni, près du pays appelé Thina, et ils se nourrissent uniquement de chair humaine. Les Amazones, on les connaît tous par la Taverne des Amazones, sur les rives du Tibre, où les prostituées sont costumées en Amazones. Elles combattent, vêtues seulement d'un pagne, et ont constamment envie des hommes. Dans cette taverne, les cadets de la *schola* ont une réduction spéciale…

Le garçon qui avait parlé avant lui le regarda d'un air méprisant.

— Tu veux dire qu'elles t'accordent une réduction spéciale à *toi*, Marcus Caton, parce que tu as toujours fini ton affaire avant même qu'elles aient pu seulement te toucher. Tu ne pourrais pas donner du plaisir à une chèvre et encore moins à une femme.

— Je me ferais bien de véritables Amazones n'importe quand, se vanta un autre. Si elles sont affamées de chair mâle, je leur montrerai ce que vaut un vrai Romain…

— Un vrai Romain ou un vrai Goth ? questionna un autre. Tu devrais te souvenir de tes ancêtres, Julius Acer. Aux dernières nouvelles, les Goths authentiques ont la trique seulement lorsqu'ils pourchassent une armée en déroute ou des eunuques au cul nu…

— Fais attention à ce que tu dis, gronda un *optio* plus âgé. Ici, nous sommes la moitié à être goths et vétérans, et faire couler le sang sur le champ de bataille, ça nous connaît. Si tu veux une démonstration, tu peux nous montrer ton derrière dénudé sur le Champ de Mars après la *schola*. Et encore, si tu n'es pas trop occupé à te faire pourchasser par les Amazones…

— Ça suffit ! rugit Macrobius, tout en cachant avec peine un sourire. Gardez votre énergie pour les exercices physiques. Pour ce qui est des mangeurs de chair humaine et des écorcheurs, je ne peux rien confirmer. Mais je peux vous parler des Amazones. Et ce n'est pas toi qui te les ferais, Julius Acer, mais le contraire.

Il se tourna vers la table et y ramassa soigneusement un objet, une masse noircie, raidie, qui ressemblait à un nœud de serpents morts depuis longtemps.

— Est-ce que quelqu'un reconnaît ceci ?

Quintus s'approcha pour mieux voir.

— C'est un fouet, un très vieux fouet.

— Bien.

Macrobius, debout, jambes écartées, montra l'objet à la ronde pour que les autres puissent le voir.

— On dit que ce fouet de guerre était l'arme d'une princesse scythe qui combattit aux côtés de Scipion Émilien lors du siège de Carthage et que son utilisation fit voler en éclats la détermination du Bataillon sacré carthaginois. Il a été transmis de génération en génération dans la famille de Scipion pendant six cents ans et il fait maintenant partie des possessions les plus prisées de l'armurerie de la *schola*. La princesse avait chevauché avec les cavaliers des tribus berbères dans le désert, qui lui avaient appris comment insérer des échardes d'obsidienne coupantes comme du rasoir à l'extrémité du fouet, comme vous pouvez le voir ici. Elle l'a laissé à Scipion lorsqu'elle est repartie chez son peuple, mais elle a emporté l'idée avec elle, et depuis, les guerriers de sa tribu sont armés de fouets au bout renforcé d'acier. Elle ne s'est jamais mariée, mais on dit que le père de son fils était un prince venu de Gaule qui avait aussi combattu avec Scipion à Carthage, et qui est devenu le premier grand guerrier des peuples qui allaient bientôt prendre le nom de Huns, l'ancêtre de Moundzouk et d'Attila...

Les cadets contemplaient le fouet en silence, oubliant de plaisanter.

Quintus demanda :

— Alors ces fouets seront utilisés contre nous ?

Il s'approcha et toucha l'une des lames en obsidienne, ce qui fit couler une goutte de sang.

Macrobius répondit, en bombant le torse :

— Pour ma part, je ne les ai vus que de loin, devant Aquilée, lorsqu'une unité composée de Huns s'est jointe au flanc de la ligne formée par les Ostrogoths. C'était le premier engagement de mon *numerus* après le retour de Carthage. Tout ce qu'on a pu voir, c'est un scintillement argenté au-dessus des têtes des nôtres, provoqué par la réflexion du soleil sur les lames d'acier polies, mais ça a suffi pour flanquer une peur du tonnerre de Dieu aux *foederati* qui étaient avec nous et avaient vu les Huns ravager leurs terres natales. Ceux qui étaient le plus près du front ont dit que, pendant que le premier rang de Huns attaquait nos troupes à l'épée, le rang suivant utilisait les fouets pour tirer en avant les nôtres du deuxième rang en les enroulant autour de leur cou pour les entraîner dans la mêlée, ce qui avait pour effet de faire perdre l'équilibre à ceux de devant. Les Huns bondissaient alors et les achevaient à l'épée. Bien sûr, je ne parle pas de ceux dont la gorge avait déjà été tranchée ou qui avaient été décapités par les lames fixées aux fouets…

— Peut-on… esquiver les fouets ? demanda Marcus Caton d'une voix hésitante.

Macrobius poussa un grognement.

— Ils sont aussi vifs qu'une queue de scorpion, trop rapides pour qu'on les voie. Tout ce qu'on peut faire, c'est invoquer un dieu quelconque, prier pour ne pas en être la cible et essayer de s'avancer à tout prix à portée d'épée. Mais ils sont aussi très doués pour utiliser leur fouet au corps à corps, en les faisant claquer en hauteur de sorte que la mèche s'enroule méchamment au niveau du cou et découpe nos soldats en tranches, même en les attaquant par le haut.

Il prit une deuxième arme sur la table, un arc, la brandit pour la montrer aux cadets.

— Peut-être que certains d'entre vous auront la nostalgie du jour où ils auront vu une de ces armes pour la première fois. C'est un arc hun, pris à un Goth par les hommes de mon *numerus* lors d'une escarmouche dans les forêts du nord de la Gaule, il y a huit ans. Il est fait de trois matériaux différents assemblés et collés. À l'intérieur de la courbure, il est fait d'un bois dont on dit qu'il vient d'un arbre rabougri des steppes, et à l'extérieur, c'est ce que les Barbares nomment *iwa* ou if, et que nous appelons *baccata.* C'est un arbre persistant solide et souple. Entre les deux, il y a une lame d'ivoire d'une seule pièce dont on dit qu'elle provient des défenses d'un éléphant géant mort depuis longtemps et trouvé par les Huns sur les bords du lac Gelé au nord. Comme les Huns sont les seuls à savoir où se trouvent les défenses, il est impossible pour nos *fabri* de reproduire cet assemblage. Ce sont ces trois éléments qui donnent à cette arme sa force incroyable.

En guise de démonstration, il plaça l'arc entre le sol et le bord de la table, puis sauta dessus. Cela aurait brisé un arc romain ordinaire, mais ne fit que le faire rebondir, l'arme restant intacte. Marcus Caton se pencha, le ramassa et le lui tendit.

— Pourquoi cette forme étrange ? demanda-t-il, en montrant l'asymétrie de la partie haute, plus longue.

La prise se trouvait en effet en dessous du centre et n'était pas perpendiculaire à la corde.

Macrobius se redressa et prit l'arc.

— Cela te permet de tirer une flèche avec une vitesse initiale plus élevée qu'avec nos arcs, si tu as la force de le tenir sous cet angle et d'encaisser la tension que cela fait subir au poignet et à l'avant-bras. Nos archers se sont rendu compte qu'ils sont presque impossibles à utiliser si on ne s'entraîne pas pendant des mois. Nos arcs ont l'avantage sur ceux des Huns, de par leur portée maximale, car cela les rend mieux adaptés au tir en l'air qui retombe sur la formation ennemie. Ceux des Huns, avec leur bout lourdement lesté de fer, ont une trajectoire plus tendue et rapide sur une grande distance, qui est parfaitement adaptée pour leurs archers à cheval qui s'approchent à cinquante pas avant de décocher leurs flèches sur l'ennemi.

Il prit un autre arc, de forme plus conventionnelle, qui portait le chiffre de l'une des unités de *sagittarii* stationnées dans la ville, y mit une flèche et visa un poteau que les esclaves avaient placé au centre de la *palaestra*. Y était fixé, à hauteur d'homme, un épais morceau de bois. Il tendit l'arc autant qu'il le pouvait, puis relâcha sa prise. La flèche vola et son extrémité s'enfonça entièrement dans la planche. Il reposa l'arme, se saisit de l'arc hun, d'une autre flèche, plus courte, la positionna et, en serrant les dents, la tendit, muscles et veines durcis par l'effort. Il lâcha la flèche avec un grognement, et celle-ci fila, toucha seulement le coin de la cible, mais s'y enfonça jusqu'à l'empennage, tandis que le bois se fendait et que le bout de la flèche vibrait de l'autre côté.

Il posa l'arc, se massa le biceps droit et se tourna vers les cadets, le visage dur comme la pierre.

— Je vais vous dire ce qu'Ammien Marcellin racontait d'autre à propos des Huns. Il disait qu'ils chargeaient à une vitesse incroyable, à cheval ou à pied, en mugissant, en hurlant et en produisant une mélopée destinée à terroriser leurs ennemis, qui battaient en retraite dans le plus grand désordre. Ceux-ci sont alors contraints à se diviser en petits groupes par les cavaliers huns, qui tournent sans cesse autour d'eux en leur décochant des flèches pour les achever. Même en face d'une ligne sans brèche, leurs archers à pied et leur infanterie infligent des pertes terribles au moyen de flèches dont l'extrémité est faite d'os ou de fer, et avec des fouets qui font comme des lassos. Dans le combat rapproché, ils combattent à l'épée, soit à cheval, soit à pied, et n'hésitent pas à utiliser leurs mains nues et même leurs dents pour achever ceux qui ont survécu à l'attaque. Ammien, vétéran des guerres contre les Gaulois, les Goths et les Perses, prétend que, de tous les Barbares qu'il a rencontrés, les Huns sont les guerriers les plus redoutables…

Il s'interrompit et observa le groupe.

— Savez-vous pourquoi je connais par cœur la relation d'Ammien ?

Quintus leva la main.

— Parce que c'était un soldat. Il savait de quoi il parlait.

Macrobius lui jeta un regard noir.

— Oui, en partie. Mais il y a autre chose. J'ai déjà vu des Huns au combat moi-même, mais seulement de loin. Je connais Ammien par cœur parce que nous n'avons pas d'autre récit d'un témoin oculaire, et ça, c'est parce qu'aucun Romain n'a survécu à une attaque des Huns… Réfléchis à ça.

Tous s'assombrirent. Quintus montra alors la dernière arme qui se trouvait sur la table.

— Est-ce que cette épée vient des Huns, centurion ? Pouvons-nous la regarder ?

Macrobius la prit, en la tenant par la garde et le plat de la lame.

— C'est la dernière arme que nous étudierons aujourd'hui, et elle est tout aussi redoutable, dans de bonnes mains. Vous pouvez voir qu'elle provient de la même tradition que les nôtres. C'est une lame longue et droite qui est typique dans la cavalerie, du modèle choisi par l'armée romaine pour être utilisé de façon régulière, de préférence au *gladius*, car elle possède une lame plus longue, mieux adaptée à la guerre à cheval. Sous la garde en forme de diamant, on voit que les bords de la lame sont d'abord parallèles, puis convergent ensuite doucement vers la pointe. Cela rend la lame plus lourde près de la poignée, avec un équilibre inhabituel, mais adapté aux coups d'estoc aussi bien que de taille. On dit que l'acier de la lame est trempé de telle façon qu'elle est plus solide que nos lames, à l'aide d'une technique secrète rapportée d'Orient que nos forgerons ne savent pas copier. C'est pour cela que le tranchant en est plus solide que celui des nôtres, et qu'il peut être affûté aussi finement que ces lamelles d'obsidienne incrustées dans le fouet. Ça coupe le cuir et ça tranche la chair plus facilement que celles que nous utilisons, mais c'est une épée dont l'usage est plus difficile à maîtriser, car l'équilibre s'y trouve plus près de la garde, et donner un coup puissant requiert plus de dextérité et de force.

Il tendit l'épée à Quintus, qui la soupesa et en examina la lame, tandis que les autres se massaient autour de lui pour regarder. Macrobius dégaina l'épée qu'il portait, une lame romaine ordinaire, plus courte d'environ un demi-pied que l'autre, et la donna à Marcus Caton.

— Vous allez nous faire une démonstration, tous les deux. C'est votre récompense pour avoir fait votre travail. N'oubliez pas d'utiliser le plat de la lame.

Quintus sourit à son ami, et tous deux marchèrent jusqu'au centre de la *palaestra*, en face de la cible, puis se mirent en garde. Ils débutèrent par des croisements d'épées et des esquives, chacun tournant lentement autour de l'autre.

— Allez ! cria le garçon qui avait plaisanté avec Marcus Caton. Mettez-y un peu de nerf !

Marcus Caton lui jeta un regard ennuyé, se retourna vivement en passant sous la lame barbare et donna un grand coup sur les fesses de Quintus, qui, entraîné par le poids de son épée, vacilla sur le côté.

— Voilà ce que valent les armes des Huns ! s'esclaffa le garçon. Si elles sont trop lourdes, à quoi ça sert d'avoir de l'acier plus dur et des lames mieux aiguisées ?

Quintus se releva, grimaça de façon exagérée et sourit. Puis ils se remirent en garde, et chacun tourna lentement autour de l'autre. Soudain, Quintus se fendit en visant Marcus Caton à la poitrine et en stoppant son geste de justesse au moment où ce dernier levait son épée pour esquiver le coup. Voyant l'échec du coup porté par Quintus, Marcus Caton leva son épée au-dessus de sa tête pour porter un coup à son tour, mais, au lieu de rétablir son équilibre, Quintus avait laissé l'élan du geste l'emporter de nouveau dans un mouvement qui lui fit faire un tour presque complet sur lui-même. Marcus Caton comprit trop tard que le coup porté initialement par Quintus était une feinte destinée à lui faire lever son épée pour laisser sa poitrine à découvert. Il était trop tard aussi pour Quintus, lorsqu'il se rendit compte que son épée s'était redressée et pointait droit sur Marcus Caton. Il fit un effort désespéré pour stopper de nouveau la course de la lame, mais en vain, cette fois-ci. Elle coupa la tunique et s'enfonça profondément dans le ventre, si rapidement que, pendant un instant, on ne put voir qu'un petit filet de sang coulant de la blessure.

Tous laissèrent échapper un cri étouffé, suivi d'un silence horrifié, tandis que Quintus retirait l'épée. Marcus Caton tituba en arrière, laissa pendre ses bras, tomber son épée. Il fixa Quintus, incrédule, puis s'écroula sur le côté comme une statue. Sa tête heurta le sol avec un bruit sourd, ses yeux, vitreux, restaient ouverts, de la bave sortait de sa bouche. Ses intestins s'échappèrent dans un gargouillement par la blessure béante de son flanc, formant une masse ondulante aux reflets cuivrés, laissant à découvert sa colonne vertébrale tranchée. Il se convulsa violemment, les bras parcourus de soubresauts, la bouche écumante, exhala un horrible soupir tandis que le sang jaillissait et se répandait sur le sable, puis cessa de bouger.

Quintus, tremblant, laissa tomber l'épée et se couvrit le visage de ses mains, en gémissant doucement. Macrobius, sans perdre un instant, s'approcha de lui d'un pas décidé, ramassa l'arme, en essuya le sang sur la tunique de Quintus, dont il prit la main pour y mettre la poignée. Le garçon continua à sangloter, quasiment plié en deux, et Macrobius le frappa violemment au visage, ce qui le fit vaciller en arrière, entraîné en outre par le poids de l'épée. Macrobius le rattrapa par le col et lui montra le corps.

— Tu vois ça ? grogna-t-il en jetant autour de lui un regard circulaire. C'est à vous tous que je parle. On appelle ça la *mort*. Si vous voulez utiliser une épée, autant vous y habituer. Et maintenant, nous allons rendre hommage… Marcus Caton Claudius, tu as contribué à faire de Quintus Aetius Gaudentius Secundus un meilleur soldat. Tu seras toujours avec lui dorénavant lorsqu'il ira au combat, et il devra défendre ton honneur aussi. Marcus Caton Claudius, *Salve atque vale*. Et maintenant vous êtes tous convoqués au Champ de Mars ce soir pour votre présentation. Si vous faites mauvaise impression en pleurnichant là-bas, vous aurez trois mois pour souhaiter être à la place de Marcus Caton maintenant. Je veux vous voir avec tout votre équipement, alignés en ordre de marche, devant la porte d'entrée de la *schola* d'ici une demi-heure. Et ceci est également valable pour toi, Quintus Aetius. Maintenant, rompez.

Deux des élèves vétérans encadrèrent Quintus et l'emmenèrent hors de vue sous le balcon, suivis par les autres. Macrobius ramassa sa propre épée, rassembla les armes dans leur rouleau de cuir et s'en alla vers l'armurerie à l'autre extrémité de la *palaestra*. Les esclaves qui avaient apporté la table reparurent avec un chariot et un sac de sable et se dirigèrent vers le corps. Ils vidèrent le sable en tas, soulevèrent le cadavre, puis utilisèrent une pelle pour ramasser les intestins qu'ils déversèrent dans le sac, pour le placer ensuite sur le corps. Ils étalèrent le sable, le laissèrent quelques instants absorber le sang avant de le jeter également sur le corps. Ils répandirent enfin une couche fraîche de sable sur le sol et le ratissèrent à l'aide d'un autre outil. Tandis que deux sortaient le chariot, les deux autres emportèrent la table. Un instant plus tard, l'un d'entre eux ressortit rapidement, retira le poteau portant la cible, avec les éclats de bois et les flèches, puis repartit en courant. La scène avait retrouvé son aspect d'avant l'arrivée de Macrobius, comme si des accessoiristes avaient enlevé les éléments d'un décor de théâtre après la représentation. La statue de Trajan présidait toujours, depuis sa colonne, et il ne restait pour toute trace de ce qui s'était produit qu'une infime tache sur le sable.

Flavius avait regardé la scène sans s'émouvoir. Lorsque le jeu d'escrime avait commencé, il pensait à Una et il avait mis quelques instants avant de se rendre compte de l'accident. Il se souvenait des premières fois où il avait été lui-même choqué, lorsqu'il était jeune. Il avait vu les hommes de son *numerus* se faire mettre en pièces par les chiens devant Carthage. Il avait éprouvé une sensation d'hébétude lorsqu'il avait tué un homme pour la première fois. En tuant son meilleur ami lors d'un combat d'entraînement, Quintus avait été touché de la façon la plus cruelle. Cependant, Macrobius avait eu raison de réagir comme il l'avait fait, et Flavius n'irait pas à la recherche de son cousin. Soit Quintus s'effondrerait et serait un de ces recalés de la *schola*, soit l'expérience ferait de lui un homme, l'endurcirait. Et alors sa capacité à traverser l'épreuve serait renforcée par le désir de soutenir l'honneur de son ami, de sa famille, de Flavius lui-même – dont il savait qu'il l'avait regardé –, de leur oncle Aetius, d'une Rome faite de gloire, d'honneur et de vertu militaire qu'ils souhaitaient tous désespérément reconstruire. Il leva de nouveau les yeux vers la statue de Trajan, puis se retourna vers la porte. Il était temps de partir.

8

Ce soir-là, Flavius était allongé avec Una sur l'étendue sablonneuse, près de l'embouchure du Tibre, et contemplait le reflet de la lune qui dansait sur la surface ridée de la mer Tyrrhénienne. Ils étaient venus de Rome dans l'après-midi avec le cheval de Flavius. Ils avaient traversé la ville délabrée d'Ostie et longé le canal qui menait au port octogonal de Portus. Ils se trouvaient maintenant sur la grande plage de sable proche d'Antium qui s'étendait vers le sud aussi loin que portait le regard. Maintenant, moins de bateaux remontaient le Tibre que pendant la jeunesse de Flavius, car la chute de Carthage avait rendu impossible le commerce du grain et de l'huile provenant d'Afrique. Le dernier vaisseau de la journée avait appareillé depuis des heures, et leur solitude n'avait été rompue depuis lors que par quelques pêcheurs venus jeter leurs filets en début de soirée et repartis dès la tombée de la nuit.

Flavius se souleva sur un coude pour prendre quelques raisins dans les victuailles qu'ils avaient emportées avec eux et boire du vin dans une cruche. Il regarda Una, qui était étendue de tout son long sur la couverture à côté de lui, les yeux clos. Elle était plus grande que lui, avec des membres longilignes, des pommettes hautes, des cheveux noirs très frisés. Même à Rome, où tout le monde était habitué à voir des esclaves et des soldats venant de toutes les parties du monde, son passage dans les rues et sur les marchés provoquait des haussements de sourcils. Aux yeux de Flavius, elle était plus belle que toutes ces filles de familles nobles au teint blafard qu'on lui présentait, dans un défilé interminable, comme des partis intéressants.

Una était très différente des esclaves à la peau noire qu'il avait vu vendre pour leur exotisme sur les marchés de Rome, des esclaves que l'on disait venir des terres lointaines au sud du grand désert africain. Elle n'était pas non plus semblable aux Numides et aux Berbères qui avaient afflué en foule à Carthage pendant les derniers jours de la ville. Elle était originaire d'un pays africain situé à l'est, là où le fleuve Nil descendait des hautes terres surplombant la mer Érythrée, une terre qu'elle appelait Éthiopie. Elle lui avait raconté que, sur les hauts plateaux de son pays natal, les filles avaient coutume de courir d'un village à l'autre pour porter des messages et des nouvelles, et parcouraient sans effort en une journée des distances de vingt lieues ou plus, ce qui représentait encore plus qu'une journée de marche pour un soldat. Lorsqu'elles quittaient l'air raréfié des hauteurs pour les plaines et le désert situés plus bas, elles pouvaient courir encore plus loin et plus vite. Il l'avait constaté par lui-même lors des nombreuses occasions où il l'avait emmenée depuis Rome pour courir sur ces plages. Elle l'avait fait encore ce soir-là, tandis que Flavius l'accompagnait au grand ou au petit galop de son cheval, et que sa respiration s'accélérait à peine tandis que ses pieds semblaient à peine toucher le sable. Ensuite, ils avaient fait l'amour et nagé dans la mer, et sa peau mouillée luisait toujours, laissant un goût de sel sur les lèvres de Flavius, une saveur rafraîchissante qui, pour quelques heures précieuses, faisait paraître distantes et futiles les intrigues de Rome et la vénalité de l'empereur et de sa cour.

Elle ouvrit les yeux, s'assit en rassemblant contre elle sa tunique pour se protéger du début de fraîcheur nocturne et contempla la mer sans rien dire. Flavius se hissa à sa hauteur, tira la cruche vers lui et en but une autre rasade. Il sentit la chaleur du vin l'envahir.

— À quoi penses-tu ? demanda-t-il en essuyant ses lèvres et en lui passant la cruche.

Elle la prit, l'approcha de ses lèvres, puis la reposa.

— Je pensais à Quodvultdeus, l'évêque de Carthage.

— Pourquoi penser à ce monstre ici ? Il t'a pratiquement battue à mort sur le bateau qui nous ramenait de Carthage. Si Macrobius ne m'avait pas retenu, je l'aurais tué de mes propres mains !

Elle resta silencieuse un instant, puis lui répondit doucement :

— N'oublie pas ce que j'ai vécu. Après avoir été arrachée de mon village en Éthiopie par les marchands d'esclaves, j'ai passé deux ans à travailler pour un proxénète nubien, enfermée avec d'autres filles dans des chariots qui se déplaçaient d'oasis en oasis pour attendre les caravaniers et les satisfaire lorsqu'ils arrivaient. Je connaissais déjà la religion chrétienne grâce aux fidèles du moine Frumentius, qui avait été le premier à venir d'Alexandrie pour apporter la nouvelle religion à mon peuple, et elle est devenue mon salut. Le fait de connaître la souffrance de Jésus et des deux larrons m'a donné la force de continuer. Lorsque l'évêque Quodvultdeus arriva un jour à cheval et me désigna, moi et deux autres filles, en donnant au proxénète une bourse remplie d'or, j'ai cru que le Christ en personne avait accédé à mes prières, et je suis tombée à genoux pour l'adorer. Ensuite, lorsqu'il nous faisait prier, nous étions extasiées par ses yeux de Messie et sa voix profonde, et il avait coutume de dire que nous étions les Saints Innocents, que ceux qui nous maltraiteraient et déchargeraient sur nous leur violence nous rendraient en réalité hommage, tout comme Hérode lorsqu'il déversa sa fureur sur le Christ nouveau-né. Beaucoup plus tard, après avoir été bien trop longtemps sous son emprise, je me suis rendu compte qu'il n'était pas un messager du Christ mais un homme vénal et cruel qui nous avait achetées pour satisfaire ses propres désirs, lorsqu'il n'était pas occupé à pourchasser les jeunes garçons dans les cloîtres de Carthage.

— Quodvultdeus, « Ce que Dieu veut », grommela Flavius, en lançant un caillou dans les vagues. Si un homme comme lui pense qu'il est ce que Dieu veut, alors il vaut mieux se passer de l'Église.

— Je n'ai jamais perdu la foi, poursuivit Una, car le christianisme enseigné dans mon pays n'est pas le christianisme de Rome. Je n'ai jamais considéré Quodvultdeus comme un intermédiaire de Dieu, mais seulement comme quelqu'un qui paraissait, pour mon imagination enfiévrée, avoir été envoyé par Dieu pour me délivrer. Une fois que je l'ai percé à jour, j'ai compris ce qu'était véritablement l'Église qu'il représentait : un réceptacle vide créé par les hommes pour satisfaire leurs ambitions et leurs désirs personnels, aussi éloigné de Dieu que la cour des empereurs.

Flavius fit une moue dubitative, tout en regardant la mer.

— La dernière fois que j'ai entendu parler de lui, Quodvultdeus s'était proclamé enquêteur spécial de Rome à Neapolis, et à la tête d'une escouade de voyous il allait de maison en maison pour en extraire les prétendus hérétiques qui ne croient pas que l'évêque siège déjà là-haut pour le jugement, avec le Christ en personne.

Una frissonna et s'enveloppa plus étroitement dans sa tunique.

— C'est à deux jours de cheval d'ici. Plus il se rapproche, plus je veux m'en aller. On me remarque déjà assez comme ça dans Rome, mais les méthodes qu'il emploie pour extorquer des confessions mèneront inéluctablement quelqu'un à me montrer du doigt.

Flavius la contempla attentivement.

— Tu sors souvent la nuit sans faire de bruit et tu ne rentres pas avant le lever du jour. Je ne t'ai jamais posé de questions, mais j'ai deviné.

Una se pencha et posa la main sur son bras, le serra, puis s'enroula de nouveau dans sa tunique.

— Je peux aussi bien te le dire, maintenant. Nous nous rencontrons dans les catacombes, dans le sous-sol de Rome et le long de la voie Appienne, dans des endroits secrets, connus seulement de quelques personnes.

Flavius la regarda fixement.

— As-tu rencontré Pelagius ?

— Nous ne connaissons jamais les noms de ceux qui animent les prières, nous ne voyons pas leurs visages.

C'est trop dangereux pour eux. Il en a été ainsi depuis presque quatre cents ans, depuis l'époque, peu après la crucifixion, où les apôtres arrivèrent à Neapolis et Pompéi, et où ils pratiquaient secrètement leur religion dans les puits sulfureux des champs Phlégréens, avant de parvenir à Rome, lorsque se creusèrent les premières catacombes. Nous sommes une chrétienté souterraine, toujours cachée, persécutée maintenant par l'Église de Rome comme nous l'étions à l'époque du paganisme.

— Que vas-tu faire ?

Elle alla chercher dans les plis de sa tunique le collier qu'elle avait enlevé pour courir, orné d'une croix en or faite de dessins géométriques très ouvragés et d'une base carrée dont elle lui avait dit qu'elle représentait l'Arche d'Alliance. Elle la leva et la clarté de la lune fit ressortir sa dentelle ouvragée, puis elle se tourna vers Flavius.

— Connais-tu le royaume d'Aksoum ?

Flavius hésita, puis répondit :

— C'est l'endroit qu'Arturus a conseillé à ses deux esclaves numides de trouver, lorsqu'il les a renvoyés avant la chute de Carthage. Il a dit que ce lieu leur procurerait un abri sûr, libre de l'esclavage.

Elle abaissa la croix et contempla l'horizon.

— Aksoum se trouve à la frontière nord de mon pays, dans les montagnes et les vallées qui mènent à la mer Érythrée. C'est le premier pays que l'on atteint en se dirigeant vers le sud depuis l'Égypte. Dans sa capitale, on trouve d'immenses piliers de granit, encore plus hauts que la colonne de Trajan, ainsi que des tombes et des maisons creusées à même le rocher. Elles ont été construites par une civilisation ancienne dont certains croient qu'elle était l'une des tribus perdues d'Israël, ceux qui apportèrent avec eux l'Arche d'Alliance. Depuis l'époque de Constantin le Grand, lorsque le moine Frumentius convertit le roi aksoumite Ezana au christianisme, le royaume a acquis encore plus de puissance et a étendu son influence au nord en Égypte, au sud sur la Corne de l'Afrique et à l'est, par-delà les goulets marins, jusqu'au pays des Sabéens. Il contrôle le commerce de la mer Érythrée entre l'Inde et l'Égypte, mais sa véritable force réside dans le christianisme. C'est la parole telle qu'elle a été enseignée par Jésus, transmise de personne à personne, de village en village. Il n'y a pas de prêtres à Aksoum, pas d'évêques. Chacun est bienvenu, quelle que soit sa foi, les juifs, les païens, les Arabes avec leur religion du désert, aussi longtemps qu'ils suivent un chemin pacifique…

— Souhaites-tu retourner là-bas, Una ?

Elle garda la croix dans une main et serra celle de Flavius avec l'autre.

— Tu sais que je ne peux pas te donner d'enfant. Le proxénète et sa femme ont fait ce qu'il fallait pour cela. Et nous n'avons plus maintenant comme perspective que de longues absences, des campagnes et des batailles, jusqu'à ce qu'un jour tu ne reviennes pas. Tout le monde à Rome sait ce que l'avenir nous réserve. Les mères chérissent leurs fils à l'excès, car elles savent qu'ils leur seront bientôt enlevés par la guerre. La nuit, les tribunes du Circus Maximus près de chez nous sont pleines d'amoureux qui ne veulent pas attendre le mariage plus longtemps. Les pères en âge de faire la guerre emmènent leurs enfants visiter les monuments de Rome et leur enseignent tout ce qu'ils savent pendant qu'ils en ont encore le temps. Et ce n'est pas seulement la vie des hommes qui risque d'être écourtée. Si les ténèbres s'abattent sur la ville de Rome elle-même, si Attila arrive, si les Vandales surgissent de la mer, alors nous serons tous menacés de mort. Une rumeur de plus en plus insistante à propos de l'Apocalypse de la Bible, d'une fin du monde qui approche, est répandue par les moines d'Arles. Elle est reprise maintenant par d'autres qui sont descendus sur la ville en troupes nombreuses, de vrais moines et des charlatans, qui persuadent les gens de donner tout leur or et tout leur argent en échange d'une prière spéciale au Seigneur…

— L'armée l'emportera, objecta Flavius, ému. Nous vaincrons sûrement Attila.

Una secoua la tête et le regarda en lui serrant la main très fort.

— Cela ne change rien pour nous. J'ai pris une décision.

Elle pleurait, mais il y avait dans ses yeux une ferveur qu'il n'y avait jamais vue auparavant. Elle les essuya et poursuivit :

— Je t'écoute, lorsque tu parles avec Arturus et les autres officiers qui partagent tes opinions, ceux qui suivent ton oncle Aetius. Tout comme vous souhaitez vous affranchir de l'empereur et combattre vous-mêmes les Barbares aux frontières, nous voulons arracher la chrétienté à l'emprise de l'Église et la porter dans des lieux extérieurs à l'Empire, hors de portée des prêtres et des évêques. Certains se dirigeront vers le nord, comme Pelagius, pour essayer d'établir une nouvelle base chrétienne en Britannie. Mais d'autres, parmi nous, pensent aller vers le sud, à Aksoum. Déjà, des moines d'Orient qui se sont détournés de l'Église de Constantinople se rendent là-bas et ils seront bientôt suivis par d'autres venant de l'Occident. Certains croient qu'Aksoum est la Terre promise et pourrait devenir le royaume de Dieu sur Terre…

— Penses-tu avoir été choisie par Dieu ? demanda Flavius, la voix tremblante.

— Tout ce que je sais, c'est que j'ai pu porter la parole de Jésus aux autres filles réduites en esclavage avec moi dans le désert et que cela leur a donné de l'espoir. Si je peux faire la même chose auprès des peuples éloignés dans les montagnes de mon propre pays, alors j'aurai trouvé un but dans ma vie. Et je veux aussi courir de nouveau, pas sur ces plages qui ne mènent, au sud, que vers Neapolis et la persécution et, au nord, vers la guerre, mais entre les villages de ma terre natale, dans les hautes terres d'Éthiopie, pour apporter seulement des messages de paix. J'en ai assez de Rome et de ses guerres.

Elle se tourna, tira quelque chose d'autre des plis de sa tunique et le lui tendit. C'était une pierre de petite dimension, noire et lisse, attachée à un fin lien de cuir enfilé dans un trou en son centre.

— J'ai trouvé ce morceau de jais près de mon village lorsque j'étais enfant et je l'ai poli à force de le caresser. Prends-le en souvenir de moi.

Derrière eux, le cheval de Flavius se mit à hennir et à piaffer, et quitta le monticule herbeux dans les dunes où ils l'avaient laissé brouter pendant qu'ils nageaient. Flavius prit la musette qu'il avait préparée et se leva pour lui donner à manger. Il lui caressa le nez, chuchota à son oreille, puis lui donna une tape sur la croupe et l'envoya au petit galop vers la rivière pour boire. Il se sentit seul, brusquement, debout derrière

Una qui fixait l'horizon, tout en regardant son cheval tremper son nez dans l'eau du Tibre, en ce lieu où le fleuve se jetait dans la mer. Il s'était attendu à être celui qui annonçait la nouvelle de son départ imminent, mais elle avait renversé la situation. Il s'était senti pris au dépourvu, dérouté, incapable de répondre. Cependant, debout, entre Una et son cheval impatient, il savait ce qui l'attendait. Le libre arbitre prêché par Pelagius et ses fidèles, c'était très bien, mais, dans ce monde au bord de l'effondrement, la vie des hommes se trouvait enserrée dans des limites aussi étroites que celle des gladiateurs d'autrefois dans le Colisée. Il était prisonnier de la guerre, autant qu'Una l'était de sa vision de la paix.

Il entendit un bruit au loin, un battement de tambour, et regarda vers la mer. Une galère apparut sous la clarté de la lune, une *liburnia* à une rangée de rameurs. C'était une des patrouilles qu'ils avaient vues quitter l'embouchure du Tibre peu de temps après leur arrivée. Même ici, sur la plage, à la lumière des étoiles, la sensation de paix était une illusion. Depuis des mois, les Vandales de Genséric effectuaient des raids depuis Carthage et pillaient la côte sur leur passage, en utilisant les navires romains qu'il avait aperçus, abandonnés, dans le port de Carthage avant sa chute. Ce qu'avait prédit Arturus ce jour-là se vérifiait : les guerriers de la forêt étaient devenus des guerriers du désert et maintenant de la mer. Genséric ne s'était pas contenté des lauriers acquis à Carthage, il avait emmené ses hommes sur la seule voie d'invasion ouverte depuis là-bas, c'est-à-dire la Méditerranée. Tous les stratèges de Rome savaient que ce n'était plus qu'une question de temps : les incursions et le pillage déboucheraient sur une attaque maritime. La marine romaine était trop faible pour affronter Genséric lors d'une bataille navale rangée, et le seul espoir résidait dans une victoire de l'armée, remportée non sur les Vandales mais sur les Huns. Un tel succès permettrait aux troupes de se masser le long de ce rivage pour stopper une invasion. Cependant, même cette stratégie était lourde d'incertitudes, car toute victoire sur Attila serait probablement coûteuse en hommes et affaiblirait trop l'armée romaine pour qu'elle puisse se redéployer efficacement. Tout reposait sur le fil du rasoir. La seule certitude, semblait-il, était qu'un jour prochain ces plages, comme le rivage devant Troie, seraient rouges de sang, que ceux qui resteraient pour défendre Rome feraient chèrement payer à l'ennemi, parmi les dunes et les vallons de ce rivage, le prix de l'invasion.

Le cheval revint et frappa le sable du sabot. Una se leva et Flavius roula la couverture rapidement. Il abandonna le raisin et la cruche vide sur la plage, et sauta à cheval. Il raccourcit les rênes, l'animal se cabra, hennit et piaffa de nouveau. Flavius tendit alors la main et hissa Una derrière lui. Elle s'agrippa fermement à lui, appuyant ses seins chauds contre son dos, et ils filèrent droit sur Rome.

9

Le jour suivant, à la première heure, Flavius sortit de la *schola* en compagnie d'Arturus. Il traversa la cour réservée aux entraînements pour accéder à la rue, face à la grande colonne de l'empereur Trajan dont les fûts de marbre s'empilaient jusqu'à plus de cent pieds de haut face aux bibliothèques grecque et latine. Lorsqu'il était enfant, entre les leçons avec son maître Denys, il passait des heures à contempler la colonne, depuis les étages supérieurs des bibliothèques. Il examinait chaque scène de la frise en spirale jusqu'à ce qu'elle soit gravée dans sa mémoire : scènes de guerre et de conquête, d'armes, de fortifications, de passages de rivières, de Barbares vaincus et de Romains victorieux, scènes où l'empereur lui-même commandait à la tête de ses hommes et les conduisait. Il vit l'inscription à la base de la colonne, à l'endroit où les cendres de l'empereur reposaient dans le coffre d'or de Dacie, et en lut la première ligne : *SENATVS POPVLVSQVE ROMANVS*. Il se souvenait de la suite par cœur : « Le Sénat et le peuple romain, à l'empereur César, fils du divin Nerva, Nerva Trajanus Augustus Germanicus Dacicus, grand pontife, en sa dix-septième année de tribunat, acclamé *imperator* pour la sixième fois, consul pour la sixième fois, père de la patrie. »

Il leva les yeux et vit une scène représentant le roi vaincu Décébale et une autre montrant les Romains traversant le Danube, l'image qui avait le plus enflammé son imagination dans sa jeunesse, et il sentit l'excitation l'envahir, une fois de plus. Il avait peine à croire qu'il se rendrait bientôt à cet endroit, qu'Arturus, Macrobius et lui allaient bientôt traverser le fleuve franchi par les légionnaires trois cent cinquante ans auparavant, qu'il poserait le pied là où son héros révéré Trajan avait emmené son armée pour une guerre de conquêtes qui atteindrait les frontières de la Parthie et verrait l'extension la plus grande que l'Empire romain ait jamais connue.

Ils dépassèrent la colonne et grimpèrent une rue en lacets au nord, qui menait du Forum de Trajan au marché couvert voisin, un immense bâtiment de briques qui accueillait maintenant, sur ordre d'Aetius, le quartier général des *fabri*, le corps des ingénieurs militaires. Ils croisèrent plusieurs esclaves à la poitrine généreuse qui portaient des paniers derrière un clerc obèse et leur décochèrent des sourires. Il pensa à Una, se demanda quand il la reverrait. Juste avant de quitter la *schola*, il avait envoyé Macrobius dire à Una de partir, d'emmener ses affaires chez sa sœur, à Cosa, sur la côte, et d'y attendre son retour. C'était seulement une vague inquiétude, mais il avait eu le pressentiment, brusquement, qu'il ne fallait pas tenter le sort, que si Héraclius était sur la piste d'Arturus, il se pouvait bien aussi que ses agents les aient vus ensemble et soient en train de les suivre maintenant. Elle était à peu près tout ce à quoi il tenait en ce monde, mais il savait que, si quelque chose lui arrivait, il lui faudrait se venger, ce qui pourrait entraîner la perte de tout son entourage, et ainsi détruire les plans d'Aetius. Rester dans l'ignorance du moment où il la reverrait était un prix peu élevé à payer pour éviter ça, même s'il savait que cela allait être difficile à supporter dans les jours et les semaines à venir.

Après avoir passé le contrôle des gardes, Flavius et Arturus s'engagèrent dans un corridor et passèrent une porte donnant accès à une salle presque aussi vaste qu'une cour de justice. De larges ouvertures laissaient pénétrer la lumière du soleil sur une rangée de tables qui se trouvait en son centre. Sur les murs, en dessous des fenêtres, étaient fixés des plans et des cartes, dont l'une consistait en un rouleau continu étalé sur deux murs. Plusieurs douzaines d'hommes recopiaient des cartes et annotaient des illustrations sur des grandes feuilles de vélin et de papyrus posées sur les tables.

L'un d'entre eux les aperçut, leur fit signe et s'approcha rapidement. C'était un homme à la barbe blanche, d'âge mûr, et il portait l'insigne de tribun senior des *fabri*. Il voulut taper sur l'épaule de Flavius et se plia aussitôt en deux de douleur, en portant sa main à ses reins. Il s'exclama, tout en laissant ses deux amis l'aider à s'asseoir :

— Ça ne va décidément pas mieux… Je passe trop de temps à l'intérieur, courbé sur les cartes. Cela fait bien trop longtemps que je n'ai pas accompli de service actif.

— Depuis quand ? demanda Arturus.

— Flavius peut te le dire. Je n'ai obtenu ni décorations ni gloire. Mais cela m'a appris quelques petites choses sur l'art de la guerre, que j'ai essayé de transmettre pendant les années où j'ai enseigné aux garçons de la *schola*…

— Dis-nous, Uago, intervint Flavius. Arturus a gagné ses galons de tribun des *foederati* sur le terrain, et il n'a donc pas profité de la *schola* ni de ton expérience.

Uago fronça les sourcils et regarda au loin.

— C'était pendant la révolte berbère, au cours de la quinzième année du règne d'Honorius, ce qui fait presque quarante ans aujourd'hui. Je faisais partie de la première promotion de tribuns sortis de la *schola* cette année-là, car elle avait été créée seulement l'année précédente, à la suite du sac de Rome par Alaric. Mon premier travail avec les *fabri* avait consisté à aider au nettoyage des gravats dus au passage des Goths sur la colline du Capitole, lorsqu'ils avaient tenté de détruire le vieux temple. Après cela, je me suis porté volontaire pour la défense des frontières et j'ai été affecté comme adjoint au commandant d'un *numerus* de *fabri* aux confins du désert de la Maurétanie Tingitane. La garnison des *limitanei* avait été réduite pour renforcer les *comitatenses* d'Afrique, et, lorsque la révolte a commencé, on nous a réaffectés comme *milites* d'infanterie. Ce fut une rude campagne, les hommes tombaient de maladie et d'épuisement, mais sans combat, excepté des escarmouches brèves et violentes, suivies de chasses aux ombres dans l'obscurité. Vers la fin, nous avons retrouvé notre rôle de *fabri* et on nous a affectés à la construction de routes, à l'amélioration des fortifications et au creusement de puits, ce qui correspondait plus à mes goûts que la chasse aux rebelles et la mise à feu et à sang des villages. Je me suis découvert une fascination pour les relevés et la cartographie et, depuis, j'ai répondu à cette vocation.

— Quarante ans dans l'armée, c'est beaucoup, remarqua Arturus.

— Aetius m'a sorti de ma retraite lorsqu'il a voulu faire établir une carte détaillée des conquêtes d'Attila. Il m'a donné toute liberté pour faire venir les meilleurs cartographes d'Alexandrie et de Babylone, et je fais travailler les copistes de mon *scriptorium* jour et nuit de façon à ce que la carte soit prête à envoyer aux commandants des *comitatenses* et des *limitanei*.

— C'est cela que nous sommes venus voir, dit Arturus. Plus exactement l'Illyrie et le fleuve Danube, ainsi que les terres menant à l'est, au lac Méotide.

Uago se leva, prit la canne que l'un des *fabri* lui avait apportée discrètement et regarda Arturus attentivement.

— Voilà une destination inhabituelle pour un commandant d'unité de *foederati*. Je ne me trompe pas sur ton origine, dis-moi ? Pendant mes loisirs, j'ai particulièrement étudié la lexicographie et l'étymologie, et en particulier les noms barbares.

— J'appartiens à la tribu des Brigantes, de la branche de Boadicée, quoique ma grand-mère maternelle ait été la descendante romaine d'un légionnaire. Mon nom est un patronyme breton ancien qui signifie « roi-ours », et il date de l'époque où les ours abondaient dans les forêts de mon pays.

— C'est bien ce que je pensais, remarqua Uago, l'air satisfait. J'aimerais mettre à profit ta connaissance des noms bretons. C'est ce que j'ai fait au fil des années avec les soldats venus ici de tous les coins de l'Empire pour consulter mes cartes. Entre-temps, pour répondre à votre demande (il montra de sa canne le rouleau étalé sur les murs), voici la *Tabula Cursorum*, qui est une représentation illustrée du *cursus publicus*, le réseau officiel des routes de l'Empire. Il a été dessiné par les moines d'Arles sous Honorius. En réalité, ce n'est pas du tout une carte, mais la représentation visuelle d'une série d'itinéraires, et elle comporte de nombreuses déformations, des décorations inutiles et des anachronismes. C'est le genre de chose que les moines adorent, mais elles sont fort ennuyeuses pour un cartographe comme moi. Ici, de bas en haut, vous voyez l'Italie du Sud, la mer Adriatique et la côte dalmate, avec une représentation schématique des montagnes enserrant le Danube, plus loin à l'intérieur des terres. Mais je pense que cela ne correspondra que partiellement à ce que vous recherchez. Cela va vous donner les distances et les étapes pour la première partie du voyage, de Ravenne ou Rome en suivant les routes, et pour traverser la mer jusqu'à un port comme Spalatum, mais il n'y a aucune indication en dehors des itinéraires établis. La *Tabula* est conçue pour les voyages officiels et le service postal, pas pour ceux qui accomplissent des missions secrètes au-delà des frontières.

— Tu t'avances beaucoup sur notre objectif, remarqua Arturus.

Uago regarda autour de lui, pour s'assurer que ce qu'il allait dire n'allait être entendu que par eux deux.

— Je sais bien ce que cela signifie, lorsqu'un des tribuns affectés spécialement auprès d'Aetius, un homme occupant habituellement un poste dans les *foederati*, vient regarder les cartes des régions au-delà des frontières, répondit-il tranquillement. Mais je vous fournirai tout ce dont vous avez besoin sans vous poser de questions. C'est vrai, je suis coincé dans cette pièce pendant que vous et les autres êtes sur le terrain, pourtant mes cartes sont au cœur du renseignement de l'Empire et ma loyauté à Aetius reste inébranlable. Il a été autrefois le plus excellent de mes élèves à la *schola*, et je suis maintenant son serviteur.

— Montre-nous la nouvelle carte, demanda Flavius.

Uago s'écarta du mur et désigna une carte dessinée sur une feuille de vélin bariolée disposée sur la table.

— Voici qui va te paraître familier, Flavius. C'est la représentation du monde connu basée sur la *Geographia* de Ptolémée. Je l'avais toujours dans ma classe à la *schola*. Arturus, tu dois reconnaître ta terre natale de Britannie à gauche, avec la représentation du pays de Galles et, à l'ouest, de la péninsule où se trouvent les mines d'étain, le lieu où, m'a dit Aetius, Bretons et Saxons s'affrontent le plus. C'est bien plus satisfaisant que la *Tabula* comme représentation visuelle du monde, mais il y manque la mesure précise entre des points connus, avec leur orientation, qui permettrait aux navigateurs et aux voyageurs de l'utiliser comme un instrument précis. Ce qu'il nous aurait fallu, c'est un mariage des deux, de la carte de Ptolémée et de l'itinéraire représenté sur la *Tabula*. C'est ce que mes *fabri* ont tenté de mettre au point au cours de ces derniers mois… et je pense que nous avons réussi.

Il les conduisit vers les tables et Flavius vit pour la première fois les documents qu'ils avaient copiés. Au centre se trouvait une grande carte, proche de la représentation de Ptolémée, mais couverte d'un fin réseau de dessins triangulaires. Certains des hommes qui y travaillaient réalisaient des réductions en utilisant des outils de mesure et d'autres en copiaient des fragments plus détaillés. Uago passa derrière eux et s'arrêta près d'un homme qui posa aussitôt son stylet et s'écarta.

— Voilà ce que vous voulez, dit-il. Là, c'est le Danube, dont le cours est parallèle à la côte dalmate et traverse les gorges connues sous le nom de Portes de Fer, avant de s'infléchir à l'est en direction du Pont-Euxin. En amont des Portes de Fer, à partir de sa source, il traverse les immenses steppes de Scythie, au cœur de la terre des Huns…

— Le monde des Huns a toujours été difficile à délimiter, et cela constitue une de ses forces, en termes de stratégie, remarqua Arturus. Leurs frontières sont poreuses et mal définies, et ne sont en réalité que de larges étendues de pâturages peu ou pas du tout habitées, et, même à l'ouest, le Danube représente autant un point de passage qu'une frontière. Je ne pense pas qu'Attila se préoccupe beaucoup de frontières, et cela constitue une grande différence avec la stratégie romaine. Le concept d'Attila est celui d'un territoire, et il possède une citadelle, mais l'Empire hun se trouve là où il décide de porter le combat, et, du coup, cela peut changer d'un mois sur l'autre…

Uago approuva de la tête.

— Pour un cartographe, c'est un cauchemar. Nous sommes attachés à nos frontières et à nos provinces. Avec les Huns, tout ce qu'on peut faire, c'est tracer de larges flèches sur les cartes, à travers ces points fixes et ces lignes de démarcation auxquels nous tenons tant.

Flavius posa ses doigts sur la carte pour mesurer les distances.

— D'après l'échelle, il y a environ trois mille stades, soit près de deux cent cinquante lieues, entre les Portes de Fer et le début des steppes. À pied, cela correspondrait à une semaine de marche, mais il nous faudra y aller par le fleuve, sur le Danube…

— À contre-courant, ajouta Uago. Mais, avec un peu de chance, vous aurez un vent du Sud qui vous poussera, comme sur le Nil, en Égypte.

— Peux-tu nous en donner une copie ? demanda Arturus en contemplant la carte.

— Tu peux prendre celle-ci.

Uago détacha et roula le vélin, après avoir vérifié que l'encre était sèche.

— Ne la montrez à personne et rapportez-la ici vous-mêmes dès que vous en aurez terminé. Bientôt, dès qu'Aetius aura donné son accord, cette nouvelle carte du monde sera divulguée, mais en attendant, c'est une chose qui ne doit à aucun prix tomber entre les mains d'un stratège ennemi qui aurait des velléités de conquête…

— Compris, acquiesça Arturus, en cachant la carte dans sa tunique. Et maintenant, nous devons partir.

Uago les conduisit vers la porte, puis s'arrêta et resta immobile, souffrant visiblement, appuyé sur sa canne.

— Si vous parvenez jusque là-bas, vous pourriez ramener un de ces Huns, ou deux, non ? Je parle un dialecte gotique hérité de mon père, qui est proche du scythe, mais j'ai un mal fou à établir une concordance avec le vocabulaire hun. Si je pouvais l'entendre de la bouche même de ceux dont c'est la langue maternelle, cela m'aiderait, quoiqu'il s'agisse d'un idiome impossible, vous savez. J'ai réfléchi à la création d'un langage universel pour éviter tous ces problèmes. Si tout le monde parlait la même langue, peut-être qu'il y aurait moins de guerres. Encore un projet, si Aetius me laisse partir un jour…

Flavius sourit et posa la main sur l'épaule du vieil homme.

— Nous allons voir ce que nous pouvons faire.

Arturus prit la main d'Uago.

— Avant de te quitter, j'ai une question. Qu'est-ce que tu disais aux futurs jeunes tribuns de ton expérience sur le terrain ?

Uago réfléchit un instant.

— Il est vrai que je n'ai pas participé à des batailles, mais j'ai vécu assez longtemps pour savoir que les gloires de la guerre sont éphémères. J'ai enseigné à des générations de jeunes gens qui sont partis se battre, pleins d'enthousiasme juvénile, trop souvent transformés en ombres grises à leur retour, et encore, s'ils revenaient. Dès qu'une génération a traversé le charnier de la bataille, la suivante est impatiente d'y aller. Je leur ai dit ce que j'ai appris dans le désert, que la guerre n'est pas une histoire de gloire, mais de dur labeur et de persévérance, d'entraide entre camarades. Le souvenir que j'en garde est plus important pour moi qu'aucun regret éventuel de lauriers et de décorations qui m'auraient échappé, et qui ne sont que gloires transitoires.

Arturus hocha la tête.

— Voilà un sage conseil, tribun. *Salve*, à la prochaine fois.

Il commença à s'éloigner, en compagnie de Flavius, mais Uago les rappela :

— Une dernière chose.

Flavius se retourna.

— Oui ?

— Je voulais te demander : pendant ta petite promenade à Carthage, tu n'as pas eu l'occasion de ramasser ces feuilles que les Berbères nomment *khat* ? J'y ai pris goût quelque peu, lorsque j'étais en Maurétanie. Cela pourrait aider à soulager la douleur que j'ai dans le dos.

— Macrobius, mon centurion, en avait un peu, mais ça n'a pas fait long feu. Il se trouve qu'on a dû quitter l'Afrique un peu vite…

— Dommage. Il faudra peut-être que j'y aille moi-même.

— Après tout, il n'y a là-bas qu'une armée vandale et un chef de guerre pas vraiment sympathique, qui se nomme Genséric…

Uago, une lueur malicieuse dans les yeux, fit un geste en direction de la salle.

— Tu te souviens de ce que j'ai dit à propos de mes hommes, autrefois, en Maurétanie ? C'étaient des soldats d'abord, des *fabri* ensuite. Ici, mes hommes sont de la même trempe. Je pense qu'un *numerus* de *fabri* pourrait s'occuper d'un petit problème barbare comme ce Genséric…

Flavius salua de la main et sourit.

— *Salve*, tribun.

Ils sortirent du bâtiment et se retrouvèrent sur la rue en contrebas, de nouveau devant la colonne de Trajan qui s'élevait, majestueuse, en face d'eux. Tout en marchant, Arturus remarqua :

— Rome a besoin de plus de soldats comme Uago.

— Mon oncle Aetius dit que les officiers des *fabri* sont une espèce rare, répondit Flavius. Ils sont voués à leur travail, méticuleux, l'œil exercé à remarquer les détails, et savent se taire avec loyauté lorsqu'il s'agit des défaillances de leurs supérieurs. Lorsqu'il aligne une armée, il choisit toujours un tribun des *fabri* comme chef d'état-major.

— Il lui faudra recruter le meilleur possible pour la guerre qui s'annonce.

— Où allons-nous, maintenant ?

— Nous allons présenter nos respects à Valentinien. Après cela, nous nous rendrons dans un endroit secret où nous te mettrons au courant de notre plan. Demain soir, si tout va bien, toi, Macrobius et moi, nous serons partis en direction de l'est, afin d'embarquer pour la mission la plus périlleuse qu'aucun d'entre nous ait jamais entreprise.

Flavius regardait au loin, l'esprit en ébullition, conscient de passer à côté du vieux bâtiment du Sénat et de commencer l'ascension des marches en direction du palais impérial. Sa dernière campagne remontait à presque huit ans, et les années passées à enseigner à la *schola* avaient été utiles, mais cela le démangeait d'être de nouveau sur le terrain. Il pensa à tout ce qu'il devrait faire avant de partir, aux gens à voir et à l'équipement à préparer, au vieux *gladius* que lui avait donné Arturus après leur retraite de Carthage, à la lame qu'il fallait aiguiser et huiler. Il sentit sa respiration s'accélérer et son cœur battre la chamade.

Il était impatient.

10

Flavius se tenait au garde-à-vous, dos au mur, dans une longue rangée d'autres officiers, depuis le *magister* des *comitatenses* de Rome, à gauche près du trône impérial, jusqu'aux tribuns les plus jeunes, à droite, des hommes fraîchement nommés à leur sortie de l'école et qui n'avaient même pas encore été affectés dans une unité. Le long du mur opposé se trouvait une rangée symétrique d'officiers des *foederati*, parmi lesquels Arturus, que rien ne distinguait des Goths, des Suèves, des Saxons et autres alliés qui constituaient maintenant plus de la moitié du corps des officiers romains, sans compter ceux qui appartenaient à l'armée régulière comme Flavius, et qui avaient du sang barbare dans les veines. Cette image de la Rome moderne et de son armée aurait paru inconcevable à l'époque de l'érection de la colonne de Trajan, où la distinction entre Romains et Barbares avait été si clairement gravée dans la pierre. C'était cependant une armée équipée plus puissamment qu'elle ne l'avait jamais été contre une autre puissance barbare arrivant d'au-delà les frontières, une menace que Trajan et les autres Césars n'auraient que trop bien comprise, eux qui avaient été les premiers à emmener Rome dans les forêts et les steppes du Nord.

Deux trompettes retentirent, résonnant brutalement dans le hall d'entrée, et ceux qui dans la rangée étaient agités et impatients firent aussitôt silence. Tous avaient revêtu leurs plus riches tuniques, resplendissantes des insignes de leur grade et des décorations obtenues en service. Toutefois, par ordre de l'eunuque Héraclius, ils ne portaient ni épée ni armes. C'était une précaution raisonnable contre l'assassinat, mais humiliante cependant, comme si Héraclius imposait en quelque sorte sa propre émasculation à des hommes qu'il considérait avec un mépris presque total.

Le vent fit claquer l'immense *velarium* qui tenait lieu de toit, et Flavius vit la toile se tendre lorsque les marins qui s'en occupaient augmentèrent la tension des cordes depuis l'extérieur. Ils se trouvaient sur le mont Palatin, à l'intérieur de l'ancien hippodrome privé du palais impérial, autrefois à ciel ouvert, mais protégé maintenant par ce tissu. À l'autre extrémité, la loge impériale qui surplombait auparavant le Circus Maximus, là où l'empereur pouvait être vu de la population entière de Rome, était dorénavant murée, de telle sorte que le lieu était devenu encore une de ces nouvelles salles du trône tournées vers l'intérieur, d'où l'empereur pouvait présider sur un monde presque complètement artificiel et loin des préoccupations du peuple qu'il était censé diriger. Malgré les années passées à Ravenne et à Rome, et sa proximité avec Aetius, Flavius n'avait jamais vu encore l'empereur en chair et en os. Prendre conscience de cela ne fit qu'accentuer l'étrangeté de ce lieu. C'était comme s'ils faisaient tous partie d'une troupe de théâtre dans laquelle ceux qui allaient défiler devant eux ne seraient que de simples acteurs dont les personnages n'auraient plus d'existence dès qu'ils seraient hors de vue.

En tête de la procession apparut l'évêque de Rome, qui venait d'obtenir de l'empereur Valentinien les pouvoirs draconiens, et dont les décrets représentaient de ce fait l'autorité suprême de la parole de Dieu, à l'exclusion de tous les autres. C'était un homme corpulent, il portait le globe impérial et la crosse dans ses mains recouvertes de bagues en or, et une douzaine de jeunes garçons tenaient sa robe de cérémonie incrustée de bijoux pour qu'elle ne touche pas le sol. Une image aussi éloignée qu'il se pouvait de celle de Jésus de Nazareth, pensa Flavius. Un groupe des catamites égyptiens de Valentinien – de minces jeunes gens tout juste vêtus d'un pagne, à la peau sombre et luisante d'huile – venait derrière. Ils étaient suivis d'une cinquantaine de ses féroces gardes du corps suèves, qui formaient un carré autour de la suite impériale. À l'intérieur du carré, Flavius vit l'empereur en personne, immédiatement reconnaissable d'après l'effigie figurant sur ses pièces de monnaie. Il levait les mains très haut, entouré de deux femmes aux coiffures sophistiquées dont Flavius savait qu'elles devaient être sa sœur Honoria et sa femme Eudoxie.

Flavius n'avait encore jamais vu Valentinien en personne mais, dix ans après avoir médité sur l'image du *solidus* en or sous les murs de Carthage, il sut qu'il avait eu raison de concevoir des doutes. Extérieurement, Valentinien avait le physique de l'emploi, avec son visage au menton carré semblable à celui des empereurs-soldats du passé, mais Flavius savait que ce n'était rien d'autre qu'une façade, le visage d'un empereur qui n'avait jamais conduit son armée au combat, ne l'avait même jamais passée en revue sur le champ de parade. Même l'armure de légionnaire qu'il semblait porter était fausse, sa cuirasse faite d'un tissu d'or gaufré, et la cotte de mailles de filets de soie brillante entrecroisés. Comme celui de l'évêque, son regard et celui des deux dames étaient dirigés vers le ciel, et il ne jetait même pas un coup d'œil aux rangées d'officiers, dans un simulacre de dévotion dont Flavius savait qu'il émanait en vérité du sentiment de leur propre statut divin. Un empereur et ses courtisans aussi éloignés de Dieu que de leur propre peuple.

Enfin, entouré de jeunes garçons qui lançaient des pétales de fleurs, venait l'eunuque Héraclius, énorme, plus grand même que les Goths, la graisse qui distendait son menton et son ventre tremblotant au rythme de ses pas. Il sautillait et gesticulait, comme s'il se promenait avec délices dans un jardin, ouvrait la bouche et frappait dans ses mains, chantait des bribes de vers de sa voix haut perchée. C'était une vision plus que burlesque, répugnante aux yeux d'un soldat. Cependant, cet homme n'avait pas les yeux dirigés vers le ciel comme les autres. Son regard glissait, observait, absorbait ce qu'il voyait, ses petites prunelles de cochon, insondables et effrayantes, croisèrent le regard de Flavius pendant un instant infime qui fit se raidir ce dernier. À ce moment, le jeune homme comprit ce que son oncle Aetius lui-même redoutait chez les eunuques :

cette capacité que leur singularité leur conférait à agir en dehors des paramètres normaux, avec des motivations étranges qui désarmaient ceux qui tentaient de saper leur pouvoir.

Flavius pensa à un autre monument ancien qui l'avait fasciné lorsqu'il était enfant, l'arc de Titus, au sud du Forum. Les bas-reliefs y représentaient des scènes de triomphe, d'immenses trésors posés sur les épaules des soldats romains, armés et joyeux, en procession, tandis que le peuple de Rome s'amassait autour d'eux et les acclamait et que l'empereur était là, debout, grand et visible. Si la procession de catamites et d'eunuques d'aujourd'hui était l'équivalent moderne des processions de triomphe de naguère, alors, vraiment, Rome était pourrie jusqu'à la moelle et une révolte pour balayer ce spectacle grotesque ne viendrait jamais assez tôt.

Les trompettes retentirent de nouveau, et les gardes suèves commencèrent à chasser les officiers de l'hippodrome. La rencontre de toute une vie avec l'empereur pour qui ils s'étaient battus et avaient versé leur sang était terminée. Flavius suivit Arturus à distance, discrètement, tout en regardant le flot des autres officiers se répandre en dehors du palais en direction des casernes du Champ de Mars, puis il le rattrapa sur l'escalier qui descendait vers le vieux Forum. Macrobius les attendait en bas, revêtu de son manteau et chargé de deux sacs à dos militaires. Lorsque Flavius fut à sa portée, il lui tendit sa ceinture et son *gladius*.

— Je l'ai aiguisé et huilé moi-même, dit-il. Tu n'aurais pas eu le temps.

Flavius boucla la ceinture, tout en regardant Macrobius fixement.

— Je pensais te retrouver chez moi.

Macrobius le prit à part et lui dit à voix basse :

— J'ai demandé à Una de m'apporter ton équipement au passage en quittant la ville. Cela a été heureux, car, lorsque je suis allé chez toi, tout avait été saccagé.

Flavius le regarda, horrifié.

— *Saccagé*... Comment se fait-il ?

Arturus fit un demi-tour rapide, vérifiant que personne ne les suivait, tout en remontant le capuchon de son manteau.

— Ce n'était qu'une question de temps, avant que les agents d'Héraclius soient sur notre piste. Il faut que nous allions à notre rendez-vous, et vite !

— Il y a pire, ajouta Macrobius. Uago a disparu. Ce soir, quatre hommes attendaient à l'extérieur du quartier général des *fabri*, ils lui ont sauté dessus et l'ont emmené, bâillonné, la tête enfermée dans un capuchon. Le capitaine des gardes là-bas est un ami et il a tout vu, mais il ne pouvait rien faire. Les hommes portaient les capes pourpres des gardes du corps de l'empereur.

— Ça veut dire Héraclius et ça signifie que nous ne reverrons pas Uago.

— Mais il ne sait rien, objecta Flavius, l'estomac noué. Il ne devrait pas payer de sa vie notre visite dans sa salle des cartes...

— S'il ne sait rien, alors il ne peut rien révéler, dit Arturus sombrement. Chasse-le de ton esprit. Le mieux que nous puissions faire pour lui est de poursuivre notre mission.

— Nous avons donc besoin de savoir en quoi elle consiste.

— Suivez-moi. Il fait assez sombre pour qu'on ne nous remarque pas. Il est temps de recevoir nos ordres.

Comme ils se faufilaient discrètement dans la nuit, Flavius pensa de nouveau à la procession dont ils venaient d'être témoins. Dégoûté par ce qu'il avait vu, il ressentait pour l'heure de l'écœurement, pour s'être trouvé si près de celui qui venait probablement d'ordonner l'exécution d'Uago, son professeur vénéré et ami. Mais, par-dessus tout, c'était l'image vide de l'empereur qui le troublait. À l'époque des Césars, en dépit de toute la corruption et de la vénalité, du manque d'éducation de Néron et de la folie de Caligula, il y avait toujours eu des hommes revêtus de la pourpre impériale prêts à conduire Rome à la guerre, et des empereurs-guerriers comme Trajan, des hommes que n'importe lequel des officiers présents aujourd'hui dans cette salle aurait suivis au combat sans réfléchir. Mais avec Honorius, et maintenant Valentinien, c'était une chose qui semblait appartenir au passé. Flavius comprenait maintenant mieux que jamais pourquoi Arturus et tant d'autres officiers avaient une telle estime pour son oncle Aetius, un homme qui semblait, comme Jules César à la fin de la République, rechercher pour Rome le retour de l'honneur et de la vertu du passé. Et exactement comme cela avait été le cas pour Jules César, cinq cents ans auparavant, ce retour ne pouvait maintenant se faire que dans une république. L'expérience impériale avait connu ses jours de gloire, ses moments de triomphe suprême lorsque l'idée d'un empereur semblait inattaquable, mais elle avait accompli sa course et s'enfonçait, boursouflée, dans le marasme qu'elle avait elle-même créé. Si Flavius revenait jamais de cette mission, et si Rome elle-même n'avait pas alors été conquise par un roi barbare, par Attila lui-même, il ne se battrait plus au nom de l'empereur, mais au nom de la Rome telle que les pères fondateurs de la République la voyaient, une Rome où un homme comme Aetius trouverait sa meilleure récompense dans le service du peuple et de l'État.

Ils avaient franchi le mur d'Aurélien et progressaient rapidement sur les pavés usés de la voie Appienne, surplombée par les tombes des plus illustres *gens* de Rome. Flavius reconnut l'entrée de celle des Scipions, qu'il avait visitée dans sa jeunesse pour présenter ses respects à un autre de ses héros, le conquérant de Carthage, Scipio Aemilianus Africanus.

Arturus leur fit quitter la route à gauche, se hâta pour dépasser le cirque de Maxence, traverser un ensemble de thermes. Il s'arrêta au coin de la rue suivante pour regarder derrière eux et vérifier s'ils n'avaient pas été suivis, désigna un orifice étroit dans un mur – un égout ancien, ou le conduit abandonné d'un aqueduc –, puis se baissa et s'y engagea pour leur montrer le chemin. Il s'arrêta à environ dix pas pour allumer une chandelle de suif avec une pierre et un morceau d'acier.

— Nous voici dans les catacombes de Zacharie. Nous sommes passés par une entrée secrète utilisée à l'époque où les chrétiens étaient persécutés, mais abandonnée après la conversion de l'empereur Constantin, lorsque les catacombes sont devenues publiques. La partie qui se trouve sous nos pieds n'a pas été utilisée depuis des siècles, elle est coupée du reste et employée comme lieu de rencontre par Aetius et ses agents. Il y a plus de trois lieues de passages et de tunnels, et des milliers de corps. Attention à votre tête. Restez près de moi.

Il s'assit au bord d'une niche pratiquée dans le mur puis se laissa glisser et retomba souplement sur le sol en dessous. Flavius le suivit, puis Macrobius, qui tira leurs sacs avec lui. Le passage, devant eux, creusé grossièrement dans la roche, offrait juste assez de place pour une personne pliée presque en deux. Flavius remercia le ciel car la chandelle d'Arturus permettait seulement de deviner les dimensions pour le moins claustrophobiques du lieu. Il s'était attendu à l'odeur écœurante et douceâtre de la décomposition, qu'il connaissait par les orifices de drainage des sarcophages de pierre, mais ça sentait juste le moisi et le sucré, car le dernier cadavre s'était décomposé et avait disparu depuis des générations. Presque aussitôt, ils commencèrent à longer des niches et des alcôves creusées dans les murs, dont certaines étaient occupées par des formes humaines recouvertes d'un linceul, d'autres par des piles d'ossements, là où des familles avaient réutilisé les mêmes *cubicula* pendant des siècles. Le passage tourna et ils trouvèrent le premier signe laissé par les chrétiens des origines, une alcôve recouverte d'enduit et portant l'inscription peinte *PRISCILLA IN PACE* accompagnée d'un chrisme. Ils pénétrèrent ensuite dans une salle plus grande avec un autel et une fresque naïve représentant le Christ coiffé de sa couronne d'épines, crucifié en compagnie des deux larrons sur la colline du Calvaire. Flavius eut une pensée pour ceux qui avaient pratiqué ici leur religion, certains étant peut-être des apôtres de Jésus lui-même, puis il se remémora l'opulence dégoulinante de l'évêque qu'il venait de voir au palais, loin, très loin de la simplicité et de l'austérité des premiers fidèles du Christ.

Ils franchirent un autre coude, passèrent devant un cadavre noirci et ratatiné dont un bras était tombé en dehors de sa niche, puis progressèrent le long d'un passage sinueux au bout duquel ils pouvaient distinguer une autre source de lumière. Arturus éteignit sa chandelle, et ils se retrouvèrent debout, dans une cavité élargie éclairée par des lampes à huile, face à un homme en soutane assis sur une chaise et tenant un livre. Il avait de longs cheveux et une barbe comme Arturus, mais presque entièrement blancs. Lorsqu'il les regarda et sourit, Flavius vit que lui aussi avait les yeux bleus et les pommettes hautes des Bretons. L'homme se leva maladroitement, son grand corps courbé sous le plafond bas, et étreignit la main d'Arturus, qui se tourna vers Flavius.

— Je te présente Pelagius, mon supérieur dans le renseignement.

Il indiqua, dans l'ombre à côté de Pelagius, une autre silhouette.

— Cet homme-là, tu le connais.

Le deuxième homme portait un capuchon, mais sur une cape militaire plutôt qu'une soutane et, lorsqu'il sortit de l'ombre et le rejeta en arrière, Flavius vit qu'il s'agissait de son oncle, Flavius Aetius Gaudentius, *magister militum* de l'empire d'Occident, l'homme le plus puissant du monde connu à part Attila le Hun. Le jeune homme essaya de se mettre au garde-à-vous, salua son oncle, puis se retourna vers Pelagius.

— J'ignorais que tu travaillais pour Aetius.

Pelagius s'assit et le regarda.

— Tu dois me connaître pour mes écrits hérétiques

contre Augustin et l'Église de Rome. Contrairement à Augustin, je crois que nous sommes capables de faire des choix grâce à notre libre arbitre, que les batailles, par exemple, ne sont pas déjà arrangées dans un grandiose plan divin, mais que leur issue dépend des décisions prises librement par des individus. Mon christianisme n'est pas belliqueux, mais il offre au soldat une foi meilleure que la version d'Augustin, qui le ravale à n'être rien de plus qu'un agent d'une visée supérieure.

— Je n'ai pas vu tes écrits, répondit Flavius. Ils sont bannis de Rome, par ordre de l'évêque. Mais j'ai beaucoup entendu parler de toi par Arturus.

— Mes convictions viennent de ce que tu vois autour de toi ici, de la réalité du début de la chrétienté, de ce qui a attiré mon peuple vers l'enseignement de Jésus lorsque le christianisme a atteint pour la première fois les rivages de Britannie, il y a plus de quatre cents ans. Je suis un moine chrétien, mais je suis issu d'une longue lignée de druides, les guides spirituels des Bretons. J'ai un autre nom, plus ancien, que je reprendrai lorsque Arturus et moi nous quitterons le service de Rome pour mener notre peuple dans la lutte contre les Saxons.

Il sourit à Arturus, lui prit le bras, puis reprenant son sérieux, dit solennellement :

— Pour l'instant, des affaires plus urgentes nous attendent. Cela fait plus de quinze ans que je travaille aussi pour Aetius, et c'est moi qui ai le premier attiré son attention sur Arturus. C'est Aetius qui est venu me voir d'abord, car il partageait mes croyances, et j'ai ensuite consenti à utiliser mon réseau de fidèles, parmi les moines et dans les monastères de la Gaule, pour lui fournir des renseignements. J'ai donc cru en sa cause, alors, et j'y crois toujours, plus fort que jamais.

Flavius considéra son oncle avec étonnement.

— Tu es un fidèle de Pelagius ? C'est puni de mort immédiate…

— Tu as dû voir l'évêque de Rome, aujourd'hui, répondit Aetius d'une voix mesurée et précise. Pourrais-tu suivre un tel homme ?

Pelagius intervint :

— Lorsque l'empereur tombera, la Rome nouvelle n'aura plus ni évêques ni prêtres. Le peuple sera encouragé à entrer directement en communication avec Dieu, sans médiation, sans crainte.

— « Lorsque l'empereur tombera »… répéta Flavius dans un souffle. C'est de ça qu'il s'agit ? Est-ce que vous préparez… un coup d'État ?

Aetius lui lança un regard sombre.

— Il ne peut rien se produire tant qu'Attila n'est pas détruit. Pour l'instant, toute notre attention se concentre sur cet objectif. C'est pour cette raison que Macrobius et toi êtes ici. Dans moins d'une heure, vous aurez embarqué pour une mission qui pourrait changer le cours de l'histoire.

Flavius s'accroupit.

— Que devons-nous faire ?

Arturus sortit de sa tunique la carte qu'Uago lui avait donnée et la tendit à Aetius, qui s'agenouilla et la déroula sur le sol. Il demanda :

— Est-ce qu'Uago vous a dit quelque chose ?

— Qu'entends-tu par là ? interrogea Flavius.

— Il fait partie de notre groupe. Cela fait des années qu'il est mes yeux et mes oreilles dans la ville de Rome, et c'est la raison principale pour laquelle il a continué à enseigner dans la *schola* pendant si longtemps. J'ai caché son rôle même à Arturus, pour protéger Uago.

Flavius jeta un coup d'œil à Arturus.

— En ce cas, nous avons de mauvaises nouvelles. Il a été emmené par quatre gardes impériaux, cet après-midi.

Aetius garda les yeux fixés au sol, et Flavius vit ses lèvres trembler presque imperceptiblement.

— Alors vous ne devez pas perdre de temps, dit enfin Aetius. Dans cette pièce, nous sommes seuls à connaître votre objectif, mais Uago était au courant de votre destination. Il tentera de se suicider s'il pense qu'il y a un risque qu'on le force à parler, mais les tortionnaires d'Héraclius sont brutaux et ingénieux, et la fascination d'un eunuque pour l'anatomie masculine les guide. Nous ne pouvons pas risquer d'avoir les agents d'Héraclius déjà en route, prêts à vous tendre une embuscade…

Il pinça les lèvres et ajouta, les regardant à tour de rôle :

— Vous serez déguisés en moines. Pelagius vous a apporté des robes. Vous aller remonter le Danube et de là vous diriger vers la capitale des Huns, où vous utiliserez les connaissances et les contacts d'Arturus pour obtenir la chose que nous voulons. Une fois en sa possession, vous reviendrez à Rome et la laisserez ici, où elle sera récupérée et cachée par Pelagius jusqu'à ce qu'on en ait l'usage, jusqu'à ce que la bataille tant attendue soit imminente.

Flavius se pencha vers lui.

— De quoi s'agit-il ?

Aetius marqua un temps, en le regardant intensément.

— Nous avons essayé de mobiliser nos forces contre Attila. J'ai travaillé sur les *comitatenses*, amélioré le recrutement et l'entraînement, fait en sorte que les meilleurs officiers et centurions, tels que toi et Macrobius, forment une nouvelle génération de tribuns. Je t'ai maintenu à Rome alors que je sais que cela te démangeait d'effectuer un service actif. Nous avons aussi tenté d'établir des alliances. Pelagius a travaillé parmi les moines de la Gaule pour influencer les Wisigoths en notre faveur. Arturus vient juste de rentrer d'une mission d'espionnage périlleuse à la cour sassanide. D'un côté comme de l'autre, nous n'avons pas encore obtenu les résultats espérés, et il nous faut plus, une autre façon de combattre le pouvoir d'Attila…

Il fit un signe de tête à Pelagius, qui prit la parole :

— À chaque fois que naît un prince hun, une grande épée apparaît comme par magie et est utilisée pour scarifier son visage et y imprimer les marques du guerrier, pour voir s'il peut supporter la douleur. Ceux qui traversent l'épreuve avec succès seront rois, et l'épée devient le symbole le plus puissant de leur statut, et constitue un signe de ralliement dans la bataille. Sans elle, le pouvoir du roi serait affaibli, et l'issue de la bataille pourrait tourner en faveur de l'ennemi…

Flavius se tourna vers son oncle.

— Tu veux voler l'épée d'Attila !

— C'est possible, intervint Arturus en le fixant.

Macrobius, qui s'était contenté d'écouter derrière eux, souleva ses deux sacs sur son épaule.

— Quand partons-nous ?

— Maintenant, répondit Aetius. Arturus a de l'or pour le voyage et il connaît le chemin.

Flavius se planta devant son oncle.

— Je serai digne de toi.

Aetius lui prit la main.

— *Salve atque vale*, Flavius Aetius Gaudentius.

Pelagius posa la main sur le livre devant lui.

— Bon vent à tous !

TROISIÈME PARTIE

LE DANUBE

449 après J.-C.

R V
COMOB

11

Dix jours plus tard, Flavius était assis à bord d'un bateau en compagnie d'Arturus et de Macrobius, au milieu du Danube. La voile était gonflée, et ils venaient de rentrer les rames qui leur avaient servi pour s'éloigner de la rive. Même si le voyage depuis Rome s'était déroulé sans incident, il avait été laborieux. Ils avaient d'abord traversé les montagnes jusqu'à un port à l'est, où ils avaient embarqué sur un bateau pour traverser l'Adriatique jusqu'au site du château de l'empereur Dioclétien, à Spalatum. Ils s'étaient ensuite dirigés toujours vers l'est, par étapes, pour traverser les collines et les montagnes dénudées de l'Illyrie, et enfin à cheval, puis à pied, pour traverser des cols élevés et poursuivre en direction du grand fleuve. Ils en avaient atteint la rive occidentale, qui marquait la limite du territoire romain, la veille au soir. Comme ils étaient des moines voyageant en direction des terres barbares, personne ne les avait questionnés sur le but de leur voyage, et aucun voyageur ni aucun des aubergistes dans les établissements où ils avaient logé en chemin n'avait remarqué les armes dissimulées sous leurs habits de moines. Dans ce flux lent et continu d'hommes d'Église provenant de l'empire d'Occident, certains étaient attirés par les richesses promises par le commerce sur le Danube, d'autres fuyaient, cherchant à atteindre les confins de l'Empire, d'autres encore étaient de vrais moines désireux de convertir les païens au-delà des frontières, mais ils étaient les seuls à entreprendre ce voyage périlleux en remontant le cours du fleuve pour traverser les steppes jusqu'à la cour d'Attila le Hun.

Macrobius était à la barre, à la poupe, la tête tonsurée comme un moine, le visage rasé, contrairement à son habitude, et il portait une rustique croix de bois autour du cou, par-dessus sa robe. Il avait grandi sur les rivages illyriens et s'était chargé de la navigation, après avoir inspecté l'embarcation en compagnie du pêcheur aux cheveux blancs qui la leur avait vendue. Le vieil homme avait désapprouvé d'un doigt tremblant lorsqu'ils lui avaient dit leur intention de remonter le courant, tout en secouant la tête et en énumérant les dangers, mais il n'avait pas posé de questions lorsque Flavius avait sorti une généreuse poignée de *solidi* en or. Le bateau empestait le poisson et ses dalots étaient recouverts d'écailles aussi grandes que la main, provenant d'esturgeons qui représentaient l'essentiel du poisson pêché dans le fleuve, mais il était du type à fond plat – familier à Macrobius –, possédait une quille également plate et offrait assez de place pour les trois hommes et leurs besaces. Surtout, il possédait un mât démontable et une voile carrée suffisamment grande pour prendre le vent du sud-est qui avait commencé à souffler ce matin-là et à les pousser à contre-courant.

Flavius se retourna pour observer la rive. Ils venaient tout juste de passer entre les piliers en maçonnerie éboulés de l'immense pont construit par les Césars pour traverser le Danube. La route de bois soutenue autrefois par les arches avait disparu depuis longtemps et les piles du pont avaient été endommagées et ébranlées par les crues du fleuve. De chaque côté se dressait un *castrum*, mais celui situé sur la rive orientale avait été abandonné depuis longtemps, alors qu'on pouvait encore se souvenir de la garnison qui occupait l'autre, dont les murs étaient constitués de rangées de briques alternant avec des couches de tuiles plates dont Arturus disait qu'il avait vu les mêmes dans les ruines romaines de Britannie. Avant d'embarquer, ils avaient passé la nuit dans le fort – expérience un peu irréelle –, parmi les objets abandonnés par des hommes qui auraient pu appartenir à leur propre unité, des *limitanei* à qui on avait donné l'ordre d'abandonner leur poste au début du règne de Valentinien et qui avaient été absorbés dans l'armée mobile des *comitatenses*.

Ils se trouvaient sur ce qui avait été autrefois une frontière de l'Empire romain, mais le concept de frontière avait totalement changé depuis l'époque où des empereurs comme Trajan avaient poussé leurs troupes contre la résistance barbare et établi une limite territoriale qu'il fallait occuper et défendre, ici, le long de la frontière naturelle d'un grand fleuve. Aujourd'hui, la menace barbare s'était intensifiée, mais se concentrait au loin, dans les forêts et les steppes au nord. Là, d'immenses armées pouvaient se rassembler pour frapper l'Empire romain en son cœur, que ce soit à l'est ou à l'ouest. La frontière la mieux défendue n'aurait aucune chance devant une telle force, et il était plus logique de retirer ce qui restait des troupes aux frontières et de les absorber dans les *comitatenses*. Ces armées pouvaient affronter les Barbares dans des batailles rangées qui pourraient se dérouler loin à l'intérieur des limites de l'Empire, dans des lieux où on pourrait attirer les Barbares de façon à accentuer leur épuisement et à rendre leur approvisionnement plus difficile, au milieu d'une population hostile. La bataille décisive ne consisterait plus en une lutte répartie sur les frontières, mais aurait lieu à des centaines de milles à l'intérieur de l'Empire, en Gaule et en Italie même.

Flavius se remémorait la stratégie qu'on répétait sans cesse aux candidats tribuns à la *schola militarum* et, cependant, ces ruines ce jour-là le firent s'interroger. En dépit de la signification du retrait, les forts abandonnés étaient une triste image et représentaient l'un des inconvénients inévitables de cette politique : elle faisait disparaître de la vue des Barbares le déploiement des troupes et de la puissance romaines. Cela voulait dire que pour beaucoup de soldats des deux camps leur première vision de l'ennemi, la première occasion qui leur serait donnée de le jauger, ne se produirait que dans les quelques secondes de charge effrénée, au moment où les deux armées ennemies se retrouveraient sur le champ de bataille.

Sur les deux rives devant eux le sol rocheux s'élevait en falaises escarpées entre lesquelles le fleuve se rétrécissait pour former une gorge. C'était le début d'une vaste étendue de plateaux pratiquement impénétrables qui séparait les derniers avant-postes romains des steppes qui s'étendaient au-delà. À mesure que la gorge se rétrécissait, le vent avait forci, et Macrobius réduisit la surface de la voile de moitié pour les ralentir et leur permettre d'éviter les écueils qui, les avait prévenus le pêcheur, parsemaient le passage. Arturus s'avança à la proue à côté de Flavius, son capuchon toujours sur la tête, et les deux hommes scrutèrent ensemble la surface pour détecter de possibles dangers. L'eau était opaque mais dépourvue de cette teinte laiteuse propre à la fonte des neiges que Flavius avait vue dans les Alpes. Ici, elle était plus sombre, d'un brun foncé, une couleur qu'Arturus disait avoir remarquée sur les affluents qui se jetaient dans le Danube depuis les montagnes à tourbe du Nord. C'était une vision inquiétante, et il était impossible de dire quelle était la profondeur de l'eau ou s'il y avait des rochers immergés. En sentant le vent s'engouffrer et faire écho entre les murs de la falaise, Flavius eut un aperçu des pressentiments qui avaient conduit beaucoup d'hommes avant eux à faire demi-tour à cet endroit pour laisser le courant les ramener vers des terres plus sûres dans le Sud.

Macrobius désigna la surface de la falaise sur la rive ouest, replia complètement la voile et poussa le gouvernail pour faire glisser le bateau le long du bord, tout en l'écartant du rocher au moyen d'une rame. Ils purent voir une inscription érodée, gravée à même la roche sur une plaque ménagée en creux :

IMP.CAESAR.DIVI.NERVAE.F
NERVA.TRAIANVS.AVG.GERM
PONTIF.MAXIMVS.TRIB.POT.IIII

PATER.PATRIAE.COS.III
MONTIBVS.EXCISIS.ANCONIBVS
SVBLATIS.VIAM.FECIT

Flavius leva la main et Macrobius manœuvra le bateau pour se rapprocher juste en dessous des lettres.

— C'est vieux, ça date des Césars, dit Flavius. Lorsque j'étais enfant, à Rome, mon maître Denys m'a appris à lire ces inscriptions…

Il se tut pour examiner les lignes, puis les traduisit pour les autres :

— « L'empereur César, fils du divin Nerva, Nerva Trajan Auguste Germanicus, Pontifex Maximus, tribun pour la quatrième fois, père de la patrie, consul pour la troisième fois, a construit cette route en creusant les montagnes et en utilisant des poutres de bois. »

Il regarda les arches du pont en ruine, toujours visibles derrière eux.

— C'est le travail de l'empereur Trajan, il y a presque quatre cent cinquante ans, pendant sa campagne contre les Daces. Ceci est le témoignage de l'achèvement de la route militaire et doit marquer le point extrême atteint sur le fleuve par des forces romaines à ce moment-là et depuis lors.

— Regardez ! dit Macrobius, en pointant son doigt très haut au-dessus d'eux. Là !

Flavius suivit son regard et en resta bouche bée d'étonnement. À l'endroit où la gorge était la plus étroite, juste après l'inscription, les falaises étaient encore plus hautes et ne laissaient plus pour le fleuve qu'un passage de deux cents pas tout au plus. Au lieu de la roche brute qu'ils avaient vue auparavant, deux gigantesques personnages avaient été sculptés. Ils se faisaient face de part et d'autre de la gorge et leurs têtes étaient presque invisibles dans les hauteurs. D'un côté, un Romain revêtu de la cuirasse des légions, avec les cheveux coupés court des Césars, et de l'autre, un roi barbare portant de longs cheveux flottants et une barbe. Tous deux brandissaient des armes, le Romain un *gladius* comme celui de Flavius, et l'autre une épée plus longue, semblable à celles des Goths et des Huns. C'était comme si les deux personnages s'étaient avancés l'un vers l'autre, un empereur romain et un roi barbare, mais avaient été pétrifiés juste avant de se toucher, condamnés à rester là, l'un devant l'autre, pour l'éternité, comme d'antiques géants immobilisés par les dieux au moment d'engager le combat.

— Trajan et Décébale, le roi dace, dit Flavius. Romain et Barbare, ni vainqueur ni vaincu.

— On appelle cet endroit les Portes de Fer, ajouta Arturus. C'est ici que s'achève la domination de Rome et que commence le territoire sans loi qui précède l'empire d'Attila.

— Es-tu déjà venu ici, Arturus ? interrogea Macrobius tout en libérant la voile et en se remettant au gouvernail. Il me semble que tu parles de quelque chose que tu connais par toi-même…

— Tout ce que je sais de cet endroit me vient de rapports d'espions, expliqua Arturus. Avant de quitter Ravenne, j'ai parlé à tous ceux que j'ai pu rencontrer et qui étaient venus par ici auparavant. Lorsque je me suis rendu à la cour d'Attila comme mercenaire dans la garde personnelle de Genséric, c'était à travers les montagnes du Nord, à l'est des Alpes et par le cours supérieur du Danube.

— Quelle est notre prochaine étape ? questionna Macrobius.

Arturus montra la direction de la gorge.

— L'île d'Ada Kaleh, à une journée complète de voyage devant nous, peut-être, si ce vent persiste, après un endroit où la rivière s'élargit de nouveau. L'île est un port franc, un grand marché où les commerçants viennent de tout le monde connu. Elle est habitée par une race de marchands dont on dit qu'ils sont là depuis des centaines d'années. C'est à Ada Kaleh que les Huns se procurent la soie venant de Thina, qui est très prisée par leurs femmes, et l'olivine de la mer Rouge, qu'elles aiment pour leurs bijoux. Les Huns peuvent se procurer tout ce qu'ils veulent, avec l'or du tribut versé par Théodose, qui s'est répandu en abondance dans les coffres d'Attila. Mais cette île est un lieu situé en dehors de toute juridiction, sauf celle des marchands eux-mêmes, qui emploient des mercenaires pour faire respecter les règles de leur commerce. Parfois, les mercenaires prennent le dessus et il y a eu des décennies, des générations entières, durant lesquelles elle a été l'endroit le plus dangereux du monde, où se réalisaient d'énormes profits, mais où l'espérance de vie pour quiconque avait de l'argent dans ses poches pouvait se mesurer en jours, sinon en heures. Les commerçants venaient, faisaient leurs affaires… et repartaient le plus vite possible.

— Et nous, demanda Macrobius en se penchant sur la barre, pourquoi allons-nous dans ce trou infernal ?

— Pour faire exactement cela, répliqua Arturus, pour venir, faire nos affaires et repartir. Mais nous serons en contact avec quelqu'un qui s'est caché là, un homme qui peut nous indiquer le meilleur itinéraire pour la capitale des Huns et nous donner les renseignements les plus récents sur Attila.

— Parle-nous de lui, demanda Flavius.

— Son nom est Priscus de Panium. Il est de Constantinople, et il a été envoyé comme émissaire auprès d'Attila.

— J'espère que ce n'est pas encore un eunuque, grommela Macrobius.

Arturus secoua la tête.

— Théodose avait déjà fait cette erreur. Il a envoyé des eunuques et n'a jamais plus entendu parler d'eux. Théodose, tout comme Valentinien, a tellement perdu le sens des réalités qu'il ne se rend pas compte de l'effet que cela fait à l'extérieur. Les eunuques sont bons pour la flatterie et pour tenir des livres de comptes, mais ce ne sont pas eux qui vont impressionner le chef de guerre le plus puissant du monde. Peu de temps après cette expérience, Attila a décidé d'attaquer Constantinople.

— Ainsi, ce Priscus serait une sorte de diplomate ? demanda Macrobius.

— Il *était* diplomate. Il est devenu un clandestin et se cache à cet endroit, tout en rédigeant une histoire des Huns, à ce qu'il semble.

— On dirait que tu connais beaucoup de clandestins, Arturus, remarqua Macrobius. Entre autres, Pelagius, qui se cache dans les catacombes de Rome, et Priscus, dans cette île abandonnée de Dieu…

— Lorsqu'on a vécu une vie comme la mienne, comme déserteur de l'armée romaine en Gaule, un mercenaire renégat dont la tête est mise à prix par la moitié des chefs barbares du Nord, on apprend à connaître le monde caché qui nous environne, les lieux où les fugitifs et les proscrits peuvent vivre sans être remarqués ni persécutés.

— Si ta tête est mise à prix de cette façon, je comprends mal pourquoi tu te rends à la cour d'Attila.

Arturus garda le silence un instant. Puis :

— Parce que c'est un de ces lieux où on peut se cacher. C'est exclu si tu es un eunuque. Mais, si tu es un érudit comme Priscus, avec un savoir qui intéresse Attila, ou si tu es un soldat capable de faire la démonstration de tes prouesses au combat, alors on ne te pose pas de questions. Attila sait que seuls ceux qui prennent des risques désirent visiter sa cour, que ceux qui ne sont pas des émissaires ou des commerçants ont toutes les chances d'être des renégats ou des fugitifs, et que leur but est d'échapper aux problèmes de l'extérieur, que ce ne sont pas des espions ou des assassins. C'est aussi un endroit attirant, un royaume caché coupé de la vie normale, dangereux mais séduisant. Si tu vas là-bas et que tu tombes sous le charme d'Attila et de ses filles, tu n'auras plus envie de repartir.

Macrobius le regarda fixement :

— « Et de ses filles » ?… Que veux-tu dire ?

— Êrekan, Eslas et Erdaka. Attila a des fils, mais la force guerrière héritée de Moundzouk, le père d'Attila, a été transmise à ses filles. Eslas et Erdaka ont été mariées à des princes ostrogoths, mais Êrekan est restée à la cour. C'est elle que j'ai affrontée en combat à mains nues lorsque je suis allé à la cour d'Attila il y a douze ans, lorsqu'elle était adolescente et que j'étais au service de Genséric…

— Nous cacherais-tu quelque chose ? interrogea Macrobius en scrutant le visage d'Arturus.

— Que veux-tu dire ?

— Ne serais-tu pas ici en réalité pour voir ton ancienne petite amie ? Est-ce que ce n'est pas cela, le but de cette expédition ?

Arturus lança à Macrobius un regard glacé.

— Je me suis porté volontaire en partie à cause d'Êrekan, mais pas pour ce que tu crois. Elle est fière de son héritage hun, mais elle hait Attila. La mère d'Êrekan était une esclave scythe, au service de la première épouse d'Attila, mais on a pris l'enfant dans la maisonnée et elle a été élevée comme une fille légitime d'Attila et de sa reine. Dès son plus jeune âge, Êrekan connaissait la vérité, que lui avait révélée en secret sa véritable mère, et qui était flagrante, car Attila et Êrekan ont les mêmes yeux et le même visage, et elle n'a aucune ressemblance avec l'épouse légitime d'Attila. Le jour où Êrekan vint dire à Attila qu'elle savait, cela le rendit furieux et il fit exécuter sa mère. Depuis, Êrekan voue à Attila une haine féroce et nourrit à son encontre un désir de vengeance. Sachez que ce sentiment est plus fort chez les Huns que chez n'importe quelle autre race barbare que j'ai rencontrée. J'ai raconté cette histoire à Aetius et il a pensé que je pouvais probablement la persuader d'apporter son aide à notre cause.

Macrobius toussa.

— Ce qui vous permettra sans doute à tous les deux de vous battre à nouveau à mains nues ?…

Arturus lui adressa un pâle sourire.

— Tu as l'imagination d'un soldat, Macrobius. Mais il y a une autre raison personnelle pour moi. Si on laisse faire Attila, il va déferler sur l'empire d'Occident et atteindre la côte nord de la Gaule. Même s'il n'a pas encore lui-même la capacité de traverser la mer, il absorbera vite par alliance et par la menace les Saxons, les Angles et les Jutes, qui ont mené des raids contre la Britannie, et il utilisera leur savoir-faire maritime pour amener son armée jusqu'au rivage de mon pays. En faisant tout ce que je peux ici pour saboter les fondements du pouvoir d'Attila, je me bats pour l'avenir de mon peuple…

— Dis-nous en plus sur Priscus, intervint Flavius.

Arturus réfléchit un instant. Puis :

— Il y a deux ans, après l'envoi des eunuques par Théodose pour négocier, et après leur assassinat, Attila lança son attaque contre Constantinople. Cette attaque terrifia Valentinien à Ravenne et fit prendre conscience à Aetius de la menace qu'Attila représentait aussi pour l'empire d'Occident. Au dernier moment, Attila ordonna à son armée de se retirer, après avoir été dissuadé par les murailles de Constantinople et par le fait que son armée n'était pas équipée pour les sièges ou le ravitaillement sur de longues périodes, et il est retourné dans sa tanière des steppes. Cependant, Théodose, à Constantinople, avait été ébranlé par la rapidité et la férocité de l'attaque menée par les Huns, qui avait balayé toutes les forces romaines rassemblées contre eux sur le champ de bataille, et il décida d'envoyer à Attila de nouvelles offres de négociation et de concession…

— Tu parles de l'acheter avec de l'or, l'interrompit Flavius.

— Les empereurs d'Orient s'étaient engagés sur cette pente glissante depuis longtemps, admit Arturus en hochant la tête, déjà du temps de Moundzouk, et maintenant, les Huns considèrent l'envoi de tributs comme tout naturel. Les coffres de Constantinople se vident plus vite à cause de la guerre avec Attila qu'elle ne voit ses effectifs militaires se réduire. Si Valentinien n'y prend pas garde, la même chose va se produire à l'Ouest. C'est la principale raison pour laquelle Aetius veut que nous sapions le pouvoir d'Attila aussitôt que possible, avant que Valentinien ne décide d'envoyer des chariots pleins d'or depuis Ravenne…

— Aetius ne peut que trop bien prédire le coût de l'apaisement, remarqua Flavius. Passe encore de concéder des terres en Gaule et en Hispanie aux Wisigoths et aux Alains, cela nous a apporté l'avantage de les pacifier et de les civiliser, de transformer des ennemis en alliés, mais dilapider de l'or est une autre affaire. Si on fait ça, il ne reste rien pour payer les soldats. Le problème des arriérés dans le paiement des soldes de l'armée est déjà assez grave comme ça.

— Quelle solde ? grommela Macrobius. Cela fait plus de dix ans que je n'ai pas vu un *solidus* provenant de l'armée…

Arturus lui lança de nouveau un regard glacé.

— Eh bien, si nous arrivons à pénétrer dans la chambre forte d'Attila, tu pourras te repaître de la vision de plus d'or que tu n'en as jamais rêvé, un or dont la totalité aurait dû constituer la paie de tes camarades de l'armée romaine d'Orient.

— Diras-tu à Priscus quel est notre objectif ? interrogea Flavius.

— Théodose avait confié cette ambassade à Maximinus, un tribun de la cavalerie des *comitatenses* de l'Orient, que j'ai connu et secrètement aidé à s'enfuir lorsque j'étais au service de Genséric et que nous l'avions capturé. Priscus était son ami d'enfance et il l'a accompagné dans cette ambassade comme conseiller et érudit, susceptible d'être respecté à ce titre par Attila, tout comme Maximinus. Ils ont été admis à la cour d'Attila, mais Maximinus entendit parler d'une ruse ourdie par les eunuques de Constantinople, consistant à dépeindre leur objectif comme de l'espionnage plutôt que de la diplomatie, et il décida d'interrompre leur mission avant qu'Attila n'ait vent de tout cela. Maximinus rentra à Constantinople déterminé à débusquer et à dénoncer à Théodose les responsables de ces menées dirigées contre lui, mais Priscus a craint pour sa vie et décidé de demeurer sur l'île d'Ada Kaleh jusqu'à ce que le sort des conspirateurs soit réglé.

— Maximinus a-t-il réussi ? interrogea Flavius.

— Il a pu constater, tout comme Aetius, l'emprise qu'avaient les eunuques sur l'empereur, répondit Arturus en faisant la moue. Le complot avait été la conséquence d'une lutte pour le pouvoir entre deux des eunuques qui se disputaient la position d'intendant de la maison impériale. L'un des deux avait imaginé cette histoire d'espionnage et en avait accusé l'autre pour monter Théodose contre lui. Cela avait marché et l'empereur avait fait exécuter l'eunuque innocent. Lorsque Maximinus essaya de dénoncer le véritable coupable à l'empereur, il en fut empêché, et cela lui valut l'hostilité de l'empereur. Tout ce qu'il avait réussi à faire, c'était rendre sa position et celle de Priscus encore plus précaire. Lui-même a survécu à de nombreuses tentatives d'assassinat et Priscus est à la merci de tout émissaire de l'eunuque susceptible de découvrir sa cachette sur l'île. Les machinations ourdies par les eunuques à Constantinople font ressembler Héraclius à un amateur, bien que lui et ses bons amis de Ravenne soient sans aucun doute en train d'observer et d'apprendre.

— Et tu as trouvé le moyen de savoir où se trouve Priscus ?

— Lorsque Aetius m'a parlé de son projet de nous envoyer à la cour d'Attila, j'ai fait passer un message à Maximinus, qui m'a répondu en m'indiquant où trouver Priscus, tout en le prévenant de notre arrivée. Je n'ai jamais rencontré Priscus. Nous allons devoir improviser. Mais leur mission à la cour des Huns s'est déroulée il y a seulement quelques mois, et il connaît l'état d'esprit d'Attila. Priscus est probablement la meilleure source de renseignements que nous ayons.

Flavius se retourna pour regarder derrière eux. La voile était gonflée de nouveau et tirait le bateau à contre-courant. Son sillage donnait une impression de vitesse. Tandis qu'ils progressaient, il se rendit compte plus que jamais que leur quête était une lutte inégale, une aventure excitante devenue un défi désespéré, dans un monde très éloigné de ce qu'il connaissait par expérience, un univers où le droit et la morale, et même la loi divine, n'étaient que des concepts destinés à être rejetés sur un simple caprice. Il voyait encore les Portes de Fer, les deux statues colossales qui se faisaient face à travers l'étroit passage. Il y avait eu une époque où toutes les rencontres entre Romains et Barbares semblaient destinées à finir de cette façon, dans un face-à-face figé, au moment où Rome avait repoussé ses frontières jusqu'à leur extrême limite et que Trajan et Hadrien avaient commencé à les matérialiser dans la pierre. Mais c'était une époque révolue depuis longtemps, les frontières étaient de nouveau mouvantes, les Barbares ne constituaient plus une menace à exclure mais faisaient partie intégrante de Rome, symbiose dont il savait qu'elle était au cœur de sa propre existence. Pourtant, pour chaque tribu absorbée, pour chaque chef amadoué et installé, il semblait qu'une nouvelle menace se profilait derrière eux, et sa force s'accroissait maintenant devant eux, sur la terre des Huns.

Il examina attentivement les statues, qu'on discernait maintenant à peine dans la brume. Sans doute les Césars avaient-ils eu raison, et la seule stratégie viable consistait-elle à avancer et à créer une frontière permanente. Mais les meilleurs d'entre eux, peut-être, des empereurs comme Trajan, savaient aussi que cette stratégie portait en elle sa faiblesse. Elle ne fournirait aucune défense contre une force susceptible de se rassembler un jour avec une puissance trop grande pour que Rome puisse la stopper et qui fondrait sur les frontières, s'engouffrerait à travers les murs et les forts comme s'ils étaient des châteaux de cartes.

Flavius regarda les Portes de Fer s'éloigner et disparaître, puis se tourna vers la proue. Il n'était pas question de changer le passé, ni de faire demi-tour sur ce fleuve. Il lui fallait maintenant se concentrer sur les défis qui les attendaient. Le soir était là, qui annonçait la nuit sur le fleuve, des heures au cours desquelles ils seraient confrontés aux dangers dont leur avait parlé le vieux pêcheur, les tourbillons, les cataractes et les gorges, avant de parvenir jusqu'au lac et à l'île d'Ada Kaleh.

Il fit un signe de tête à Macrobius, toujours à la barre, prit une rame dans un dalot et se glissa sur le bord du banc de nage central, tandis qu'Arturus faisait de même de l'autre côté. Sans un mot, ils se mirent tous deux à ramer vigoureusement.

12

Le matin suivant, peu après le lever du jour, ils se frayèrent un passage entre les derniers écueils au bout du défilé, utilisant pour cela le contre-courant le long de la falaise pour éviter le flux violent du milieu du fleuve, qui avait rendu leur progression si difficile dans l'obscurité. Ils avaient pu se ménager quelques heures de sommeil peu après le milieu de la nuit, après avoir amené leur bateau dans une crique et l'avoir amarré à un rocher. Mais, à part cela, ils avaient progressé difficilement, l'un d'entre eux à la barre pendant que les deux autres luttaient sans relâche contre le courant, tout en veillant aux sournois écueils immergés, d'un blanc fantomatique à la lumière de la lune. Le vent n'avait cessé de faiblir au cours de la nuit, rendant leur labeur plus ardu, et ils n'avaient pu avancer, pendant la dernière heure avant l'aube, que propulsés par la seule force des rames, en gagnant chaque brasse dans la douleur, jusqu'à la sortie du défilé et l'entrée dans un chenal plus large où le courant était moins fort. En suivant la rive de l'immense lac qui s'étalait maintenant devant eux, ils avaient pu l'éviter complètement, et, à la faveur du soleil et du vent qui se levait, la voile avait commencé à faseyer et à se gonfler de nouveau, ce qui leur avait permis de s'allonger et de se reposer pour la première fois depuis des heures.

Macrobius prit une longue gorgée d'eau à une outre de peau – ils s'étaient ravitaillés à une source qui coulait dans la crique où ils avaient fait halte –, puis mordit dans un gros morceau de pain accompagné de fromage.

— Je crois que je discerne la forme de l'île en face, exactement au nord, à environ une lieue vers le centre du lac, dit-il en mastiquant bruyamment. Il nous faudra encore traverser le courant pour y aller, mais avec ce vent dans le dos on devrait y être d'ici une heure.

Flavius et Arturus étaient allongés sur les bancs de nage, les rames à côté d'eux, leur torse nu couvert des cicatrices de batailles anciennes. Arturus se souleva, prit une gorgée d'eau à l'outre qui lui était offerte et regarda en direction du nord, la main en visière sur les yeux.

— Un de mes informateurs m'a dit que cette île est constamment enveloppée d'une sorte de brouillard et que cela la fait paraître complètement coupée du monde. Je pense que tu as raison, Macrobius. Je la vois, moi aussi.

Il donna une bourrade à Flavius, à moitié endormi sur le banc.

— Il est temps d'enfiler à nouveau nos vêtements de moines. Même des religieux d'un ordre enclin à l'autoflagellation ne seraient pas couverts de cicatrices comme les nôtres. Être vus comme ça équivaudrait à avouer qui nous sommes. Il nous faut garder notre déguisement et souffrir de la chaleur jusqu'à ce qu'on soit entrés en contact avec le premier avant-poste hun, où le mieux serait de nous départir de tout signe chrétien et de nous présenter pour ce que nous sommes vraiment.

Flavius mit le lourd vêtement à contrecœur et se retourna sur le banc pour prendre l'outre que lui tendait Arturus et boire à grands traits.

Macrobius éloigna le bateau de la rive et mit le cap sur la nappe de brouillard, aidé par Flavius et Arturus, qui ramaient lorsque la poussée du courant se faisait plus perceptible, pour laisser ensuite la voile les tirer vers la partie nord du lac. En approchant, ils purent observer la curieuse façon qu'avait le vent de laisser l'île enveloppée de brouillard, une conséquence de son emplacement, car elle était blottie contre les falaises, et le défilé rocheux se poursuivait plus loin. Le vent du Sud, en se heurtant aux hautes parois, s'enroulait sur lui-même et s'élevait très haut, ce qui permettait à l'eau devant l'île d'apparaître lisse et à la brume du matin de rester au-dessus d'elle, épargnée par le vent comme un miasme, même lorsque le reste du lac était dégagé.

La voile claqua lorsqu'ils atteignirent le vent ascendant, et Macrobius la ferla, poussant la vergue de façon à la placer perpendiculaire au bateau, puis démonta le mât et le rabattit. Il reprit la barre, tandis que Flavius et Arturus ramaient lentement à travers le brouillard. Ils s'enfoncèrent dans les volutes de brume jusqu'à ce qu'ils ne puissent plus voir qu'à quelques pas devant eux. Des bruits commencèrent à leur parvenir, des chocs et des coups de marteau, au loin, le son plus ou moins perceptible de voix humaines. Une ligne régulière de poteaux en bois leur apparut parmi les ombres, dont la fonction évidente était de montrer le chemin aux bateaux en approche et d'indiquer que le lac devenait moins profond. La puanteur du poisson en décomposition et des déchets humains commença à s'élever de l'eau, indiquant avec certitude la proximité d'habitations, puis une autre odeur les prit à la gorge, écœurante, douce et nauséabonde, et qui ne leur était que trop familière, celle d'après les batailles. Ce fut Macrobius qui en trouva le premier la source, et il montra du doigt les poteaux qui leur apparaissaient, émergeant de la brume devant eux.

— Nous avons de la compagnie, remarqua-t-il.

Flavius regarda attentivement et il le vit alors nettement – un poteau avec la silhouette noircie d'un cadavre humain suspendu à une poutre placée en travers. Les os de la cage thoracique étaient à nu, et il y avait des trous dans l'abdomen, que les oiseaux avaient nettoyé avec leur bec. Plus loin, il y en avait un autre, puis encore un autre, des douzaines à divers stades de décomposition. De certains ne restaient plus que des torses avec les têtes, et des morceaux de jambes manquaient. Flavius faillit vomir lorsqu'ils glissèrent sur l'eau près d'eux. Il essaya de retenir sa respiration. Macrobius désigna le dernier de la rangée.

— Il est possible que notre déguisement ne nous soit pas d'une grande aide…

Le cadavre portait les restes réduits en pièces mais bien reconnaissables d'un habit de moine, et autour du squelette de sa main, était enroulé un lien de cuir auquel était attachée une croix. Arturus retira la manche qu'il avait jusque-là tenue contre sa bouche et fronça le nez de dégoût.

— En tant que moines, nous ne serons pas harcelés par les gens pour nos marchandises ou parce qu'ils imaginent que nous cachons de l'or sur nous. Mais personne n'est en sécurité ici. À chaque minute que nous passerons sur cette île, nous serons à un cheveu du couteau dans le dos. Si nous faisons le moindre faux pas, nous nous retrouverons ici, sur ce terrain d'exécution. Il va nous falloir être prudents…

Les poteaux du quai de bois apparurent à leur droite, et la brume se déchira pour révéler un bassin rempli de petits bateaux comme le leur, et des hommes qui transportaient des marchandises en haut des échelles et déchargeaient les bateaux. Ils virèrent pour s'éloigner du terrain d'exécution, laissant l'horrible odeur dans leur sillage, et s'avancèrent lentement entre les embarcations jusqu'à ce qu'ils trouvent une place où s'amarrer. Flavius et Arturus levèrent leurs rames pendant que Macrobius poussait sur la barre et laissait glisser le bateau sur son erre. Un jeune garçon vêtu de haillons crasseux surgit de nulle part, sauta à bord, prit l'amarre qui était lovée à la proue, l'attacha à un poteau sur le quai et maintint le bateau tandis que Flavius et Arturus descendaient à terre d'un bond. Macrobius s'apprêtait à soulever un de leurs sacs, mais Arturus l'arrêta d'un geste.

— Il vaut mieux payer ce garçon pour les surveiller, dit-il à voix basse. Tout ce qu'on apportera à terre sera pris pour des marchandises, et sera fouillé et taxé. S'ils font ça, il est fort probable qu'ils nous fouillent aussi, et s'ils trouvent nos armes, c'en est fait de nous. Si l'on nous interroge, nous nous rendons dans un petit monastère tout au bout de l'île et nous comptons nous y arrêter sur notre chemin vers le nord pour présenter nos respects, avant de repartir.

Macrobius grogna, étendit une couverture sur les

sacs et sauta à terre, manquant de peu de coincer l'extrémité de son fourreau, sous son habit, contre le poteau. Arturus sortit une pièce d'or et la montra au jeune garçon, qui secoua la tête. Il en ajouta alors une autre, ce qui lui valut la même réaction, jusqu'à ce qu'il produise une cinquième pièce. Alors le garçon s'empara du tout et remonta le quai en courant jusqu'à un immense mercenaire goth qui se tenait là, les bras croisés, et surveillait leur arrivée. Ce dernier examina les pièces, en mordit une pour en éprouver la pureté et en rendit une autre au garçon.

Lorsque Arturus vit que leur paiement avait été accepté, il conduisit rapidement ses deux compagnons en haut du quai jusqu'à un endroit pavé de pierres, où les marchandises étaient déchargées et où avaient lieu les échanges. Il y avait des mercenaires goths partout, surveillant chaque transaction, chacun accompagné d'un jeune garçon qui récupérait l'argent et trottait entre les balles, les amphores et les tonneaux qui occupaient entièrement l'espace, avec des commerçants de toutes les nationalités qui pesaient des marchandises sur des balances et utilisaient des mesures de capacité qui avaient été sculptées dans des tables de marbre en bordure de quai.

Tout semblait ordonné, mais il n'y avait pas l'agitation et l'affairement d'un marché normal. Flavius trouvait l'absence de cris et de démonstrations théâtrales inquiétante, comme si cet endroit était gouverné par la menace et la peur plutôt que par les règles normales du commerce. Comme pour souligner la tension, on entendit soudain un cri provenant de l'une des tables et le Goth qui surveillait la transaction saisit un commerçant par le cou, le tira brutalement par la gorge et l'entraîna, criant et se débattant, vers une cage de métal, à l'extrémité du quai, qui faisait face au terrain d'exécution. Le jeune garçon qui s'était trouvé à côté du Goth ramassa les pièces d'or tombées des mains de l'homme et les tendit au soldat lorsque celui-ci revint. Tous deux reprirent alors leur poste devant la table, tandis que les commerçants autour d'eux poursuivaient leurs tractations comme si rien ne s'était passé.

Arturus rajusta son capuchon sur sa tête et conduisit ses compagnons vers le fouillis de bâtiments étroitement serrés les uns contre les autres qui couvrait l'île, au-delà de la zone réservée au commerce. La plupart étaient construits avec des poutres grossièrement taillées, et les murs, au niveau de la rue, étaient enduits avec la boue de la rivière, qui les isolait de l'égout à ciel ouvert qui sinuait dans les allées.

Arturus leva la main pour les arrêter, car un chariot rempli d'amphores de vin calées avec de la paille et des ballots de marchandises s'avançait lourdement. Flavius le scruta, dissimulé sous son capuchon, puis baissa soudain la tête et détourna les yeux, le cœur tremblant. Devant le jeune garçon qui tirait le chariot, il y avait deux hommes trapus vêtus de manteaux noirs et d'armures faites de plaques métalliques, au front aplati, et dont les cheveux étaient attachés bien serrés derrière la tête. Trois cicatrices parallèles entaillaient verticalement leurs joues. Flavius sut qu'il voyait là ses premiers guerriers huns, d'assez près pour les tuer ou être tué par eux. Cela lui fit prendre plus que jamais conscience de la réalité de leur mission, et, tout en poursuivant sa lente progression, il sentit son pouls s'accélérer et un goût métallique dans sa bouche, signes de l'appréhension et de l'excitation qu'il n'avait jusqu'alors éprouvées que dans les heures précédant une bataille.

En bordure de la place, une prostituée leur jeta un regard concupiscent depuis une fenêtre à l'étage. C'était la première femme qu'ils voyaient sur l'île. Elle montra ses seins avant d'être tirée à l'intérieur par l'un des Goths qui étaient avec elle. Flavius et Macrobius s'engouffrèrent à la suite d'Arturus dans un passage sinueux, le long d'immeubles alignés, serrés, aux empilements d'étages précaires, et de berges. Macrobius retint un juron lorsqu'il faillit être douché par le contenu d'un seau d'excréments jeté depuis un balcon dans les étages. Son contenu puant rejoignit les ordures étalées en flaques ou coulant sur le sol de la ruelle.

Arturus s'arrêta à un carrefour, puis tourna à gauche et brusquement à droite, les emmenant dans un passage couvert comme un tunnel, puis à travers une enfilade de petites cours. Des yeux, dissimulés sous des capuchons et dans les encoignures des portes, les observaient dans la pénombre, et Flavius se sentit mal à l'aise et vulnérable. Il posa la main sur la poignée de son épée, sous son habit. Ici, on pouvait les assassiner et les voler, tirer leurs corps dans une ruelle obscure, et les pousser dans le fleuve, et personne ne saurait jamais ce qui leur était arrivé.

Arturus s'arrêta un instant, pencha la tête comme s'il écoutait, puis poursuivit son chemin.

— Quelqu'un nous suit, prévint-il à voix basse. Continuez comme si de rien n'était. Lorsque je me cacherai, faites la même chose derrière moi.

Ils passèrent devant un petit autel décrépi dédié à la Sainte Vierge, s'y arrêtèrent et se signèrent avec toute la dévotion nécessaire, avant de continuer. Devant eux, le passage était bloqué par une foule de gens rassemblés autour d'un marchand de poissons. Ils enchérissaient pour acheter un immense esturgeon exposé devant, sur les galets, de sorte qu'Arturus guida Flavius et Macrobius le long d'une rue parallèle en direction d'un autre quai au bord de l'eau, partiellement envahi par la brume. Il tourna à droite, puis se cacha prestement derrière un pilier et s'aplatit contre le mur, en faisant signe à ses compagnons de faire comme lui.

Flavius n'entendait que le bruit des gouttes de l'eau de condensation qui descendait des toits et le clapotis du courant contre les pierres de la rive. Soudain, Arturus jaillit hors de sa cachette et tira à lui contre le mur une silhouette. Il lui bloqua la gorge d'un bras et le bâillonna de son autre main. C'était un petit homme quelconque, barbu et basané comme la plupart des pêcheurs que Flavius avait vus dans le port, probablement un Thrace du cours inférieur du Danube. Arturus maintint fermement la tête de l'homme sur le côté et lui parla en grec, tout près de l'oreille :

— Pour qui travailles-tu ?

L'homme essaya de dire quelque chose, mais Arturus maintenait toujours sa main appuyée fermement contre sa bouche. Il resserra d'un cran sa prise sur son cou, et l'homme émit un bruit étranglé, les yeux exorbités de terreur, le nez pissant le sang.

— J'ai dit : « Pour qui travailles-tu ? »

Il enleva sa main de la bouche de l'homme, et celui-ci se mit à haleter et à baver, à tousser, pris de nausées. Arturus lui colla de nouveau sa main sur la bouche, et l'homme produisit un bruit semblable à celui du cri du cochon. Il tenta d'aspirer de l'air, et le sang qui coulait de son nez éclaboussa le mur. Arturus relâcha de nouveau sa prise et le redressa, son bras toujours comme un étau autour de son cou.

— Je ne le répéterai pas, dit-il, menaçant.

— Un Illyrien appelé Ségestus, dit l'homme, les dents serrées, dans un grec fortement teinté d'accent, la voix rauque et tendue. Il m'a payé pour surveiller trois Occidentaux habillés en moines qui allaient venir sur l'île. Je devais vous suivre et trouver qui vous alliez rencontrer, puis indiquer son adresse à quelqu'un…

Arturus resserra encore sa prise, et l'homme gémit de douleur.

— À qui ?

— Je… ne connais pas son nom, répondit l'homme en crachant du sang. C'est un des Goths qui contrôlent tout ici. Laisse-moi partir, et vous n'entendrez plus parler de moi…

Arturus bâillonna de nouveau l'homme de sa main, lui tordit le cou en le maintenant suspendu juste au-dessus du sol. Flavius entendit le craquement de l'os qui se brisait, puis vit le corps s'affaisser. Arturus porta le corps au bord de l'eau, l'y poussa, fit en sorte qu'il soit entraîné par le courant et se lava les mains tout en surveillant sa disparition dans la brume. Il se redressa et se tourna vers ses compagnons.

— Ségestus est un des agents d'Héraclius, dit-il en s'essuyant les mains sur son habit. L'homme qu'ils recherchent est Priscus de Panium. Depuis l'ambassade chez Attila, les eunuques de la cour de Théodose veulent sa mort. C'est pourtant l'empereur Théodose qui lui a confié cette ambassade, mais les eunuques n'apprécient pas le fait que Priscus ait gagné la confiance d'Attila et ils aiment encore moins qu'il soit en train d'écrire une histoire des Huns, dans laquelle il se peut qu'il décrive leurs machinations…

— Mais Héraclius est l'eunuque de Valentinien, objecta Flavius.

— Cela fait longtemps que nous savons qu'Héraclius est à la solde des eunuques d'Orient. Il est leurs yeux et leurs oreilles à la cour d'Occident, et peut influencer Valentinien dans le sens de leurs désirs. Aetius a tenté d'avertir l'empereur, mais sans grand succès. Tout ce que nous pouvons faire, c'est limiter les dégâts en laissant l'empereur dans l'ignorance de presque tout ce qui se passe, ce qui réduit les chances qu'a Héraclius d'entendre quoi que ce soit d'important. Valentinien avait l'étoffe d'un empereur compétent, mais aussi longtemps qu'Héraclius est là, nous préférons que Valentinien passe sa vie loin du monde réel dans le palais de Ravenne, là où ses relations avec cette créature ignoble sont le moins préjudiciables.

— Et pourtant, il a su que nous avions l'intention de rencontrer Priscus…

— Il a des espions partout, y compris dans l'équipe à qui Aetius fait confiance, admit Arturus sombrement. Il sait que nous sommes contre lui et que nous avons tenté de limiter son accès à des informations importantes, de telle sorte qu'il a redoublé d'efforts, avec son propre réseau d'espions. C'est une lutte permanente, un jeu du chat et de la souris…

— Penses-tu qu'il connaisse notre véritable objectif ?

— Il savait que nous nous rendions ici pour rencontrer Priscus et il a certainement deviné que nous avions l'intention de poursuivre jusqu'à la cour d'Attila. On ne peut pas savoir s'il est au courant, pour l'épée. Nous devons rester sur nos gardes.

Ils passèrent sous un autre passage couvert, puis pénétrèrent dans une cour sans issue n'offrant qu'une série de portes basses donnant accès aux bâtiments. Il n'y avait personne en vue, juste un couple de chats efflanqués se battant pour une arête de poisson, et des rats qui trottinaient le long des murs. Arturus regarda derrière eux, cherchant d'éventuels autres suiveurs.

— Attendez-moi sous le passage. On m'a dit d'aller dans la cour la plus au nord et de prendre ensuite la deuxième porte à droite. Je vous ferai signe lorsque j'aurai trouvé notre homme…

Une pluie fine commença à tomber, et Flavius regarda le nuage gris qui semblait s'être installé dans la brume, en clignant des yeux à cause des gouttes.

— Espérons qu'il est là. Sinon, nous n'attendrons pas. Nous devons être partis d'ici avant la tombée du jour.

Vingt minutes plus tard, Arturus reparut dans l'encadrement de la porte, le capuchon baissé et le visage dans l'ombre, et leur fit signe de venir. Flavius et Macrobius franchirent derrière lui une porte basse, descendirent un escalier étroit et empruntèrent un couloir à peine assez large pour permettre le passage. À son extrémité, une ouverture en pente débouchait sur l'eau et sur une masse boueuse d'où s'exhalait une odeur fétide. Arturus ouvrit une porte en bois grinçante sur sa gauche, les conduisit à travers un passage sombre, puis ouvrit une autre porte donnant sur une pièce faiblement éclairée. Dans l'angle opposé, une lampe à huile crachotante révéla un homme penché sur une table, au-dessus d'un amoncellement de papiers. Celui-ci leva les yeux, enleva ses lunettes de cristal poli et examina Flavius et Macrobius de ses yeux larmoyants mais vifs.

— Eh bien, dit-il en grec. Dois-je parler latin ou grec ?

Flavius posa la main sur l'épaule de Macrobius.

— Latin, à cause de mon ami illyrien ici présent, qui s'est déguisé en moine.

— C'est ce que je vois, constata l'homme en changeant de langue et en les inspectant de haut en bas. À en croire Arturus, vous seriez aussi tous les deux des moines combattants ?

— Je suis Flavius Aetius Gaudentius, tribun spécial au service de mon oncle, le *magister militum* Flavius Aetius. Voici Macrobius, le centurion de mon ancien *numerus* des *limitanei*.

— Ah, les *limitanei*, dit l'homme. Ils nous manquent beaucoup par ici. Si j'avais le choix, je les préférerais aux *comitatenses*, qui ne restent jamais au même endroit plus de dix minutes et n'apprennent jamais à connaître la population locale et ses coutumes, et qui de toute façon sont basés bien trop loin des frontières.

Macrobius grogna :

— Je suis d'accord avec toi sur ce point.

— Tu dois être Priscus de Panium, dit Flavius. Je te salue, pour avoir entrepris l'ambassade chez Attila.

— Ce n'est pas ce qu'ils pensent à Constantinople, j'en ai peur, répondit Priscus en se levant. Pour des raisons incompréhensibles à un simple homme de savoir, il semble que je sois sur la liste noire de la plupart des eunuques de Théodose, d'où mon choix de m'enterrer dans ce trou.

Il était extrêmement grand et Flavius vit qu'il chancelait tout en reniflant l'air.

— Je m'excuse pour l'odeur. Tous les effluents de cette structure pourrie qui tient lieu de ville vont directement dans la rivière, évidemment, et sont emmenés par le courant, mais ils oublient qu'il y a des eaux stagnantes et des criques le long des quais où ils s'accumulent, surtout la variété solide. Mais je ne peux pas vraiment appeler les *urinatores* de la ville pour nettoyer ça, ni essayer de le faire moi-même et risquer de me faire sauter dessus par un des voyous qui infestent cette île…

— Arturus a réglé son compte à l'un d'entre eux.

— C'est ce qu'il m'a dit, et je lui en suis reconnaissant, mais ils sont comme des rats. On se débarrasse de l'un d'entre eux, et il en arrive dix pour prendre sa place.

Il se mit à tousser violemment, tout le corps parcouru de spasmes, puis il se rassit, la respiration sifflante, essayant de reprendre son souffle. Flavius voyait qu'il était à peine plus âgé que lui-même, mais il avait les cheveux clairsemés et les joues creuses d'un homme beaucoup plus âgé.

— Je vous aurais bien offert de l'eau, mais je dois la tirer de la rivière par ma fenêtre de derrière, à seulement quelques pas de ces immondices en bas de la descente. Ce que je peux vous donner, ajouta-t-il en débouchant une petite poterie et en versant du vin dans trois tasses posées sur la table, c'est un cru de Judée. L'esclave de ma maison de Panium est un Dace qui a pu se faire passer pour un marchand, et il a utilisé ce qu'il me restait d'or pour m'approvisionner en nourriture et en vin apportés ici pour les vendre depuis les parties civilisées du monde. C'est la seule chose qui me maintienne en vie.

Ils prirent le vin et le burent, reposèrent les tasses et s'assirent ensuite sur des tabourets de bois devant la table.

— Notre temps est compté, dit Flavius. Nous voulons partir avant le coucher du soleil.

— Voilà qui est judicieux, rétorqua Priscus. Sinon, votre bateau disparaîtra mystérieusement pendant la nuit et vous aussi, probablement.

Flavius indiqua les liasses de papier sur la table.

— C'est ton histoire des Huns ? Arturus nous en a parlé.

— Je l'écris sur un codex. Je n'arrive plus à me procurer de rouleaux corrects, en papyrus ou en vélin. C'est une histoire des Huns depuis les temps les plus anciens jusqu'à aujourd'hui, avec un récit de ma visite à Attila. Si mes efforts ne m'apportent rien d'autre que des menaces de mort de la part des gens qui étaient censés être dans mon camp, alors j'ai pensé que je pouvais au moins écrire un compte rendu pour la postérité.

— C'est le présent qui nous intéresse, pas la postérité, intervint Flavius, en se penchant, la main posée sur un genou. Que sais-tu des intentions d'Attila ?

Priscus prit le stylet de métal qui se trouvait sur la table et le posa dans un encrier ouvert. Il contempla ce qu'il avait écrit, puis regarda Flavius intensément.

— Ce que je peux te dire, c'est qu'Attila a l'intention de s'avancer vers l'est en Parthie, de longer la rive septentrionale du Pont-Euxin jusqu'au-delà des montagnes du Caucase, pour traverser les plaines d'Anatolie jusqu'au cours supérieur de l'Euphrate. Mais ce n'est qu'une promenade pour entraîner ses soldats. Ses yeux sont tournés vers Rome.

— Vers Rome, pas vers Constantinople ? s'étonna Flavius.

Priscus secoua la tête.

— Il sait qu'il peut battre l'armée de Théodose sur le terrain, mais il n'est pas capable de mener un siège ou de lancer l'assaut par voie maritime, comme cela serait nécessaire pour prendre la ville. Les remparts de Constantinople peuvent être défendus par sa garnison, particulièrement si l'armée est affectée en renfort, et aussi longtemps que les routes maritimes par le Bosphore et l'Hellespont seront libres, Constantinople survivra, quasi indéfiniment, même si le reste de l'empire d'Orient se désintègre. Pour la cité de Rome, c'est différent. Attila sait ce que les Goths ont réussi il y a quarante ans, lorsque Alaric a dévasté tout sur son passage et a fait flotter son étendard sur le vieux temple capitolin au-dessus du Forum. La ville peut bien avoir été remplacée par Ravenne comme capitale impériale de l'Occident, le sac de Rome est toujours un coup énorme porté au prestige romain et a fait se masser d'autres chefs barbares ambitieux le long des frontières. Moundzouk, le père d'Attila, était l'un d'entre eux, et il a transmis son ambition à son fils…

— Cela nous a incités à nous ressaisir, intervint Arturus. Les Goths se sont lassés et sont partis, et nous avons alors, profitant de l'expérience acquise, renforcé les remparts de Rome, réorganisé la garnison et créé la *schola militarum* pour la formation des officiers.

— Je ne suis pas un stratège militaire, mais si la *schola* de Rome ressemble quelque peu à celle de Constantinople, on vous a certainement appris combien d'hommes il faut pour défendre les murs d'une ville, non ? Mon ami Maximinus a essayé de me l'expliquer une fois, alors que nous arpentions les remparts de Constantinople. Ceux qui ont été construits par l'empereur Aurélien autour de Rome sont vraiment impressionnants, mais avec presque dix lieues de longueur, il est impossible de les défendre correctement sans l'aide d'une garnison bien plus importante que ce que Rome pourrait jamais entretenir. Attila le sait et il sait aussi que, s'il avançait avec son armée jusqu'à Rome, il prendrait probablement la ville. Il a surtout les yeux fixés sur le lieu vacant sur le Palatin. Rome est peut-être laissée pour compte maintenant, mais sous Attila elle deviendrait la capitale d'un nouvel Empire romain, dirigé par une dynastie de Huns.

— Connais-tu la taille de son armée ? Y a-t-il des alliances ?

Priscus fit une moue.

— Pendant que Maximinus et moi faisions nos adieux en toute hâte, deux autres émissaires sont arrivés, l'un envoyé par le roi ostrogoth Valamir, et l'autre par les Gépides, gouvernés par Ardaric. Il y avait d'autres indices d'alliances en cours de réalisation, parmi lesquelles le mariage de deux des filles d'Attila à des princes goths. Maximinus a calculé qu'en s'alliant avec Ardaric et Valamir Attila pouvait aligner une armée de cinquante mille hommes…

— *Cinquante mille hommes ?* répéta Flavius en secouant la tête, avant de se tourner vers Arturus. La seule façon pour Aetius d'égaler ce nombre serait de s'allier avec les Wisigoths.

— Tu veux dire avec Théodoric ? demanda Priscus. Son ennemi juré ?

Flavius, après avoir réfléchi quelques secondes, répondit :

— Les Goths de l'Est et ceux de l'Ouest se sont éloignés les uns des autres, car les Ostrogoths méprisent les Wisigoths pour s'être installés en Gaule et en Hibérie, et parce qu'ils se sont romanisés. Les Wisigoths, de leur côté, les considèrent comme des Barbares. Il y a entre eux des querelles de sang que mon oncle pourrait exploiter pour se rallier les Wisigoths, et cependant il faudrait qu'ils mettent ces dissensions de côté si les Goths devaient être traités comme des alliés tout comme les *comitatenses*. Les querelles de sang ne contribuent pas à la discipline dans la bataille. Elles conduisent les hommes à s'égarer dans des missions personnelles pour retrouver un rival haï…

— Il faudrait que ton oncle persuade Théodoric qu'il n'y a pas d'avenir pour lui dans une alliance avec Attila, remarqua Arturus. S'il devait former cette alliance, les Wisigoths seraient rapidement dominés par les Ostrogoths et Ardaric deviendrait le chef goth dominant. Mais, d'un autre côté, si on veut persuader Théodoric de se joindre à Aetius, il faudrait le convaincre qu'une alliance romaine avec ses troupes produirait une armée égale à celle d'Attila, forte de cinquante mille hommes ou plus, suffisamment pour donner des chances égales de victoire.

— Ce serait juste, murmura Flavius. Mais il y a assez de mercenaires et de renégats nantis d'une formation militaire qui traînent dans les provinces occidentales pour permettre à Aetius de constituer rapidement des unités de *foederati* en renforcement des *comitatenses*, pour augmenter la taille de la force qu'il peut montrer à Théodoric. Si quelqu'un peut le faire, c'est bien Aetius…

— À condition qu'il perçoive la nécessité d'une alliance avec Théodoric, intervint Priscus.

— L'avenir de l'empire d'Occident est en jeu, déclara Flavius, et, bien qu'ils soient ennemis jurés, les deux hommes parlent le même langage. Il y a des avantages à l'ascendance gothe de mon oncle.

— Ils n'auront pas le choix, affirma Priscus. Une des filles d'Attila, Êrekan, est venue nous voir en secret dans notre camp la nuit précédant notre départ et elle a dévoilé le plan de son père à Maximinus. Elle a dit qu'Attila avait l'intention de détruire Milan et Ravenne et de marcher sur Rome. Mais, avant cela, il rencontrerait Aetius pour une ultime et apocalyptique épreuve de force, la bataille la plus immense et sanglante jamais menée. Elle a dit qu'il l'avait appelée « la mère de toutes les batailles »…

— « La mère de toutes les batailles », répéta Flavius, dans un effort pour encaisser l'enormité de la chose, avant de s'adresser de nouveau à Arturus. Nous devons faire passer le message à Aetius dès que possible après avoir atteint la cour d'Attila. Il faut qu'il commence à rassembler ses forces dès maintenant.

Priscus se pencha en avant. Sa peau était pâle et diaphane à la lueur de la lampe.

— Quoi que vous espériez réussir là-bas, vous devez savoir que ce qui vous attend, ce qui se trouve après cette île, n'est pas pour les cœurs faibles, prévint-il, d'une voix basse et tremblante. Tout ce que nous avons appris de l'époque de Trajan et des guerres daces est vrai, à propos d'un autre monde, de sorcellerie et de chamans et de sacrifices humains, d'aigles qui crient, et de loups qui hurlent dans la nuit. Vous allez voir des choses qui vont vous choquer, mais vous devrez garder votre sang-froid. Ceux qui parviennent aux frontières du royaume des Huns ont réussi le premier test et peuvent être admis à la cour du grand roi.

Arturus le regarda dans les yeux fixement.

— Nous sommes préparés, Priscus. Et maintenant, nous avons une dernière requête.

— Laquelle ?

— Dis-nous ce que tu sais de l'épée d'Attila.

13

Flavius était assis à la proue du bateau et regardait devant lui à travers la brume. Il utilisait maintenant son habit de moine comme matelas, et les insignes de tribun sur son épaule luisaient dans la lumière pâle. Ils n'avaient été que trop heureux de quitter l'île mais, depuis trois jours, leur progression avait été difficile à travers les gorges, les rapides, les tourbillons, toujours à contre-courant du grand fleuve. Cependant, le dernier jour, les rives rocheuses avaient perdu progressivement de leur altitude jusqu'à n'être plus qu'à la hauteur du mât du bateau, et ils avaient eu le sentiment d'avoir fait le plus dur. La chance avait été de leur côté, leur offrant constamment un vent favorable, toujours assez fort pour gonfler la voile et les tirer contre le courant, à l'allure lente d'un marcheur. Ce matin-là, à plusieurs reprises, ils avaient senti des bouffées de vent froid provenant du nord-est, un avant-goût des vents violents dont ils savaient qu'ils balayaient les steppes, au bout de leur voyage. Priscus leur avait dit qu'ils les sentiraient en approchant du rocher qui marquait l'endroit de la rivière où ils devaient bifurquer, l'entrée de l'affluent qui les conduirait au point de débarquement. Là, leur trajet fluvial se terminerait, et la dernière étape de leur voyage à travers les pâturages plats et découverts s'amorcerait.

Flavius pensait à ce que Priscus leur avait dit de l'épée d'Attila. Elle avait été forgée longtemps auparavant, du temps des ancêtres de Moundzouk, avant l'époque de Trajan, de Décébale et des guerres daces, avant même que les Romains aient essayé de pénétrer sur les terres septentrionales des Barbares. On disait que les forgerons étaient venus par la route de la soie depuis une île mystérieuse dans la mer au-delà de Thina, un endroit où on fabriquait des épées si aiguisées que toucher une lame signifiait perdre un doigt. Les hommes aux yeux fendus avaient installé leur forge dans un sombre vallon de la steppe, dans l'un de ces endroits, au fond d'une vallée creusée par un ruisseau, où les Huns vivaient à l'abri des vents qui balayaient tout au-dessus, n'en sortant que pour aller chasser, faire du commerce et partir en guerre. Là, pendant des mois, ils avaient durci et recuit l'acier, façonné une lame fabuleusement solide et pourtant souple, en ajoutant au fer un alliage rare d'or et d'argent qui le faisait briller d'un grand éclat, même à la pâle lumière du Nord. Le chef qui avait commandé l'épée, un lointain ancêtre de Moundzouk, avait donné aux forgerons une pierre que ses propres ancêtres avaient vue tomber du ciel sur le sol recouvert de glace de leur terrain de chasse du Nord, une pierre qui attirait le fer. Ils en avaient fait le pommeau de l'épée. Les forgerons étaient toujours là aujourd'hui, incinérés et enterrés dans le vallon avec leur forge. Ils avaient été tués par le chef avec l'épée même qu'ils avaient fabriquée pour lui, pour leur ôter à jamais l'idée de vendre leur savoir-faire à d'autres, susceptibles de se dresser contre le pouvoir qui maintenant brillait entre ses mains.

Êrekan, la fille d'Attila, avait raconté à Priscus que Moundzouk, le père d'Attila, à la naissance de celui-ci, avait placé l'épée dans un feu de joie et que, lorsqu'il l'avait utilisée pour scarifier le visage du bébé, celui-ci n'avait pas pleuré, et Moundzouk avait su alors qu'il contemplait le futur roi, qu'il avait baptisé d'après le nom ancien de l'épée elle-même. Et alors, selon la tradition, le chaman qui avait lu les augures avait pris l'arme et l'avait enterrée dans un lieu secret. Il s'était arrangé pour que le jeune garçon la trouve lorsqu'il avait atteint l'âge d'être un guerrier. Depuis lors, Attila avait utilisé l'épée pour les cérémonies de naissance de ses propres enfants, dont Êrekan elle-même, et l'avait brandie au combat. Le reste du temps, il la conservait dans une salle forte de sa citadelle, avec son or et le butin des guerres qu'il avait menées à l'Est et à l'Ouest à mesure qu'il devenait plus fort et que sa soif de conquête ne connaissait plus de limites.

Malgré tout, Êrekan avait ajouté qu'Attila lui-même n'était pas sous l'emprise du chaman, qu'il ne croyait pas que l'épée avait des propriétés magiques. Comme Aetius, qui méprisait les moines à cause de leur désir d'amener les forces de Rome sous la bannière du Christ, Attila était un trop bon général pour laisser le mysticisme et la religion influencer son jugement, excepté lorsqu'il pouvait en voir les effets sur le moral de ses hommes. Attila savait que le pouvoir de l'épée ne venait pas des dieux mais du génie des forgerons, qui avaient été capables de créer une arme qui brillait au-dessus du champ de bataille. Leur savoir-faire n'était pas un quelconque don divin, mais le résultat de l'expérience de générations successives qui avaient fabriqué des armes pour les guerriers en tout lieu, à travers tout le monde connu, partout où l'on était capable de faire appel à leur expertise.

Soudain, un rocher apparut à l'avant, sentinelle toute blanche sur la rive du fleuve, et, devant lui, Flavius vit la brume tourbillonner au-dessus du confluent avec la rivière qui rejoignait le cours du Danube à l'est. Il leva la main et Macrobius poussa la barre et ferla rapidement la voile, puis abaissa le mât pour la dernière partie du voyage. La dense forêt de conifères de la gorge avait disparu, et seuls s'offraient au regard une plaine herbeuse dénudée et quelques arbustes. L'affluent se rétrécit presque à la largeur d'un ruisseau, et lorsque la rame de Flavius toucha le fond, il sut que leur destination n'était plus très éloignée.

Quelques minutes plus tard, il vit une petite plage de graviers sur laquelle étaient tirés deux bateaux, et Macrobius dirigea leur embarcation de façon à ce que la proue atterrisse sur les cailloux.

Flavius débarqua d'un bond, suivi d'Arturus puis de Macrobius, qui récupéra leurs sacs avant de tirer le bateau aussi loin qu'il le pouvait sur le rivage et de l'amarrer à un cadre de bois devant les deux autres embarcations. Il se débarrassa de son habit de moine, le fourra dans son sac qu'il balança sur son dos, puis examina le ruisseau, les mains sur les hanches, en demandant :

— Bon, qu'est-ce qu'on fait maintenant ?

— Voilà la réponse, répondit Arturus, en désignant quelque chose en haut de la pente.

Ses deux compagnons suivirent son regard et se figèrent brusquement. Une rangée de cavaliers huns les attendait au-dessus de la rive, casque sur la tête et manteau rejeté en arrière, l'arme encore au fourreau. Flavius reconnut les armures et les vêtements caractéristiques des Huns : une tunique de laine bleue et des pantalons marron clair, des bottes de cuir et un chapeau aux oreillettes de cuir, un casque et la cuirasse, bien reconnaissable, faite de plaques de fer cousues et assemblées en une armure flexible et ajustée sur le torse et les épaules. Deux d'entre eux portaient des arcs huns, recourbés et faits de corne, de bois et de tendons collés ensemble, deux tenaient des haches de guerre et tous avaient autour de la taille des ceintures auxquelles étaient fixées de longues épées dans des fourreaux. Contrairement aux Goths et aux Alains, ils étaient relativement petits, trapus et musculeux, avec les traits typiques d'hommes des steppes battues par le vent et des toundras qui s'étendaient depuis le bassin du Danube jusqu'aussi loin à l'est qu'aucun Occidental ait jamais voyagé, pour atteindre Thina et au-delà.

Un des cavaliers descendit sur la grève au petit galop, s'arrêta à environ dix pas, calma son cheval qui s'était mis à renâcler et à piaffer, et Flavius vit que c'était une femme. Elle portait la même armure que les autres mais elle avait la tête nue, ses longs cheveux étaient serrés et attachés en arrière, et elle portait sur les joues les scarifications de naissance d'un guerrier. Elle les fixa avec hauteur, s'attarda sur Arturus, dont le visage était toujours caché par son capuchon, puis retourna au petit galop vers les hommes, et leur parla dans la langue gutturale des Huns.

— C'est Êrekan, murmura Arturus, le visage toujours baissé. Comme Attila, elle parle latin couramment, car elle a été élevée par les érudits ramenés de

Constantinople à cet effet. C'est la seule des enfants d'Attila à avoir traversé avec succès la cérémonie de la naissance, de telle sorte qu'elle a été élevée en princesse guerrière.

Êrekan se retourna pour leur faire face, et Flavius fit un pas en avant, tout en s'inclinant légèrement.

— Je suis Flavius Aetius Gaudentius, tribun, neveu du *magister militum* Aetius et envoyé spécial de l'empereur Valentinien à la cour d'Attila. Et voici mon centurion Macrobius.

— Sers-tu Valentinien ou Aetius ? demanda-t-elle en faisant virevolter son cheval. J'ai entendu dire que Valentinien est servi seulement par des eunuques…

— Valentinien est mon empereur, et Aetius mon général.

Le cheval renâcla et elle l'amena face à Arturus.

— Et qui est celui-ci ?

Arturus retira son capuchon et enleva son habit de moine, révélant ses longs cheveux, sa barbe, la tunique et l'épée d'un commandant des *foederati*.

— Je suis Arturus des Bretons, ancien tribun des *foederati Britannorum* des *comitatenses* du Nord.

Elle le regarda fixement, puis se pencha et cracha.

— Je ne connais pas cet homme.

Elle fit tourner brutalement son cheval vers la droite et rejoignit les autres au galop. Arturus resta immobile comme une statue.

— Ne bougez pas. C'est simplement du théâtre.

— Du théâtre ?! s'exclama Macrobius. La connais-tu si bien ?

— J'étais son homme lige.

— Ce qui signifie ?

— Elle était ma femme. En quelque sorte.

— Ta femme… Alors il s'agissait d'un peu plus que d'un combat à mains nues…

— Oui, en effet.

Macrobius se tourna vers lui et le regarda fixement.

— Lorsque tu as quitté cet endroit, il y a douze ans, lui as-tu dit au revoir correctement ?

— Je n'en ai pas eu le temps. Chut, maintenant. Elle revient.

Êrekan s'arrêta de nouveau avec son cheval devant les trois hommes, mais cette fois-ci elle sauta à terre, se planta devant Arturus et le regarda dans les yeux sans ciller. Les cicatrices de ses joues étaient livides. Elle sortit soudain un couteau et le lui brandit sous le menton.

— Explique-toi, exigea-t-elle. Ça ne ressemblait pas à un futur roi de s'enfuir avec la queue entre les jambes…

— Un futur roi ? s'exclama Macrobius, en fixant de nouveau Arturus.

— Il me racontait ses rêves, expliqua Êrekan, tenant toujours son couteau sous la gorge d'Arturus. Et comment un jour il retournerait dans sa Britannie natale, rassemblerait le peuple contre les Saxons et créerait un royaume qui prendrait avec honneur la succession de la domination romaine. Après qu'il m'a quittée sans dire un mot, j'ai décidé que ce n'étaient que des vantardises insensées, qu'il n'était qu'un de ces renégats qui viennent ici avec des illusions de grandeur. Nous tuons la plupart d'entre eux, et j'ai pensé que c'était ce que j'aurais dû faire avec Arturus. Le moment est sans doute arrivé…

— Je suis venu à la cour de ton père il y a douze ans comme garde du corps de Genséric, se défendit

Arturus. Mon cousin, qui faisait partie de sa garde, avait déjà été assassiné, et j'avais l'intention de me venger. Le jour où je suis parti, un de mes camarades, un Saxon qui n'aimait pas les Bretons comme moi, a dit à Genséric que je savais qu'il en était responsable et que je préparais ma vengeance. J'en ai eu vent et j'ai compris que je devais partir sans délai, sinon je risquais d'être poignardé dans mon sommeil. Tu chassais dans la steppe et je ne pouvais pas attendre.

Elle caressa sa barbe de son couteau.

— Eh bien ? As-tu eu ta vengeance ?

Arturus désigna Flavius de la main.

— Grâce à mes amis que voici, deux ans après t'avoir quittée, j'ai pu me battre devant Carthage et affronter l'armée de Genséric, l'épée à la main. Avant la fin de la journée, j'avais pris la vie de deux de ses gardes du corps alains et de six guerriers vandales, ainsi que d'un chien de guerre alaunt. J'ai facilement payé le prix du *wergeld* pour mon cousin, et ma vengeance était accomplie.

— Et après cela ?

— J'ai retrouvé mon affectation dans les *foederati* et, depuis, je n'ai pas cessé de me battre pour Rome.

— De te battre, ou d'espionner ?

Arturus baissa la voix :

— Êrekan, il faut que nous parlions. Loin des oreilles indiscrètes.

Elle remit sa lame au fourreau et se rapprocha avec eux du bateau.

— Aucun de mes Huns ne connaît le latin. C'est à moi qu'ils sont loyaux, pas à mon père. Tu peux parler ouvertement.

— Ce n'est pas un hasard si c'est toi qui es venue à notre rencontre, je ne me trompe pas ?

— Tu as de la chance que je sois rentrée de la chasse, et que ce n'ait pas été Bleda, le frère aîné de mon père, qui soit venu. Il a été évincé de la couronne à sa naissance, lors de la cérémonie, mais il a compensé cela en devenant le plus sauvage des hommes de main de mon père. C'est lui qui a enlevé les eunuques qui sont venus de Constantinople et il les a saignés de ses propres mains, comme les porcs gras qu'ils étaient. Si Priscus et Maximinus n'étaient pas partis à temps, ils auraient subi le même sort.

— Ainsi, tu étais prévenue de notre arrivée…

— Il se trouve que les Huns qui vous ont précédés en provenance de l'île sont à mon service, car ils fournissent ma suite en vin et en nourriture. Ils t'ont croisé dans la ville et l'un d'eux t'a reconnu pour t'avoir vu il y a douze ans, en dépit de la barbe et de l'habit de moine.

— Alors tu dois savoir que nous avons rencontré Priscus de Panium.

— Ce n'est un secret pour personne qu'il se cache quelque part sur l'île. Mon père l'aimait bien, admirait son savoir et avait apprécié les deux heures passées avec lui à discuter de la géographie des confins du monde. Mon père lui avait dit presque tout ce qu'on savait de nouveau sur la calotte glaciaire du Nord, où les Huns ont mené des expéditions pour chasser la baleine et les immenses phoques à défenses. Mais mon père est d'humeur changeante et aurait ordonné l'exécution de Priscus s'il avait eu vent des machinations de Constantinople. Il déteste l'intrigue et n'apprécie que les savants et les guerriers. Priscus est pris entre deux feux, et je ne peux pas faire grand-chose pour lui.

— Il nous a tout dit, Êrekan. Il nous a raconté ta visite nocturne, et ce que tu leur as révélé, à Maximinus et à lui, des plans d'Attila. Tu te souviens que je t'ai parlé de mes rêves pour la Britannie, mais je n'ai pas oublié que tu m'as dit ta haine pour ton père après qu'il a assassiné ta mère, et ton désir de vengeance.

— Il est toujours aussi fort. J'y pense nuit et jour. Je l'assouvirai, dans ce monde ou dans l'autre.

— Alors il y a quelque chose que je dois te dire. Quelque chose que Flavius et Macrobius ne savent pas vraiment, mais ils se peut qu'ils aient deviné la vérité. Il y a quinze ans, lorsque j'ai déserté mon *numerus* de *foederati*, ce n'était pas seulement à cause de mon dégoût pour ce que l'on nous avait ordonné de faire, en finir avec une révolte paysanne et exercer des représailles dans le nord de la Gaule. Lorsque j'ai exprimé mon mécontentement, j'ai été amené devant Aetius, qui avait appris mon histoire et m'a recruté dans son nouveau service de renseignement. Tout ce que j'ai fait depuis, mon entrée dans la garde personnelle de Genséric, ma visite à la cour des Huns, gagner la confiance d'Augustin et devenir son secrétaire, notre mission ici aujourd'hui, tout cela, je l'ai fait pour le service d'Aetius. Et il n'est rien qu'Aetius désire plus que la destruction d'Attila.

— Alors tu es de nouveau mon serviteur, Arturus. Mais, cette fois-ci, il n'y aura plus de départ à l'improviste. Lorsqu'il faudra s'en aller, nous partirons ensemble.

— Je suis d'accord.

— Nous avons des chevaux pour vous. Tu pourras m'expliquer précisément ton plan en chemin.

Pendant les heures qui suivirent, ils cheminèrent encore plus avant dans les steppes et dépassèrent les deux Huns et le commerçant qu'ils avaient rencontrés sur l'île. Ceux-ci avaient arrimé leurs amphores aux flancs des ânes et chargé tonneaux et ballots de marchandises dans un chariot tiré lentement par un couple de bœufs. Êrekan s'était arrêtée, avait brisé le haut d'une amphore et rempli une outre à vin en peau pour ses hommes, puis avait versé le reste dans une autre qu'elle avait donnée à Macrobius. Il avait bu longuement, puis l'avait passée à Arturus et Flavius, qui en avaient fait autant. Flavius avait reconnu un cru gaulois au cachet de l'amphore, qui indiquait sa provenance de Lugdunum, et qui venait d'un endroit proche du domaine de chasse qui avait été accordé à son grand-père Gaudentius lorsque les Romains avaient décidé d'installer les Wisigoths dans la vieille province de Gaule. Depuis l'époque la plus ancienne, on faisait du vin là-bas, bu par les chefs gaulois avant que les guerriers germains n'y prennent goût, et maintenant il paraissait normal qu'il soit bu par la vague suivante de ceux qui, au-delà des frontières, ne pouvaient plus se passer des choses que Rome pouvait offrir.

Flavius avait lancé l'outre de vin dans le char à bœufs et repris sa place près de Macrobius. Ils avançaient au petit trot, et il savourait la sensation de chaleur dans son estomac, regrettant cependant momentanément de ne pas porter son habit de moine en essuyant un coup de vent coupant qui venait des steppes. Le chemin s'enfonça dans une ravine abritée du vent, et Arturus se remit à leur niveau, de sorte qu'ils chevauchèrent tous les trois derrière les Huns. Macrobius se tourna vers lui.

— Bien joué, l'histoire du *wergeld*, au fait. Cela nous a probablement sauvé la peau.

Arturus le regarda d'un air désabusé.

— Si tu veux te sortir d'une situation embarrassante avec des Huns, dis-leur que tu cherches vengeance. Ça leur va droit au cœur, et ils te pardonneront à peu près tout.

— Et donc, ajouta Flavius, Arturus, futur roi des Bretons ?

— Le mot « roi » est d'Êrekan, pas de moi. Pour l'instant, je ne suis rien de plus qu'un agent spécial du *magister militum*. Je suis juste un homme qui existe dans les zones sombres de l'histoire et pourrait très bien ne laisser aucune trace de son passage.

— Mais il pourrait en être autrement.

Arturus tira sur les rênes pour arrêter son cheval et attendre son tour de passer sur le pont de bois qui se trouvait devant eux.

— Si nous réussissons notre mission ici, Macrobius et toi pourrez rester soldats, des hommes qu'Aetius priserait énormément pour la connaissance directe d'Attila et des Huns que vous allez acquérir. Mais, en ce qui me concerne, c'est différent. Héraclius est déjà après moi et il connaîtra bientôt l'étendue de mes activités de renseignement pour Aetius. Il se peut qu'il tente de m'attirer dans son camp, mais je ne servirai jamais un eunuque. Ceci sera ma dernière mission pour Aetius. J'ai l'intention de repartir directement à l'ouest chez les miens et d'utiliser ce que j'ai appris au service de Rome pour mener la résistance contre les Saxons.

— À supposer que l'un d'entre nous survive à ce qui nous attend dans cet endroit, intervint Macrobius.

Le dernier cheval des Huns fit sonner ses sabots sur le pont et ils se remirent en route. Devant eux, le creux s'approfondissait dans les replis de la steppe, l'ancien lit d'une rivière qui s'était érodé en un ravin. Un aigle volait haut au-dessus d'eux, noir et menaçant, battant des ailes pour lutter contre un vent qu'ils pouvaient à peine ressentir en dessous du niveau de la plaine. Un chemin bien marqué par la fréquentation suivait les méandres du ruisseau, vers la gauche, puis la droite. Flavius constata que le ravin pouvait être facilement défendu par des archers et des servants de catapultes postés sur les pentes au-dessus, car les coudes du ravin morcelleraient les attaquants en sections de quelques centaines de fantassins ou de cavaliers dont on pouvait s'occuper avant que la section suivante ne tente de forcer le passage. Au bout d'une lieue environ, le ravin s'élargit, laissant place à de grandes surfaces de terre bien irriguées bordant le ruisseau, dont certaines étaient cultivées et verdoyantes, occupées par des gens maniant la houe et grattant le sol. Après une dernière courbe, ils continuèrent pendant environ quatre cents pas et parvinrent devant un immense rempart de terre qui s'étirait d'une extrémité à l'autre du ravin, surmonté d'une palissade de bois couronnée sur toute sa longueur de créneaux et de tours basses. Devant eux, la porte s'ouvrit et Êrekan les conduisit à l'intérieur, tandis que les cavaliers huns encerclaient les trois hommes plus étroitement le long du chemin.

Flavius leva les yeux et vit une chose étonnante. Devant eux se trouvait une vaste citadelle de bois, presque aussi haute que les falaises environnantes, mais qui en était suffisamment éloignée pour être hors de portée des flèches et des balistes. Au premier plan, il y avait de nombreuses buttes destinées à la pratique du tir à l'arc, et à droite une piste de la taille de l'hippodrome de Rome, où des groupes de cavaliers au galop soulevaient de grands nuages de poussière. Il y avait partout des campements faits de tentes, sortes de huttes rondes en peaux de bêtes avec un trou dans le toit d'où s'échappaient des volutes de fumée, et des chevaux attachés à proximité. On sentait le fumet de la viande cuite jusqu'à la route. Flavius put se rendre compte que Priscus avait raison, car c'était le campement d'une armée dont les effectifs pouvaient se compter en dizaines de milliers, hormis les nombreux hommes supplémentaires qui se trouvaient dans d'autres campements à l'extérieur et dans les steppes, prêts à répondre à l'appel aux armes lorsqu'il se ferait entendre.

Ce qui fascina le plus Flavius, ce fut la citadelle elle-même. Elle était entourée d'une palissade qui clôturait un espace au moins aussi grand que le mont Palatin et le vieux Forum à Rome. Au centre, une structure ressemblant à une forteresse s'élevait au-dessus de la plaine et était entourée de bâtiments serrés les uns contre les autres, agencés sur plusieurs étages, et descendant jusqu'au niveau de la vallée. Son aspect général évoquait une des huttes circulaires du campement qui aurait été recréée à une grande échelle. D'énormes troncs de cèdre, d'une taille que Flavius n'avait vue qu'autour de la gorge du Danube près des Portes de Fer, avaient été employés pour construire la palissade. Couper et transporter de telles poutres avait certainement constitué un exploit prodigieux, réalisé probablement par les bûcherons du Danube eux-mêmes, employés par les Huns. Dans un pays où le bois était rare et les arbres rabougris, on pouvait voir ce que les Huns savaient faire par eux-mêmes en matière de menuiserie sur les murs des bâtiments situés à l'intérieur, qui étaient tous construits avec des planches courtes, de largeurs différentes, étroitement assemblées à tenon et mortaise, ce qui leur donnait l'aspect régulier des coques de bateaux dont Flavius avait observé la construction – qui commençait par celle de la coque – dans les chantiers navals de Portus près de Rome. Le point faible de cette citadelle était sa vulnérabilité au feu, mais il y avait en fait peu de chances qu'un attaquant puisse s'approcher assez près avec l'artillerie nécessaire. La stratégie des Huns était l'attaque, ils menaient des guerres à des centaines de lieues de leur pays, et leur base avait peu d'attrait, tant par sa situation que par ses ressources, pour un attaquant recherchant le butin ou la conquête.

En arrivant à la porte de la palissade, Êrekan sauta à bas de son cheval, renvoya ses guerriers et les regarda s'éloigner au petit galop en direction d'un campement proche. Peu de temps avant, elle s'était un peu écartée du groupe en compagnie d'Arturus, tous deux avaient parlé de façon animée et Flavius avait pensé qu'il lui expliquait leur plan pour trouver l'épée et s'en emparer. Les trois hommes descendirent de leur propre monture, donnèrent les rênes à des jeunes serviteurs et suivirent Êrekan à l'intérieur. Ils passèrent devant les gardes en faction à la porte, montèrent un large escalier qui menait à la partie centrale de la citadelle. Lorsqu'ils furent hors de portée d'oreille, Êrekan s'arrêta et se tourna vers Flavius.

— Arturus est ton serviteur, ton armurier. Il va prendre ce passage et attendre mon retour, puis lui et moi nous irons à la chambre forte. Je vais te conduire d'abord à la salle d'audience. Mon père n'aura que peu de temps à te consacrer, car il a l'intention de partir à cheval pour la Parthie ce soir. Mais il respecte Aetius en sa qualité de général et il écoutera ce que tu as à lui dire.

— Cela, j'en déciderai lorsque je le verrai, dit Flavius.

— Ne lui offre pas de concessions sur des terres, comme Rome l'a fait pour les Wisigoths et les Alains. Attila considérera cela comme un signe de faiblesse. Quant à l'or, les eunuques de Constantinople l'y ont habitué. Il ne faut pas que tu lui rappelles les eunuques. Il les méprise et alors il te mépriserait toi aussi.

— Pas d'eunuques, renchérit Macrobius, la main sur le pommeau de son épée. Voilà au moins une chose que j'ai en commun avec Attila.

— Et ne pose pas la main sur ton épée. Tu seras autorisé à porter tes armes dans la salle d'audience, car tout homme qui accepte que d'autres lui prennent son épée est considéré comme un lâche. Mais la toucher signifierait la mort instantanée.

— Tout ceci promet d'être une belle partie de plaisir, grommela Macrobius.

Flavius le regarda.

— Tu pourras raconter ça à tes petits-enfants.

— Il faudrait déjà pour commencer que j'aie des enfants. Le fait de venir ici ne devrait pas accroître mes chances sur ce plan-là. La plupart des soldats de mon âge sont des vétérans avec un joli bout de terrain et une femme, et des fils déjà dans l'armée.

— Attends de voir l'or, intervint Êrekan. Alors tu seras content d'être venu.

— Voilà qui s'appelle parler.

— Après ton audience, je t'emmènerai dans la chambre forte, continua-t-elle. Une fois là-bas, il nous faudra trouver le meilleur itinéraire pour nous enfuir.

— Cela me semble un bon plan.

— Une dernière chose… Méfie-toi de Bleda. Il est loyal envers son frère, mais aigri par la déception qu'il éprouve depuis des années à ne pas avoir été sélectionné pour la royauté. Il me hait parce qu'il avait pris ma mère comme son esclave après ma naissance, et puis Attila a décidé de la tuer, et il m'en tient responsable. Il serait trop heureux de trouver un prétexte pour en finir avec moi.

— As-tu quelqu'un sur qui tu puisses compter ?

— Mes deux gardes du corps les plus proches, Optila et Thraustila. Ils me protègent depuis ma naissance. Ils viendront avec nous.

— Entendu. Allons-y, conclut Flavius.

Arturus et Macrobius disparurent dans le corridor à gauche, et Êrekan précéda Flavius en haut de l'escalier, puis dans une grande salle pourvue de colonnades en bois le long des murs. Le sol et les espaces entre les piliers étaient recouverts de tapis qui se chevauchaient, finement tissés et vivement colorés. Cela rappela à Flavius l'intérieur des tentes berbères qu'il avait vues en Afrique avant la chute de Carthage, habitations d'un autre peuple qui privilégiait un mode de vie plus nomade que sédentaire. Pour les Huns, même une citadelle aussi impressionnante que celle-ci n'avait certainement pas le même caractère permanent ou le même sens que Rome ou Constantinople, et devait être considérée comme une capitale temporaire, le temps que leur roi rassemble ses troupes avant sa dernière attaque apocalyptique vers l'ouest.

Êrekan poussa encore deux doubles portes, puis tira la dernière et laissa Flavius pénétrer à l'intérieur. Il se retrouva dans une autre salle à colonnades, mais celle-ci, au lieu d'être fermée, était ouverte aux éléments par une large trouée circulaire dans le toit qui permettait aux volutes de fumée, provenant d'un feu allumé dans le foyer de pierre situé en dessous, de s'échapper. De chaque côté de l'entrée deux immenses mercenaires goths armés d'une hache étaient en faction. Derrière le feu, Flavius vit un guerrier hun aux cheveux parsemés de gris, les bras croisés, qui les regardait fixement, ses scarifications de naissance livides à la lueur des flammes. Bleda, probablement.

Les portes se refermèrent derrière Flavius en claquant, et il avança d'un pas. À côté du guerrier hun il vit une autre silhouette, assise sur un trône de bois, affaissée sur un côté, dont la moustache et le front obtus étaient clairement visibles. L'homme portait lui aussi des cicatrices sur les joues et buvait dans un pot en or tout en mangeant de la viande sur un os. Son regard était fixé sur lui, au-dessus du feu.

Flavius avait atteint sa destination.

Il avait devant lui Attila.

14

Flavius, debout devant le foyer de la salle d'audience, faisait de son mieux pour paraître détendu sous le regard fixe d'Attila et de son frère.

— Je suis Flavius Aetius Gaudentius, tribun de l'armée romaine, neveu d'Aetius du même nom, *magister militum* des armées d'Occident. Je suis envoyé par lui.

Bleda se pencha et parla à l'oreille de son frère dans la langue gutturale des Huns. Il avait le corps contracté et les poings serrés. Attila lui répondit et Bleda s'écarta brusquement de lui, le visage tordu de colère, puis se mit à marcher de long en large derrière le trône.

— Mon frère souhaite te tuer sur-le-champ, expliqua Attila, d'une voix grave et sonore. Il pense qu'un envoyé qui ne représente pas un empereur ne peut pas être considéré comme un émissaire et qu'il est une insulte à la cour des Huns.

Flavius avait déjà décidé comment jouer la partie avec Attila. Il ne ferait ni concessions ni offres d'or. Ils parleraient en hommes et en soldats, pas en négociateurs.

— Je suis venu au nom d'Aetius, car il est le seul général sur Terre à être digne d'affronter Attila.

Valentinien n'est qu'un fantoche servi par des eunuques. Je ne me déshonorerais pas en acceptant de représenter un tel homme. Tu peux dire cela à ton frère Bleda, de guerrier à guerrier.

— Mon frère comprend chacune de tes paroles. Nous avons appris le latin et le grec, avec des savants amenés ici par mon père, aussi bien que tous ces princes goths envoyés à Rome.

Il prit une bouchée de viande, la mâcha et l'avala, jeta l'os dans le feu et observa Flavius, tout en essuyant ses mains sur sa tunique.

— Nous non plus, nous n'aimons pas les eunuques. Surtout Bleda. Lorsqu'il en trouve un, il l'utilise pour s'entraîner avec sa lance à la chasse au cochon.

Il jeta un coup d'œil à Bleda, qui grogna, le visage un peu moins féroce. Attila se retourna vers Flavius.

— Ainsi donc, que veux-tu ?

— Je t'apporte un présent.

Flavius se mit en devoir d'ouvrir une sacoche qu'il portait au côté et qu'il avait gardée jusqu'à présent dans son sac à dos, mais un des gardes goths se jeta sur lui, lui tordit brutalement le bras derrière le dos et lui mit un couteau sous la gorge. Attila, amusé, observa la scène, puis fit un signe de la main et le Goth le relâcha.

— Mes gardes du corps sont très susceptibles sur les armes. Les trois derniers rois huns ont été assassinés dans cette chambre même, y compris mon père Moundzouk.

— Ce n'est pas une arme, se défendit Flavius en massant son bras. C'est un livre.

Attila grogna, intéressé, et fit un nouveau geste de la main. Le Goth se recula et Flavius déballa le paquet de sa sacoche. C'était un petit codex relié en cuir avec des pages en vélin, un présent que lui avait fait Uago à sa sortie de la *schola*, douze ans auparavant. Tout comme le *gladius*, c'était l'objet auquel il attachait le plus de prix parmi les effets personnels qu'Una avait pris chez lui et avait laissés à Macrobius. Comme il n'avait aucun endroit où le garder, il avait décidé de l'emporter avec lui pour l'annoter pendant le voyage. Ce que lui avait dit Priscus, sur l'île, de l'intérêt qu'Attila portait à la géographie lui avait donné l'idée que ce pourrait être un présent adapté, une façon d'occuper Attila pendant que les autres tenteraient d'entrer dans la chambre forte. Il s'avança, s'inclina légèrement et le lui tendit.

— Ce petit livre contient la compilation des cartes du monde connu, basées sur Ptolémée, mais incluant des ajouts postérieurs, y compris une image plus détaillée de la Britannie, par exemple. J'ai pensé que tu pourrais l'utiliser pour faire le tracé de tes conquêtes.

Attila prit le volume, l'ouvrit soigneusement et tourna les pages.

— Je vois qu'il ne tient pas compte des toutes dernières études du département cartographique des *fabri* à Rome.

— Tu sais que je ne peux pas t'apporter cela. Mais ce livre est basé sur les derniers renseignements disponibles à l'époque où il a été fait par ce même département, lorsque j'étais candidat à la *schola*, il y a douze ans.

Attila l'ouvrit à une page et l'examina attentivement, en glissant son doigt sur la carte, puis il secoua la tête.

— Ptolémée s'est totalement trompé en ce qui concerne la terre au nord-est du Danube, et, depuis, on répète ses erreurs sur toutes les cartes. Le lac Méotide se trouve plus à l'est, et les grands bancs de glace bien plus au nord. Je ne les ai pas vus moi-même, mais Bleda et mon père sont allés jusqu'à la limite de la glace lorsqu'ils étaient jeunes et y ont rencontré une race de chasseurs qui vivent dans des huttes de neige. Ils en ont rapporté de l'ivoire de morse. Un jour, j'aimerais aller au nord, moi aussi.

— Il reste encore beaucoup à conquérir dans le monde.

— À conquérir ou à explorer. Nous autres Huns ne sommes pas un peuple qui réclame la propriété sur la terre. Ces steppes appartiennent à l'aigle et au loup, et les bancs de glace du Nord au grand ours blanc.

— C'est cela qui vous rend si dangereux, hasarda Flavius en choisissant ses mots. Les Romains conquièrent pour occuper un territoire, construisent des frontières et des forts, y installent de la main-d'œuvre et des ressources. Pour les Huns, conquête signifie bataille. Tous vos hommes et toutes vos ressources sont jetés dans un affrontement cataclysmique avec l'ennemi. C'est pour cela qu'Attila est devenu le nom le plus redouté dans ce monde.

Attila le considérait d'un regard aigu, les jambes écartées, une main posée sur le genou.

— Ainsi donc, Flavius Aetius Gaudentius, neveu du *magister militum* Aetius, quelle est la véritable raison de ta venue ici ?

Flavius le regarda dans les yeux.

— Je suis venu ici pour te provoquer au combat au nom d'Aetius.

— Pour me provoquer au combat…

Attila s'essuya le nez et jeta un coup d'œil à Bleda.

— Voici quelque chose de nouveau. Je ne me souviens pas qu'aucun de ces eunuques, ou ce savant dégingandé et son ami tribun qui venaient de Constantinople, m'aient offert cela en guise de concession.

— C'est parce qu'ils représentaient un empereur, pas un général. Je ne viens pas à toi avec des offres de concession, mais avec une offre de guerre. Elle n'aura peut-être pas lieu cette année, ni l'année prochaine, mais bientôt, au lieu de ton choix. La mère de toutes les batailles.

— La mère de toutes les batailles, répéta lentement Attila, sans quitter Flavius des yeux. Je n'aurais pu dire mieux moi-même.

Flavius se souvint trop tard que l'expression venait de Priscus, qui l'avait citée comme étant d'Attila en personne. Il se sentit soudain au bord du précipice et n'osa pas regarder en direction de Bleda. Priscus et Maximinus étaient partis parce qu'on les soupçonnait, et si Attila devinait qu'il avait été en contact avec eux, les choses pouvaient très vite tourner mal. Il fit de son mieux pour ne pas paraître tendu, mais son cœur battait la chamade, et il sentait des gouttes de sueur dégouliner le long de son dos.

— Vous étiez trois. Qui sont tes compagnons ?

— Mon centurion, Macrobius, et mon serviteur et armurier, un Gaulois d'Armorique. Ta fille les a emmenés pour trouver une meule à aiguiser dans ton armurerie. Nos épées ont besoin d'être affûtées.

Attila réfléchit un moment, émit un grognement, puis se leva en posant soigneusement le livre à côté de lui. Il se dirigea vers une fenêtre aux volets fermés, dans la largeur de la pièce.

— On me dit qu'à Rome et Constantinople, dans

les écoles militaires, il y a des modèles réduits pour reconstituer des batailles, déclara-t-il. Eh bien, ceci est mon terrain de jeu…

Il ouvrit les volets et emmena Flavius sur le balcon, dans la lumière aveuglante du soleil. Flavius, ébloui par la clarté, se protégea les yeux, puis commença à discerner le paysage déjà entrevu en arrivant, les falaises environnantes, la steppe au-dessus, la route qui menait à la palissade et à l'entrée formée par le ravin.

Depuis cette hauteur au sommet de la citadelle, il pouvait évaluer l'immensité de la cuvette, d'une circonférence d'au moins une lieue, que leur position permettait de surveiller dans toutes les directions. Attila ouvrit largement les bras.

— Lorsque je fais s'entraîner mes guerriers, nous jouons à des jeux de guerre réels. J'ai ramené de ma dernière excursion dans l'Empire perse un millier de captifs parthes, des fantassins et des cavaliers, entièrement équipés et armés. S'ils survivent jusqu'au coucher du soleil, ils gagnent leur liberté. Si mes guerriers tombent sous leurs coups, c'est leur destin. Je peux demander à mes hommes de recréer n'importe quelle bataille de mon choix, en utilisant soit le terrain plat à l'est, soit les ondulations à l'ouest. Parfois j'observe depuis ici seul, quelquefois avec ma fille, ou avec mes chefs. Aujourd'hui, je vais descendre les rejoindre.

Il se tourna vers Flavius, vrilla ses yeux dans les siens.

— Voyons de quelle étoffe est fait un neveu de Flavius Aetius Gaudentius. Viens avec moi.

Les quatre heures qui suivirent furent les plus exaltantes que Flavius eût jamais vécues en dehors de batailles réelles, et aussi les plus sanglantes depuis ce matin, dix ans plus tôt, devant les murs de Carthage. Attila avait mis en place deux scénarios pour reconstituer des rencontres victorieuses avec les Parthes qui avaient eu lieu lors de sa campagne de l'hiver précédent, une manière de présenter aux plus jeunes de ses guerriers huns des tactiques guerrières et de leur donner le goût de tuer. Flavius et Attila avaient observé le premier depuis le côté ouest de la citadelle et vu une force parthe monter à l'assaut d'une crête à l'aveugle, sans avoir pris en compte au préalable la position des Huns. Ils avaient été abattus par une rangée d'archers huns postés plus bas, de l'autre côté de la crête, et avaient continué à se masser au sommet, dans l'impossibilité de faire retraite car d'autres troupes parthes poussaient derrière, ignorantes de leur situation désespérée. Les quelques survivants avaient été réduits en pièces sans pitié par les fantassins huns qui, postés derrière les archers, avaient bondi pour les achever, et les vainqueurs avaient défilé en courant ou en galopant devant Attila et Flavius, hurlant et entrechoquant leurs armes, tout en se hâtant vers le lieu de la prochaine tuerie.

Le deuxième scénario était à plus grande échelle et impliquait au moins un millier d'archers à cheval, armés de lances ou d'épées, et cinq cents et quelques Parthes survivants. Les prisonniers avaient reçu l'ordre de défendre un *carrago*, un cercle de chariots en l'occurrence trop petit pour contenir un nombre adéquat de défenseurs ou offrir une protection pour les troupes parthes alignées sur le champ de bataille. Cela entraîna leur débandade et permit aux colonnes de cavaliers huns de les encercler, de les abattre avec leurs flèches ou de les achever à l'épée, en s'occupant de chaque groupe d'hommes un par un.

Cette fois-ci, selon les instructions d'Attila, deux hommes s'approchèrent à cheval de Flavius, étonné et ravi, et lui enfilèrent une cuirasse en plaques de métal et en mailles au-dessus de sa tunique, des gants, un casque et des jambières, puis suspendirent au flanc de son cheval une longue épée de cavalier hun. Lorsqu'ils eurent terminé et que Flavius eut tendu ses muscles et tiré son épée, Attila frappa la croupe de son cheval et celui-ci se cabra puis partit au galop vers la mêlée. Attila le rattrapa et chevaucha en se maintenant près de lui. Tous deux se joignirent au grand mouvement circulaire de la cavalerie et recherchèrent des proies parmi les Parthes, qui paniquaient maintenant et couraient en tous sens pour échapper aux chevaux.

Flavius se dirigea vers un groupe qui tenait sa position et se jeta sur deux hommes qui levaient leurs arcs sur lui. D'un grand coup de son épée, il en décapita un et coupa l'autre presque en deux au niveau de la poitrine. Attila, qui l'avait observé en marquant son approbation, sauta alors à bas de son cheval, ramassa du sang provenant de la blessure du deuxième homme et en éclaboussa le cheval de Flavius, avant d'attirer le jeune homme à lui et d'en étaler sur son visage. Il le repoussa sur sa selle, le visage plissé dans un rictus de plaisir, puis banda ses muscles et rugit, un grand cri qui fut repris et répété par tous les cavaliers huns autour d'eux, jusqu'à les faire ressembler à un troupeau de taureaux en colère. Attila se redressa, haletant et en sueur, ses vêtements maculés de sang.

— Je parie que ton oncle Aetius ne peut pas faire ça ! cria-t-il, avant de se remettre à rugir.

Le cheval de Flavius s'était cabré, et il en reprit le contrôle, au comble de l'excitation. Il s'empara d'une lance, partit à cheval contre un autre Parthe, le cloua littéralement au sol et, abandonnant l'arme, repartit au galop avec un groupe d'archers qui l'avaient attendu. L'un d'eux lui lança un arc auquel trois flèches étaient attachées, et il lâcha les rênes du cheval, le dirigeant seulement avec les genoux, puis banda son arc et décocha une flèche en direction d'un autre groupe de Parthes. Il toucha l'un d'eux au côté mais manqua tomber de son cheval et se rattrapa de justesse, les jambes étroitement serrées autour de l'animal.

Autour de lui, les Huns criaient leur approbation et poussaient des youyous, produisant un étrange son au-dessus du champ de bataille, puis de nouveau ils repartirent, à l'appel d'un de leurs chefs, pour former un mouvement circulaire autour d'un groupe de Parthes qui s'abritaient derrière le *carrago*. Flavius avait décoché ses deux flèches restantes, sans savoir si elles avaient fait mouche, et il jeta alors l'arc par-dessus son épaule et dégaina la grande épée de nouveau. Il chevaucha en tournant encore et encore autour du *carrago* avec les archers qui lâchaient flèche après flèche jusqu'à ce qu'aucun des Parthes ne reste debout. Il humait les odeurs de la bataille, des chevaux et de la poussière, de sa propre sueur et de son excitation, du sang et de la peur des Parthes. Il se rendit compte qu'il hurlait de toute la force de ses poumons, un mugissement totalement submergé par le vacarme autour de lui, mais peu lui importait. Il vivait l'un des moments les plus extraordinaires de sa vie et il savait maintenant ce que cela signifiait d'être un guerrier hun. Il commençait à comprendre les motivations profondes d'Attila.

La poussière retombait et la vue sur le champ de bataille, dont le sol était littéralement jonché de cadavres parthes, se dégageait lentement. Flavius repartit au petit galop en direction de la citadelle, en rengainant son épée tout en cherchant Attila. Bleda, à cheval, vint à sa rencontre, stoppa net, puis se mit à tourner autour de lui, avec un rictus méprisant.

— Attila est appelé à d'autres occupations. Il m'a dit de t'amener à tes amis. Et ne t'attends à aucune faveur de ma part, Romain. Je t'aurais tué sur-le-champ dans la salle du trône, en dépit de tes belles histoires et de tes flatteries.

Sans répondre, Flavius se débarrassa de l'armure, la laissa tomber sur le sol, ainsi que l'épée, et suivit Bleda, qui s'éloignait rapidement. Son excitation commençait à retomber, il prit une bonne rasade de l'outre en peau qui était suspendue au cou de son cheval et en renversa sur son visage. Il vit alors le sang du Parthe qu'il avait tué sur sa main lorsqu'il s'essuya le menton. Cela faisait maintenant cinq heures qu'il avait quitté les autres, bien plus longtemps qu'il n'aurait cru possible de détourner l'attention d'Attila, et il ne lui restait plus qu'à espérer qu'ils avaient réussi à pénétrer dans la chambre forte. Mais la présence de Bleda était une circonstance fâcheuse, car c'était un homme soupçonneux et instable par nature, et il pouvait, s'il avait la moindre idée de ce qu'ils avaient tramé, mettre un point final à leur mission avec une rapidité terrifiante.

Ils atteignirent l'entrée de la citadelle, attachèrent leurs chevaux et y pénétrèrent par le même chemin qu'Êrekan avait emprunté. À l'endroit où Flavius s'était précédemment rendu seul en direction de la salle d'audience, ils obliquèrent à gauche et descendirent le long d'un corridor au sol dallé de pierre qui semblait donner accès au plus profond de la citadelle. Au bout d'une centaine de pas, ils tournèrent à droite, et Flavius se figea.

Sur le sol devant lui gisaient les corps de deux guerriers huns, manifestement les gardes de l'armurerie. Pendant la fraction de seconde qu'il mit à comprendre la scène, Macrobius avait jailli de l'ombre et projeté Bleda contre le mur, cognant la tête du Hun si violemment contre la pierre que le jeune homme l'entendit craquer. Bleda s'ébroua et se lança à l'attaque, chargeant comme un taureau. Macrobius fit un pas de côté et abattit son épée de toute sa force sur le biceps droit de Bleda, tranchant le muscle épais et l'os, lui coupant le bras juste au-dessus du coude. Le Hun mugit de douleur, un jet rouge jaillissant de sa blessure, il tenta de récupérer son épée, glissa dans son propre sang et retomba lourdement sur une structure en bois qui longeait le mur du corridor. Le bas de sa colonne vertébrale se brisa dans un horrible craquement d'os.

Êrekan apparut au bout du couloir, l'arc à la main, suivie d'Arturus, et aperçut Bleda, comme cloué au sol, qui agitait frénétiquement sa main gauche dans leur direction, le visage convulsé de rage et de douleur. Elle abaissa son arc tandis que Bleda laissait tomber son épée et agrippait le moignon de son bras droit. Il leva les yeux vers elle, le souffle court, une moue de dédain sur les lèvres.

— Vas-y, fille d'une putain. Tue-moi.

— Je ne vais pas gaspiller une flèche pour toi.

— Ta mère a réagi plus que ça, quand je l'ai tuée. Elle a crié et donné des coups de pied, comme un vrai Hun.

— C'était donc *toi*… siffla-t-elle.

— Ton père n'avait pas envie de se souiller les mains avec le sang d'une femme. Et pour moi, faire son sale travail n'était pas un problème.

— Je croyais que tu étais fou de rage après moi parce que j'avais dit à Attila que je savais qu'elle était ma mère et parce qu'il avait ordonné qu'elle – ta maîtresse – soit tuée…

— Peuh ! rétorqua Bleda en crachant. Une putain ne vaut pas cher. J'étais fou de rage parce que, en vrai Hun, j'avais la soif du sang, ce qui veut dire que, lorsque tu tues une femme, tu veux aussi supprimer tous ses rejetons.

Êrekan resta immobile un instant, puis montra les dents comme un animal et lui dit quelque chose dans le langage des Huns, un grognement guttural qui le fit ramasser son épée de son bras valide et tenter de se redresser. Êrekan leva son arc et lâcha sa flèche, qui vint se planter au milieu du front de Bleda, dans un jet de sang. Elle le fixa, regarda ses yeux devenir vitreux, sa bouche s'affaisser, une mare rouge se formant rapidement sur le sol.

— Maintenant, je ne peux *vraiment* plus rester ici, remarqua-t-elle.

— Ça me convient. Il y a de la place pour un archer hun dans mon armée, dit Arturus.

— Vas-tu vraiment retourner en Britannie ? lui demanda Macrobius, appuyé sur son épée, le souffle court.

— J'ai fait tout ce que je pouvais pour Rome, répondit Arturus en hochant la tête.

Flavius les regarda tous les trois.

— Eh bien ?

— Eh bien, quoi ? demanda Êrekan.

— On lui montre ? proposa Arturus en lui souriant.

— Pourquoi pas ?

Elle les conduisit rapidement le long du corridor en passant près des gardes morts, en direction de l'armurerie – une vaste salle remplie d'armes et d'armures de toutes sortes, d'innombrables rangées d'épées et d'arcs –, évita encore deux corps étendus devant une grille de métal ouverte à une extrémité. Elle agita une lourde clé de fer.

— Seule la fille d'Attila sait où il la cache, au sommet de la citadelle, dans une chambre secrète, en dessous du gros tambour qu'on utilise pour sonner l'alarme.

— Il semble que vous ayez eu affaire à un peu de résistance, remarqua Flavius.

Il passa précautionneusement au-dessus des deux cadavres baignés de sang puis se pencha pour entrer dans la chambre forte.

— Il y a trois cadavres de plus, de l'autre côté de la pièce…

Flavius se glissa à l'intérieur… et resta bouche bée d'étonnement. C'était comme la caverne d'un dragon, remplie d'or et d'énormes quantités de pièces de monnaie, dont une partie était répandue sur le sol, ainsi que de butin en métal précieux provenant de tous les lieux où Attila avait emmené son armée, depuis des plaques d'or venant de Parthie jusqu'à de lourds plats en argent gaulois décorés de scènes classiques et de motifs chrétiens.

Mais, ce qui lui coupa le souffle, faisant pâlir tout le reste, ce fut l'objet qu'Êrekan souleva d'une estrade située au milieu de la pièce. Une immense épée de cavalerie, comme celle qu'il venait juste de brandir contre les Parthes, mais sa poignée était revêtue d'un pommeau d'un noir étincelant, et sa lame brillait d'un reflet extraordinairement lumineux.

— L'épée d'Attila, déclara Êrekan, en la lui tendant. Prends-en bien soin.

Flavius soupesa la lame, d'un équilibre parfait, la secoua pour en éprouver l'exacte souplesse. Ceux qui l'avaient fabriquée, les forgerons de l'île lointaine à l'est dont Priscus avait parlé, étaient assurément des maîtres dans leur art, capables de forger une lame d'une beauté absolue mais également parfaite pour le combat. Il la contempla, ne pouvant croire qu'il la tenait dans sa main, puis il se souvint du lieu où ils se trouvaient et à quel point le temps leur était compté. Il prit le fourreau de cuir que lui tendait Êrekan, y glissa l'épée et se tourna vers l'entrée.

— Nous devons sortir d'ici.

Macrobius, qui l'avait suivi à l'intérieur, regardait avec nostalgie l'or répandu sur le sol.

— Un acompte sur une petite ferme dans les collines d'Étrurie, cela suffirait à mon bonheur.

Flavius lui tapa sur l'épaule.

— D'accord, centurion. Tout ce que tu pourras ramasser en deux minutes, à condition que tu le rapportes et le partages équitablement entre les hommes du *numerus*. Mais pas trop, pour ne pas les amollir et les faire renoncer à se battre. C'est la même chose pour toi.

Macrobius lui jeta un regard d'incompréhension.

— Depuis quand nous battons-nous pour l'or ?! Je ne me souviens pas de la dernière fois où j'ai été payé…

— D’accord. Allez, fais-vite.

Macrobius s’agenouilla et ramassa des pièces qu’il enfourna dans son sac, puis sortit derrière Êrekan et Flavius. Ils rejoignirent Arturus, les trois hommes vérifièrent rapidement leurs armes et leurs sacs, puis suivirent Êrekan le long d’un autre corridor en direction du mur extérieur de la citadelle, à travers une petite brèche qui menait à la plaine. Dehors, deux guerriers huns les attendaient, avec une demi-douzaine de chevaux. Macrobius voulut tirer son épée, mais Êrekan l’arrêta.

— Ce sont Optila et Thraustila, mes gardes du corps, dit-elle. Je leur ai ordonné de vous escorter jusqu’à Rome. Dès que mon père découvrira que je suis partie et que Bleda est mort, il enverra des cavaliers sur les routes principales, mais nous aurons de l’avance en prenant la route immédiatement et en voyageant de nuit. S’il vous rattrape après ceci, il ne vous traitera plus aussi amicalement. La plupart des voleurs sont écorchés vifs, mais le vol de cette épée exigera une punition hors du commun…

— Compris, dit Macrobius en jetant son sac et celui de Flavius sur le dos de deux des chevaux.

Il les attacha et Flavius enveloppa l’épée dans l’habit de moine tiré de son sac qu’il sangla sur son dos. Il sauta alors en selle, imité par ses compagnons. Ils partirent vers l’ouest, en direction du soleil couchant, laissant la citadelle et son roi derrière eux dans la brume. Très vite, ils entendirent des cris, et le battement du grand tambour qui donnait l’alarme.

Commença alors une course effrénée pour leur vie.

QUATRIÈME PARTIE

LES CHAMPS CATALAUNIQUES

Gaule, 451 après J.-C.

R V
COMOB

15

Flavius et Macrobius attendaient avec leurs chevaux dans la cour du monastère de Châlons. C'était autrefois la villa d'un riche notable gaulois influencé par le goût romain, mais elle avait été donnée à l'Église comme « maison de Dieu » après la conversion de Constantin. Les moines l'avaient offerte comme quartier général à Aetius dans l'espoir qu'ils pourraient conduire sa prière avant la bataille, mais il les avait fermement écartés, avait fait débarrasser les pièces principales pour y loger son état-major et installer son poste de commandement dans la salle capitulaire, qui était autrefois l'atrium de la villa. L'emménagement n'était pas terminé, et des chars à bœufs apportaient tout l'équipement administratif des secrétaires et des employés d'Aetius. Flavius savait qu'il leur faudrait patienter longtemps avant d'avoir une chance de voir le général en personne.

Il repensa aux événements qui les avaient conduits ici et prit conscience qu'ils étaient en campagne depuis maintenant presque trois mois. Cela faisait bientôt deux ans que Macrobius et lui étaient rentrés épuisés à Rome après avoir échappé à Attila et s'être séparés en chemin, dans les Alpes du Sud, d'Arturus et Êrekan, partis vers l'ouest en direction de l'Atlantique et de la Britannie. Optila et Thraustila, les gardes du corps huns d'Êrekan, les avaient accompagnés vers le sud et étaient entrés au service d'Aetius comme gardes du corps, alors qu'il se trouvait à Ravenne, afin d'être ses yeux et ses oreilles à la cour. Ce qu'il y avait découvert l'avait consterné, mais ne l'avait pas surpris. L'eunuque Héraclius avait encouragé Honoria, sœur de l'empereur, dans son obsession pour Attila, qui avait pris la forme d'une offre de mariage. Cela avait fortement contrarié les plans d'Aetius, d'autant plus que Valentinien lui-même s'en était mêlé en envoyant un émissaire réfuter l'offre et du même coup la dot qu'Honoria avait proposée, soit la moitié de l'empire d'Occident.

Plutôt que de rester dans leur cage dorée de Ravenne, les lunatiques s'étaient envolés du nid, mais cette fuite n'avait été qu'un stratagème d'Héraclius pour saper les plans d'Aetius. Le fait que ses seuls contacts avec l'empereur d'Occident, en ces temps de crise et de préparation à la guerre, aient concerné sa sœur, à l'esprit notoirement dérangé, avait persuadé Attila de la faiblesse fondamentale de l'Empire et l'avait décidé à accélérer ses plans de conquête. Ensuite, pendant des mois, tout n'avait tenu qu'à un fil. Aetius avait vu ses chances de rassembler ses alliances et d'en créer de nouvelles s'amenuiser singulièrement, car le spectre du refus des Wisigoths pesait sur tous. En définitive, le travail de Pelagius pour convaincre le clergé de Gaule de faire pencher la balance en faveur d'une alliance avait porté ses fruits et Théodoric s'était joint à eux au tout dernier moment.

Flavius se souvenait du défi qu'il avait lancé à Attila, de sa provocation au combat. Cela avait constitué alors une façon d'occuper le temps, une provocation plus divertissante pour le chef hun que les platitudes et les tentatives d'apaisement qu'il avait coutume de recevoir. Cependant, aujourd'hui, à la lumière des événements de ces deux dernières années, qui conduisaient inexorablement à l'épreuve de force, ce défi apparaissait comme une prophétie. Tous les plans, l'attente, la peur accumulés étaient parvenus à leur paroxysme trois mois auparavant, lorsque Attila avait quitté ses terres natales pour fondre sur la Gaule et prendre Aurelianum, avant de se diriger vers le nord en direction des pâturages vallonnés des champs Catalauniques. Certains pensaient que l'arrivée d'Aetius et des *comitatenses* avait chassé Attila de la ville dans une fuite désordonnée en direction du nord de la Gaule, et cela convenait à Aetius qu'ils le croient. Flavius, lui, connaissait la vérité. Il se souvenait de ce qu'il avait offert à Attila lorsqu'ils avaient échangé ce jour-là dans sa forteresse des steppes : « au lieu de ton choix ». Attila n'avait pas fui, mais les avait guidés, attirés à l'endroit où les deux armées pouvaient s'affronter dans l'épreuve de leurs rêves, la mère de toutes les batailles.

Flavius avait secrètement rencontré Pelagius dans le monastère d'Arles, quatre mois auparavant, et récupéré l'épée qu'il portait maintenant sur lui nuit et jour, emmaillotée dans le même vieil habit de moine qu'il avait porté lors de leur aventure sur le Danube. Pelagius, lui aussi, était parti pour la Britannie, une fois son travail accompli. Flavius avait gardé présentes à l'esprit les paroles d'adieu d'Arturus au pied des Alpes, une invitation à le rejoindre, lui aussi, en Britannie, si Rome devenait trop dangereuse et l'Empire trop ingrat pour ses soldats. Il n'avait cessé d'y penser, ces derniers jours, en réfléchissant à ce que l'avenir au service de Rome réservait à Macrobius et aux hommes survivants du *numerus*, qui étaient tous là aujourd'hui, armés et équipés pour ce qui serait peut-être leur dernière bataille.

Il alla prendre et tordit entre ses doigts son fin collier de cuir, qui ne le quittait pas depuis qu'Una le lui avait donné sur la plage, deux ans auparavant. Il caressa la boule de pierre noire et polie qui y était suspendue. C'était comme si le fait de la toucher l'empêchait de se faire du souci pour la jeune femme, en lui rappelant simplement la chaleur de sa présence, et divertissait son esprit du voyage qu'elle avait entrepris, des dangers et des risques qu'elle avait dû affronter en chemin. Macrobius, le célibataire grisonnant, lui avait toujours dit que la vie de soldat et les relations durables étaient décidément incompatibles, mais cela ne rendait pas la séparation plus facile pour autant et ne lui était assurément d'aucune aide, lorsqu'il restait éveillé, la nuit, en se demandant s'il aurait dû faire les choses différemment.

Il laissa retomber la pierre, observa le ciel. Au moins, la vie de soldat avait le mérite d'obliger l'esprit à se concentrer sur les problèmes pratiques du moment, et il lui fallait, en cet instant, s'assurer d'être disponible, prêt à donner à Aetius le meilleur avis possible sur la tactique probable d'Attila. Il se pouvait que ce soit la dernière tâche de quelque importance qu'il entreprendrait au service de Rome, mais c'était une redoutable responsabilité et c'était en même temps une chose qu'il était résolu à effectuer au mieux de ses compétences.

Attila restait un mystère pour lui. Comment avait-il réagi lorsqu'il s'était rendu compte de la disparition de son épée sacrée ? Il lui était impossible de le savoir. Aucun renseignement fiable n'était parvenu de la cour des Huns depuis leur départ. La mort de Bleda avait certainement constitué un coup dur. Il avait été instable et violent, mais aussi un conseiller expérimenté pour ce qui concernait la guerre, et il était le propre frère d'Attila. Néanmoins, les morts violentes étaient monnaie courante à la cour des Huns, et d'autres le remplaceraient. Trois mois auparavant, Flavius avait ressenti l'aiguillon du doute le traverser lorsqu'il avait su que l'armée d'Attila s'élançait vers l'ouest, car cela ne se serait certainement pas produit si ce dernier, ainsi que son peuple, avait perdu confiance en lui. Flavius s'était astreint à ne pas penser à tout cela avant que le moment soit venu. L'épée était une arme de guerre, un symbole qui pouvait faire décider de l'issue de la bataille, et si elle possédait le pouvoir qu'on lui attribuait, c'était alors que viendrait l'épreuve décisive, la preuve que le prix payé pour le succès de leur mission, les vies d'Uago et d'autres, eux aussi tombés en chemin, n'avait pas été trop élevé.

Un militaire portant l'insigne de tribun sortit par la porte principale et vint à leur rencontre, car Flavius avait fait annoncer leur arrivée par un des *milites* qui gardaient la cour et qui avait alors pénétré dans le bâtiment pour en informer Aetius. Le tribun le salua et lui fit signe, et Flavius lui répondit d'un hochement de tête. Il laissa son cheval finir de boire dans le seau qu'il tenait devant lui, puis passa la bride à

Macrobius. Le voyage avait été long, il avait fait chaud, et désaltérer animaux et hommes serait une priorité pour la journée qui s'annonçait. Il défit la ceinture à laquelle était suspendue son épée et la passa également à Macrobius, qu'il laissa partir à la recherche de nourriture et de boisson, puis se fraya un chemin pour traverser la cour parmi les crottins répandus sur le sol et suivit le tribun à l'intérieur.

Aetius se tenait à l'autre bout de la pièce, en contemplation devant une croix de bois noirci dont les moines croyaient qu'elle était l'une des authentiques croix de la crucifixion érigées sur la colline du Calvaire le jour du jugement du Christ. Cinq autres hommes se trouvaient autour d'une table au centre de la salle : Thorismond et deux autres Goths d'un côté, et, en face, les deux *magistri* de l'armée des *comitatenses* présents sur le terrain, Flavius Aspar et Gaius Petronius Anagastus. Aetius regarda entrer son neveu et descendit de l'autel pour se diriger vers le bout de la table.

— Le conseil de guerre peut commencer. Vous connaissez tous nos deux commandants des *comitatenses*. Voici Flavius Aetius, mon neveu, un tribun qui a chevauché avec Attila. Théodoric ne peut pas être présent.

Thorismond se tourna vers les chefs romains.

— Mon père et mon frère sont restés parmi nos hommes. C'est la tradition de nos rois à la veille d'une bataille, et il y aura ensuite un festin, dans la salle des festivités pour le roi et ses capitaines, et autour des feux de camp pour les soldats. Des bœufs pour les hommes, des sangliers et des chevreuils pour le roi, abattus et rôtis dans ce but. Je suis ici à ce conseil pour représenter mon père, de même que mes cousins Radagaise et Thiudimer.

Aetius déroula une feuille de vélin souple qui se trouvait sur la table, et les deux généraux en aplatirent les extrémités avec des coupes. C'était une carte, sur laquelle le cours des rivières était nettement indiqué en noir, et la position des armées avec d'autres couleurs. Flavius en identifia instantanément les conventions, qui lui étaient familières depuis les cours de cartographie de la *schola militarum*, il y avait presque quinze ans de cela, à Rome. Ce qui lui rappela la dernière fois où il s'était penché sur une carte comme celle-ci en compagnie de Thorismond, lorsqu'il avait étudié la bataille d'Andrinople et la stratégie des Goths pour battre les Romains en ce jour funeste, un peu plus de soixante-dix ans auparavant.

— Cette carte a été établie au cours de ces dernières heures par mes *fabri*, expliqua Aetius, et elle est basée sur leurs propres mesures ainsi que sur les rapports des hommes appartenant aux *numeri* de reconnaissance. Vous voyez ici l'Aube, qui coule vers le nord et marque la limite ouest du champ de bataille, et ici, au sud, l'endroit où elle se jette dans la Seine. Le triangle de terre délimité par cette confluence est un lieu potentiel d'extermination pour une armée qui s'y trouverait prise au piège par une autre force qui la pousserait depuis le nord-est. Par ailleurs, la topographie consiste en plaines basses et vallonnées, avec une crête au milieu, qui coupe le champ de bataille en deux, avec, à l'est, un terrain libre et découvert.

Aspar tapota la carte.

— Notre armée est en position à l'ouest de cette crête et la rivière est derrière nous, tandis que les Huns sont à l'est avec cet espace derrière eux. Excepté à l'endroit où on peut passer l'Aube à gué, toute fuite nous est interdite.

Aetius lui lança un regard sombre.

— Cela signifie que nous devrons nous battre jusqu'à la mort.

— À tes ordres, *magister militum*.

— Qu'en est-il de la qualité du terrain ? demanda Flavius. Là où nous venons de passer, mon centurion Macrobius et moi, le sol était très dur, presque comme de la roche.

— Cela fait des semaines qu'il n'a pas plu, répondit Aetius. Nous n'aurons pas cet obstacle de la boue, quoique la dureté du sol pose d'autres problèmes. Il deviendra glissant dans les mares de sang.

— C'est bien ainsi qu'il sera lorsque mes hommes et moi y aurons combattu, intervint le Goth Radagaise d'une voix gutturale, dans un latin au fort accent. On pataugera dans le sang des Huns.

Aetius poursuivit :

— Les seuls arbres sont le long de la rivière. Les champs ont été ensemencés de blé, mais celui-ci n'est pas assez haut pour fournir un abri. Un ruisseau alimenté par une source traverse le centre du champ de bataille en contrebas, de notre côté de la crête, mais le fossé est assez étroit pour permettre à un homme de le traverser en sautant. D'un point de vue stratégique, il n'y a pas d'avantage particulier en faveur de l'un ou l'autre des côtés de ce terrain, si l'on excepte cette hauteur qui s'élève à cinquante ou soixante-dix pieds au-dessus du bassin de la rivière. Ce n'est pas grand-chose, mais elle donnera à celui qui la tiendra la possibilité de dominer le champ de bataille.

— Qu'en est-il de la disposition des troupes ? interrogea Flavius.

— Mes éclaireurs me disent que les Huns sont concentrés avec leurs chariots juste derrière cette crête, avec Valamir et ses Ostrogoths au nord, et Ardaric et ses Gépides au sud. De notre côté, les *comitatenses* sont alignés au nord et les Wisigoths au sud, et le centre du front opposé aux Huns est partagé équitablement entre Romains et Wisigoths.

— Ce partage n'était pas nécessaire. Mes *comitatenses* pouvaient se charger seuls des Huns.

Aetius le regarda sévèrement.

— La confiance que tu manifestes pour tes hommes est louable, *magister*, mais c'est la première fois que tu es aligné devant une armée hunnique comme celle-ci. Les *milites* romains sont de meilleurs archers que les Wisigoths, mais ceux-ci sont meilleurs en combat singulier. Nous ne pouvons pas nous permettre une percée des Huns au centre de la ligne de front, c'est pourquoi nous devons renforcer celle-ci pour obtenir un avantage maximal, sans tenir compte des sensibilités des commandants. S'il faut pour cela que les *comitatenses* se partagent la tâche avec les Wisigoths, qu'il en soit ainsi.

— Nous nous sommes également mis d'accord sur un autre compromis, ajouta Thorismond en regardant les deux commandants romains. Nous souhaitions que le flanc principal de notre armée soit opposé aux Ostrogoths au nord, mais mon père Théodoric a accepté qu'au lieu de cela nous soyons alignés face aux Gépides au sud, et que nous laissions les Ostrogoths aux *comitatenses*.

— Ton père peut avoir été autrefois mon ennemi

mortel, je reconnais pourtant que c'est un général sage et expérimenté, convint Aetius. Les querelles de sang que vous avez sans aucun doute avec vos cousins ostrogoths peuvent vous affermir dans votre résolution contre eux, mais ce genre d'inimitiés n'a pas sa place à la guerre. Un chef pourrait se laisser distraire, et ses hommes avec lui, par la possibilité d'affronter un cousin particulièrement honni, ou bien un autre pourrait éviter un groupe avec lequel il a des liens familiaux ou amicaux. Si nous avions placé votre armée en face des Ostrogoths comme le souhaitaient certains de vos chefs wisigoths, cela aurait pu induire des flottements sur le front, tandis que contre les Gépides vous combattrez de façon unie.

— Et Sangiban ? interrogea Flavius.

— J'ai placé Sangiban et ses Alains entre les Romains et les Wisigoths, répondit Aetius en faisant la moue, mais, dès que la bataille sera engagée, nous les repousserons à l'arrière pour constituer une réserve. Ils sont notre point faible. Lorsqu'il a menacé de livrer Aurelianum à Attila et de ranimer l'alliance traditionnelle entre les Alains et les Huns, j'ai tenté de soudoyer Sangiban en lui offrant plus de terres autour d'Aurelianum pour y installer ses Alains, ainsi qu'une place pour ses hommes dans mon armée en échange de leur allégeance.

— Ses Alains ne sont pas ceux que nous avons vus dans l'armée de Genséric à Carthage, remarqua Flavius. Macrobius et moi, nous avons dépassé Sangiban et ses hommes sur notre route depuis Nemausus. Ces guerriers, naguère de véritables forteresses, sont devenus gras et indolents, amollis par leur vie rangée et la satisfaction de leurs désirs.

— C'est exactement ce que nous espérions lorsque nous leur avons offert des terres pour la première fois, il y a des années. Il suffit de faire la vie belle aux ennemis, et très vite ils ne constituent plus une menace. Cependant, lorsque j'ai été contraint de négocier avec Sangiban, je ne savais pas encore si Théodoric nous rejoindrait contre Attila, et tout allié était bon à prendre. Si j'avais su alors que je pouvais compter sur les Wisigoths, j'aurais été trop heureux de renvoyer Sangiban et sa porcherie chez Attila.

— Si une troupe de réserve est prévue près de la rivière, nous pourrions l'employer à apporter de l'eau aux combattants, suggéra Anagastus.

— Ils ne sont même pas bons à ça, objecta Aspar. Dans cette chaleur, ils tomberont probablement au bout de dix pas.

— Je fais plus confiance aux Barbares des *comitatenses*, affirma Aetius. Lorsque j'ai constitué mon armée, tout en faisant route pour ici, j'ai enrôlé des Saliens et des Francs ripuaires, des Burgondes, des Celtes d'Armorique, et même quelques Bretons exilés. Comme nous n'avions pas le temps de les former, je n'ai accepté que des vétérans, en leur offrant l'enrôlement dans les *comitatenses* et un grade en fonction de leur expérience, ainsi que la rétribution indispensable après la bataille. Valentinien m'a assuré que l'or serait disponible, mais ces *milites* vétérans savent très bien jusqu'à quel point on peut croire en la parole d'un empereur lorsqu'il s'agit de payer. Je leur ai donné de ma poche cinq *solidi* en or à chacun et je compléterai probablement moi-même, lorsque le moment viendra où les survivants réclameront leur dû.

— Quels sont les effectifs en présence ? demanda Flavius.

— Ils sont quasiment à égalité, répondit Anagastus. Presque trente mille hommes des *comitatenses* et vingt mille Wisigoths, contre vingt mille Huns et trente mille Ostrogoths. Les *comitatenses* ont plus d'archers à pied, et les Huns plus d'archers à cheval.

Aetius se tourna vers Flavius.

— Je t'ai mandé ici parce que tu as combattu à cheval avec Attila, parce que tu connais cet homme. Quelle sera sa stratégie, à ton avis ?

Flavius regarda la carte fixement, se souvenant des Huns sur leurs terres et essayant d'imaginer à quoi pouvait ressembler leur campement maintenant sur les champs Catalauniques. Il réfléchit quelques instants, puis regarda Aetius.

— Attila n'a jamais combattu en bataille rangée comme ici, auparavant. La plupart de ses campagnes ont consisté en échauffourées rapides, avec une armée continuellement en mouvement, dépassant et harcelant un ennemi qui avançait ou battait en retraite, dans des rencontres rapides et féroces, avec peu de préparatifs ou d'anticipation stratégique. Comme il n'a pas d'intendance et est habitué aux campagnes dans les terres désolées de l'Est, où la cueillette et les possibilités d'approvisionnement sont minces, il n'a d'autre choix que la guerre à la pointe du sabot. Contrairement à de nombreux commandants goths, des hommes comme nos alliés Théodoric et Thorismond, ou comme son général ostrogoth Valamir, Attila n'a jamais suivi les cours de la *schola militarum* à Rome ou à Constantinople, de sorte qu'il n'a aucune formation stratégique pour la bataille rangée. Il n'en a pas eu besoin jusqu'ici, et tout ce qu'il lui fallait, c'était la terreur tourbillonnante de l'assaut des Huns à cheval, qui l'a amené jusqu'ici. Mais maintenant, c'est différent.

— A-t-il de bons conseillers ?

— Valamir est un stratège compétent. Mais, comme la plupart des officiers goths qui ont fréquenté la *schola* à Constantinople, il est obsédé par la bataille d'Andrinople. Après tout, c'est une victoire remportée par les Goths, et le site de la bataille ne se trouve qu'à un jet de pierre de Constantinople. Pourtant, Andrinople a été une victoire plus serrée que beaucoup n'ont été conduits à le croire, et si Valamir influence effectivement Attila, cette obsession d'Andrinople pourrait être demain leur plus grande faiblesse tactique…

— Tu veux parler du *carrago* ! s'exclama Thorismond. La forteresse mobile de chariots !

— Exactement, approuva Flavius. Si nos éclaireurs disent vrai, Attila a montré ses limites en tournant carrément le dos à la guerre fluide et mobile dans laquelle ses guerriers excellent et en optant au contraire cette fois-ci pour l'enceinte fortifiée derrière des chariots, celle qui a permis aux Goths à Andrinople de résister aux assauts romains répétés puis d'effectuer une sortie décisive. Mais nous aussi, nous avons tiré les leçons de cette bataille, et cela consiste à *ne pas* refaire la même erreur, à ne pas effectuer des attaques frontales un jour de chaleur contre un quelconque *carrago*, ce qui a usé nos troupes, avec des hommes épuisés et des morts et des blessés, jusqu'au moment où elles ont été submergées par une force jaillissant de l'enceinte…

— Ainsi, au lieu de cela, tu les encercles et tu les affames, dit Thorismond.

— Et on le force à effectuer une sortie, à envoyer

ses archers à cheval dans des attaques éclair pour tenter de maintenir le moral de ses hommes et user le nôtre, renchérit Anagastus. Mais, en renforçant notre ligne de défense, nous en maintenons la cohésion, nous résistons à ses attaques, et ses pertes seront plus importantes que les nôtres.

— Les arcs de nos *sagittarii* dans les *comitatenses* ont une portée plus grande que ceux des cavaliers huns, ajouta Aetius. Je les ai étudiés tout spécialement sur les buttes du Champ de Mars à Rome, avec l'empereur Valentinien, qui s'adonne à sa fascination pour l'archerie à chaque fois qu'il parvient à s'extraire des griffes de cet eunuque, Héraclius. Si nous parvenons sur un terrain élevé et que nous arrivons à envoyer une pluie de flèches sur le *carrago*, alors nous pouvons remporter la victoire.

Anagastus fit un pas en arrière, mit les mains sur ses hanches et secoua la tête.

— Oui, mais cela restera un combat d'usure. Nous venons de parler du cas où Attila aurait été déjà obligé de se retrancher dans son *carrago*, et pour que cela se produise, il nous reste toujours à affronter son armée dans une bataille rangée et à repousser les Huns derrière cette crête. C'est peut-être simplement une bosse sur le sol, mais pour beaucoup d'hommes, demain, cette bosse ressemblera à une montagne infranchissable…

— Nous avons certainement un avantage crucial, dit Aetius. Nous pouvons maintenir notre approvisionnement, et lui ne peut pas. Si nous pouvons éviter une défaite immédiate et tenir bon pendant plus d'un jour et une nuit, alors ses troupes vont commencer à souffrir. Pendant que son armée faisait route vers l'est, Attila a vécu sur les ressources locales, tandis que nous pouvons toujours faire appel aux stocks militaires des capitales diocésaines et provinciales. Lorsque j'étais jeune candidat à l'école d'officiers, on nous a appris que les trois pivots de la bataille étaient la stratégie, la tactique et l'approvisionnement, et cette bataille pourrait bien être une de celles pour lesquelles le troisième pivot est décisif. Il faut que j'aille voir mes intendants maintenant.

— Et nous, nous allons festoyer, déclara Thorismond en se préparant à partir, imité par ses deux voisins goths. En ton absence, je demande à Flavius Aetius de prendre ta place sous la tente que nous avons installée en guise de salle des festivités.

Aetius fit un signe d'assentiment à Flavius, qui se tourna vers Thorismond et dit :

— Je serai honoré d'assister au festin du roi Théodoric en compagnie de ses fils et de ses capitaines.

Les deux commandants des *comitatenses* prirent congé.

— Le soleil est près de son zénith, remarqua Anagastus. Demain sera une longue journée, la plus longue de l'année.

— La plus longue de nos vies, pour ceux d'entre nous qui parviendront au bout, ajouta Aetius en prenant son casque. *Milites*, nous venons de tenir notre dernier conseil de guerre. Le prochain ordre que je vous donnerai sera sur le champ de bataille. Je serai à cheval à la tête des *comitatenses* et le roi Théodoric commandera les Wisigoths. Savourez la vue de deux adversaires acharnés qui s'unissent pour combattre le pire ennemi qu'aucun d'entre nous ait jamais affronté. Mon ordre sera d'aller attaquer l'ennemi, de combattre jusqu'à la dernière goutte de sang pour vaincre Attila le Hun.

Quatre heures plus tard, Flavius était assis dans la salle des festivités improvisée du roi wisigoth. Il avait levé pour un toast et bu sa quatrième coupe de vin allongé d'eau, et mangé à satiété du sanglier rôti et de la venaison. Il savait que certains, ici, continueraient à boire jusqu'à l'aube, qu'ils engageraient le combat dans une brume enivrée, mais il était déterminé à se lever avec les idées claires et à ne pas être affaibli par la déshydratation due à l'absorption d'une trop grande quantité de vin. Un tel raisonnement semblait bien éloigné de l'esprit des compagnons de Thorismond, qui se passaient une antique corne d'auroch décorée d'or, dont chacun buvait le contenu d'un seul coup, et que l'on remplissait à ras bord, pour chaque nouveau buveur, de bière provenant d'un tonneau de bois. À un bout de la table, Théodoric était assis à côté d'un oncle âgé qu'il avait amené avec lui comme conseiller, un homme aux cheveux d'argent, et dont la peau, semblable à du cuir, portait plus de cicatrices que tous les autres réunis. On disait qu'il s'était battu contre les Romains à la bataille d'Andrinople, plus de soixante-dix ans auparavant, et il avait diverti Théodoric et ses plus proches voisins – ceux qui pouvaient entendre malgré le tapage – d'histoires de guerres du passé, de batailles, où le mythe et la réalité semblaient se mêler. Flavius l'entendait maintenant entonner, de sa voix basse et profonde, l'histoire d'une bataille où il avait combattu, quelque part dans une montagne inaccessible du Nord :

— … côte à côte, dans une féroce bataille, confuse,

prodigieuse, sans merci, un combat inégalé dans les récits d'autrefois… De tels exploits furent accomplis ! Les héros qui n'étaient pas là pour cette merveille ne pouvaient jamais espérer en voir encore de semblables…

Flavius tendait l'oreille pour écouter, mais un énorme rugissement vint de l'autre extrémité de la table, où le dernier des capitaines avait englouti sa bière, laissé tomber la corne sur le banc et vomi sur le sol. Tous les autres se mirent à taper des mains sur la table, frappant à l'unisson, et le domestique remplit la corne de nouveau et la donna au même homme, qui la vida d'un seul coup, mais en garda le contenu cette fois-ci, rotant avant de se joindre au raffut. Flavius vit que Thorismond l'observait, puis levait la main pour obtenir le silence.

— Ainsi donc, Flavius Aetius, prononça-t-il d'une voix forte, en levant sa coupe et en lui faisant signe – ce qui fit déborder le vin –, ton grand-père Gaudentius était un chef de guerre goth, et cependant ta mère descend de Jules César. Es-tu goth, ou es-tu romain ?

Les beuglements et le tambourinement sur la table se turent, et tous les yeux se fixèrent sur Flavius. Il jeta un regard circulaire, vit les chefs au visage empourpré, barbus, les cheveux longs, portant au cou les torques et aux bras les anneaux qui étaient les insignes de leur rang et de leurs exploits parmi leurs hommes, leur casque posé sur la table devant eux. Ils étaient l'image même des Barbares d'autrefois, les ennemis des Césars qu'il avait vus pour la première fois lorsqu'il était enfant sur les immenses colonnes et les arcs sculptés de Rome. La boisson les avait rendus tapageurs et obscènes, mais les faisait aussi paraître ce qu'ils étaient en réalité. Certains Barbares s'étaient romanisés, des hommes comme le grand-père de Flavius, mais la cour de Théodoric était toujours une cour de chefs goths, et ici Flavius était l'intrus. Il se souvint des derniers mots d'Aetius avant de quitter le conseil de guerre. Jusqu'à l'ascension d'Attila, lui et Théodoric avaient été des ennemis mortels, et les hommes assis autour de cette table n'auraient désiré rien tant que la destruction de Romains, que ces Romains aient ou non des grands-pères goths. Ils étaient soûls, mais c'était une raison de plus pour faire attention à ce qu'il allait dire maintenant.

Il leva son avant-bras droit au-dessus de la table, conscient des regards qui le surveillaient, et remonta sa manche, révélant les quatre cicatrices parallèles que l'alaunt avait taillées dans sa chair, douze ans auparavant, devant les murs de Carthage.

— Je ne suis ni l'un ni l'autre, répondit-il en regardant Thorismond. Je suis un guerrier.

Les hommes gardèrent le silence, brisé seulement par les craquements du feu. Puis quelqu'un hurla son approbation et tapa du poing sur la table, et les autres en firent autant. Thorismond leva la main.

— Tu es un guerrier… mais qui sers-tu ?

La tablée se tut de nouveau, et chacun attendit, les yeux fixés sur Flavius. Celui-ci prit sa coupe et regarda Théodoric, qui était assis, impassible, au bout de la table, prenant plaisir au chahut de ses hommes sans y participer. Flavius leva sa coupe en direction du roi, but et la reposa bruyamment sur la table.

— Je sers, répondit-il en s'essuyant les lèvres, le roi qui accomplit le plus d'exploits au combat et celui qui mène ses hommes à la victoire ou à une mort glorieuse.

Thorismond le fixa d'un regard insondable, puis frappa la table brutalement de la main, prit sa coupe et la leva.

— À notre roi, dit-il. À Théodoric, roi des Wisigoths. Que le dieu de la guerre l'illumine !

Il vida sa coupe et les autres l'imitèrent, en rotant et en criant pour réclamer à boire. Flavius laissa l'esclave remplir sa coupe, mais il la laissa pleine à ras bord, se leva, s'inclina vers le roi et se fraya un chemin hors de la tente. Pendant le festin, le soleil s'était couché, et il voyait dans le crépuscule les feux des Goths et des Romains vaciller le long des berges de la rivière. Il marcha jusqu'au bord de l'eau. Les nuages bas se déchirèrent et la lune à moitié pleine brilla dans la trouée, provoquant une myriade de reflets fantomatiques sur les ridules de la rivière et baignant la scène d'une lumière étrange. Les arbres proches frémirent, il sentit la brise chaude sur son visage. Si la bataille s'engageait vraiment demain, ce serait un rude combat dans cette chaleur, et la soif serait un adversaire aussi implacable que l'ennemi. Il lui faudrait s'assurer que les hommes de son *numerus* avaient bu suffisamment et rempli leurs outres de peau avant qu'arrive l'ordre d'avancer.

Il entendit bouger derrière lui, se retourna, vit Théodoric s'approcher du bord de la rivière. Il portait ses deux épées, le *scramasaxe*, plus court, à son côté gauche, et la longue épée des Goths à droite, et ses mains étaient posées sur les pommeaux ornés d'or et de pierreries tandis qu'il se tenait là, debout, près de Flavius, et contemplait les flots. Les nuages s'étaient rassemblés de nouveau et l'eau se faisait sombre, menaçante, à l'image de la rivière Styx décrite dans les relations anciennes de voyages dans le monde souterrain. Théodoric inspira profondément et expira lentement, exhalant l'odeur du vin et la fumée de la salle des festivités.

— Demain, cette rivière sera rouge, dit-il doucement. Les hommes étancheront leur soif avec leur propre sang.

Flavius se souvint de ce que répétaient toujours les Goths à la veille d'une bataille :

— Demain sera un bon jour pour mourir, dit-il.

Théodoric se tourna vers lui et lui posa une main sur l'épaule.

— Mon temps va bientôt s'achever, dit-il. Cette bataille sera la dernière pour moi, et bientôt Thorismond reprendra mon manteau. Si tu survis, Flavius Aetius, tu dois penser à ton avenir. Ce n'est pas l'allégeance à un empereur romain, ni à un roi goth, qui te permettra de subsister jusqu'à ta vieillesse. Si tu dois suivre le dieu de la guerre, choisis ton maître avec soin.

Flavius le regarda partir et disparaître de nouveau dans la tente, puis il se tourna en direction du nord-est, vers la plaine vallonnée et dépourvue d'arbres où il savait qu'Attila avait installé son campement. Il devait être là aussi, près d'un feu de camp, ses chefs de guerre enivrés se racontant des histoires exactement comme le faisaient les Goths. Son *carrago* lui fournissait une forteresse de bois comme le palais, au loin, dans les replis de la steppe, que Flavius avait visité une fois. Il se souvint de son séjour là-bas, des joues scarifiées et des yeux perçants d'Attila lorsqu'il était assis à côté de lui et, pendant un instant fugitif, cela lui manqua, il souhaita être lui aussi là-bas près du feu, assis à côté de l'empereur, ne considérant pas la bataille d'un point de vue stratégique et tactique, mais dans l'excitation et la jubilation d'un peuple né pour la guerre.

Les nuages se séparèrent de nouveau au-dessus des lignes ennemies, et pendant une seconde, il crut voir quelque chose d'extraordinaire, une boule blanche avec une queue effilée, haut dans le ciel nocturne. Elle s'effaça presque aussi vite qu'elle était apparue, et pendant un instant, il se demanda si cela n'avait pas été simplement un étrange reflet de la lune sur les nuages. Mais il lui revint à l'esprit qu'il avait étudié la course des comètes avec le Scythe Denys, lorsqu'il était un jeune garçon à Rome, et qu'il avait entendu les moines de Châlons prédire que la grande comète dont avaient parlé les Babyloniens réapparaîtrait cette année. Même les hommes de Dieu croyaient que cela annoncerait des événements extraordinaires : la naissance ou la mort de grands rois, la défaite ou la victoire au combat, des faits qui changeraient la face du monde à venir.

Denys se moquait des augures, et Flavius ne croyait pas au destin. Mais, en regardant à travers la plaine, il se demanda si les chamans d'Attila l'avaient vue aussi, ou s'ils étaient trop occupés à lire près des feux les omoplates craquelées des bœufs, et à préparer leurs propres rituels de divination. Il fixa le ciel de nouveau, n'y vit que les ténèbres. Si c'était un présage, cela ne pouvait signifier qu'une chose, mais il n'avait pas besoin de croire les augures pour savoir ce qui allait se passer. Il avait vu les préparatifs autour de lui, les deux camps résolument installés, les plaines sinistres devant eux : un terrain parfait pour tuer. Ou être tué.

C'était un présage de bataille.

16

Le vent faisait bruire les blés dans la plaine, produisant un murmure lancinant qui semblait mettre les nerfs des hommes à vif. Ils patientaient, couchés, la tête émergeant aux endroits piétinés, le long de la rivière où ils attendaient depuis l'aube l'ordre de faire mouvement. Pendant toute la matinée, il n'y avait pas eu un souffle de vent et la chaleur avait augmenté inexorablement jusqu'à les faire transpirer à grosses gouttes sous leurs armures. Au moins, la brise leur avait apporté un peu de répit. Flavius observait la façon dont elle formait des vagues et poussait ses rafales contre les tiges de blé sur la pente devant lui. Une fois de plus, il scruta du regard la crête à l'est, dans l'attente d'un signal des éclaireurs qui avaient rampé jusque-là pendant la nuit, à la recherche de postes de veille dissimulés qui leur permettraient de surveiller le campement ennemi de l'autre côté. L'attente de ce signal, toute la matinée, lui avait paru interminable, mais au moins le soleil s'était-il élevé suffisamment pour ne plus les éblouir lorsque l'assaut aurait lieu. L'ennemi avait perdu là un avantage tactique évident, mais probablement jouait-il le même jeu et attendait-il de voir qui donnerait le signal du combat, les yeux fixés sur cette crête où les commandants savaient que devait résider la clé de la victoire.

Flavius vérifia que son *gladius* était bien en place, puis déplaça les sangles qui, sur son épaule, maintenaient l'épée supplémentaire qu'il portait sur le dos, et dont la longue lame était cachée dans un tissu de laine. Il prit une gourde remplie d'eau à un des Alains qui effectuaient péniblement l'aller et le retour depuis la rivière pour ravitailler les hommes. Sangiban, leur chef, rôdait quelque part à l'arrière, vexé de ne pas avoir été invité à se joindre au conseil de guerre, mais c'était le cadet des soucis d'Aetius, car les Alains, dans leur état physique actuel, ne représenteraient pas une menace pour l'ordre du monde après la bataille, et se révélaient très utiles en ce jour comme porteurs d'eau.

Aetius s'approcha de Flavius, prit une gorgée à la gourde qu'il lui offrait, puis observa la crête à son tour, les yeux plissés.

— Viens avec moi, Flavius.

Ils sortirent de l'espace où les blés étaient aplatis et qui servait de quartier général, et s'engagèrent d'une vingtaine de pas dans les hautes tiges en face des lignes romaines, loin des oreilles indiscrètes. Aetius se tourna vers son neveu et lui dit à voix basse :

— Tu es toujours sûr qu'Attila attaquera ? Le jour est levé depuis huit heures.

— Attila est un tacticien rusé, répondit Flavius en hochant la tête, mais il est impatient. Il ordonnera à ses troupes d'attaquer avant toi, *magister militum*.

Aetius prit une autre gorgée, s'essuya la bouche et rendit la gourde à Flavius.

— D'accord. Nous continuons à attendre le signal

des éclaireurs. Nous pouvons tenir une journée de plus, si c'est nécessaire.

— Attila ne patientera pas aussi longtemps. Il n'a pas de réserves de nourriture, contrairement à nous. S'il attendait encore une journée, il lui faudrait envoyer des hommes pour s'approvisionner, ce qui l'affaiblirait et le rendrait plus vulnérable. Il n'a pas d'autre choix que d'attaquer aujourd'hui.

Aetius hocha la tête et retourna conférer avec ses deux commandants de *comitatenses*, Aspar et Anagastus. La disposition de leurs troupes était basée sur des renseignements que des éclaireurs lui avaient transmis plus tôt concernant la répartition de l'ennemi de l'autre côté de la crête, en contrebas, et l'ordre de bataille possible. Lorsque le moment serait venu, ils conduiraient leurs deux armées au sommet de la face nord de la pente pour affronter les Ostrogoths commandés par Valamir, ainsi que les Huns d'Attila au centre, tandis qu'à l'est les Wisigoths feraient face aux Gépides conduits par Ardaric. Flavius se remémora les négociations d'Aetius avec Théodoric et Thorismond, la veille, pour s'assurer que les deux armées de Goths ne se rencontrent pas pendant la bataille. C'était un trait de sagesse dont n'aurait pas été capable un chef moins avisé qu'Aetius et qui ne posséderait pas son savoir-faire politique et l'excellence de son discernement, nés de ses propres racines gothes : il savait ce qui motivait son peuple. Aujourd'hui, avait compris Flavius, la conduite des armées était autrement complexe qu'au temps des Césars, lorsqu'il y avait une chaîne de commandement et que les légions étaient rarement alliées pour se battre de concert avec des forces aussi puissantes qu'elles, et particulièrement une qui était leur ennemie jurée, quelques semaines auparavant encore.

Le roi wisigoth et ses fils ne se trouvaient pas avec Aetius, mais dans leur propre quartier général, auprès de leurs chefs, à environ une demi-lieue au sud. Cela aussi avait été une prudente stratégie de la part d'Aetius, soulignant une promesse faite à Théodoric d'être sur le champ de bataille un allié à égalité, pas un subordonné. En tenant les commandants wisigoths à l'écart de son état-major des *comitatenses*, il avait également évité des querelles qui auraient pu facilement éclater entre ennemis d'hier et auraient détruit en un instant leurs chances de succès dans la bataille à venir.

Aetius jouait sur l'équilibre à de nombreux niveaux, et même dans cette attente, ce n'était qu'une question de temps avant que les Wisigoths ne remettent en question sa stratégie et ne se lancent peut-être dans une attaque indépendante de leur côté, ce qui aurait un effet désastreux sur ses plans. Flavius pouvait deviner les pensées qui se bousculaient dans l'esprit d'Aetius et pourquoi il l'avait pris à part pour le questionner de nouveau sur Attila. Plus tôt les Huns attaqueraient, mieux ce serait.

Il observa l'étendue des champs de blé sur les deux rives, une mer dorée et mouvante où se trouvaient plus de cinquante mille hommes prêts au combat, l'armée la plus importante jamais alignée par Rome dans l'empire d'Occident. Pendant un court instant, il se sentit écrasé, comme si le creuset de la bataille reposait dans ses seules mains. Aetius avait fait de lui son conseiller spécial à cause de sa connaissance directe d'Attila, et avait affecté Macrobius et le reste de son *numerus* à sa garde personnelle. C'était un honneur immense, mais aussi une redoutable responsabilité. Et s'il s'était trompé ? C'était lui qui avait conseillé à Aetius de ne pas mener un assaut préventif, mais d'attendre que les Huns chargent les premiers, pour les rencontrer frontalement sur la crête, mener une bataille d'usure sanglante et espérer ainsi remporter la victoire. Une attaque préventive pouvait se heurter aux archers d'Attila positionnés juste derrière la butte, prêts à déverser sur les Romains et les Wisigoths une pluie mortelle de flèches et à les obliger à faire retraite de l'autre côté, les affaiblissant ainsi et les rendant moins capables de résister à l'assaut des Huns qui suivrait inévitablement. C'était cette tactique qu'Attila avait utilisée, trois ans auparavant en Parthie, où il avait provoqué l'ennemi pour qu'il attaque au-dessus d'une crête du désert, avant de l'accueillir avec des rangs d'archers huns en position.

Flavius pensa à la grande épée, au moment où il l'avait prise en main pour la première fois dans la chambre forte du palais d'Attila. Si aujourd'hui tout se passait comme il le souhaitait, cela serait dû à la réussite de leur extraordinaire aventure en territoire ennemi, non seulement par l'absence de cette arme – puissant symbole de la royauté hunnique – dans les mains d'Attila, mais encore grâce ce que lui-même avait appris au cours des heures où il avait chevauché et combattu à côté du roi des Huns, concernant les forces et les faiblesses de cet immense guerrier. Ce savoir, il allait maintenant l'utiliser contre lui sur les champs Catalauniques, où le destin du monde occidental allait bientôt se décider.

Le long de la ligne de front, sur la droite, il aperçut

son cousin Quintus Aetius, criant des ordres à son *numerus* composé d'un mélange de soldats wisigoths et romains qu'il avait entraînés et formés, au cours des derniers mois, pour en faire une des meilleures troupes de choc de l'armée. Quintus était musclé et bronzé, une large cicatrice traversait sa barbe de deux jours et descendait jusqu'à son cou. Il était bien différent du garçon inconsolable que Flavius avait vu quitter la *schola* après avoir accidentellement tué son ami Marcus Caton, deux ans auparavant. Ceux de sa classe étaient là aussi, du moins ceux qui avaient survécu jusqu'à ce jour : un dans l'état-major d'Aetius, deux parmi les tribuns des *fabri* qui inspectaient les fortifications du camp derrière les lignes, et les autres au commandement de leurs *numeri* d'infanterie et de cavalerie sur les pentes. Flavius vit que Macrobius regardait Quintus lui aussi, et ils échangèrent un sourire. En dépit de son extérieur bravache et rude, ils savaient tous deux que Quintus était accompagné de Marcus Caton en ce jour, et que lorsqu'il monterait la pente, à chaque foulée, ses oreilles résonneraient des mots que Macrobius lui avait hurlés à côté du cadavre ensanglanté dans la *palaestra*, lui rappelant qu'il devait à son ami d'assumer ce qu'il avait fait et de défendre l'honneur de Rome jusqu'à la victoire ou la mort.

Flavius leva les yeux vers le ciel. Le soleil était perdu dans la brume, mais l'humidité montait, et il sentit un filet de sueur le long de sa joue. Il regarda de nouveau la crête. Soudain, il vit quelque chose, un homme, au loin, qui courait à travers les blés dans leur direction, laissant une trace qui menait du sommet au bas de la pente. Un autre le suivit, et plus loin il en vit deux autres qui se levaient de leur cache et agitaient leur drapeau. Les guetteurs étaient tous censés rester sur la crête après le début de l'assaut, de façon à signaler tout changement dans les mouvements de l'ennemi, mais il ne blâmait pas les deux qui s'enfuyaient et cherchaient une sécurité relative dans leurs propres rangs, plutôt que d'affronter une mort certaine entre les deux armées en présence.

Aetius et les deux généraux se levèrent en hâte, casque sur la tête, et Flavius en fit autant. Sur toute la longueur de la ligne, une énorme vague humaine s'était dressée, les lances et les épées étincelaient, la cavalerie des *comitatenses* sellée et à cheval, les chevaux renâclant et piaffant. Le supérieur du monastère de Châlons, qui avait attendu ce moment avec ses ornements et de l'eau consacrée, voulut bénir Aetius, mais ce dernier le repoussa. Ce n'était pas le moment d'invoquer Dieu. Il bondit devant ses hommes, leur fit face et rugit :

— En avant !

Puis il commença à charger en direction du sommet, l'épée à la main. Flavius sortit son *gladius* et regarda Macrobius.

— Es-tu prêt, centurion ?

Il se tourna vers les autres hommes de son *numerus*.

— Apsachos ? Maximus ? Caton ? Tous les autres ? Êtes-vous prêts ?

Ils entrechoquèrent leurs épées les unes contre les autres.

— À tes ordres, tribun !

Flavius pointa son épée dans la direction d'Aetius.

— Alors, en avant !

L'armée s'ébranla sans savoir si l'ennemi en faisait autant, car la crête leur cachait complètement les lignes de l'adversaire, et on ne pouvait se fier qu'à la réaction des éclaireurs. À cet instant, l'un des hommes qui avaient dévalé la pente en courant passa près d'Aetius en hurlant :

— Les Huns arrivent, les Huns arrivent !

Aspar l'intercepta et l'entraîna avec lui dans la montée tout en l'interrogeant, puis le laissa partir.

— Les forces d'Attila sont alignées et arrivent sur la crête, exactement face à nous, son infanterie en tête ! cria-t-il à Aetius. Tu avais raison !

Flavius regarda d'un côté, puis de l'autre. La cavalerie avançait au petit galop derrière l'infanterie, prête à charger dans la mêlée ou à contourner les flancs. Les envoyer à l'avant dans une charge à bride abattue aurait été courir le risque de les voir arriver au sommet épuisés et complètement exposés à la vue des archers huns qui pouvaient être postés de l'autre côté. Attila avait manifestement fait le même choix, de garder sa cavalerie en réserve, car il savait que ses archers à cheval, en particulier, étaient trop précieux pour les envoyer en haut de la crête, ce qui en aurait fait des cibles faciles en cet instant d'incertitude où ils réaliseraient qu'il n'y avait pas, du côté romain, de charge de cavalerie à affronter, mais seulement une énorme vague d'infanterie avançant droit sur eux.

Tout en courant, Flavius sentait sa bouche s'assécher, le signe de la peur et de l'excitation ressenties pour la première fois devant Carthage. La bataille des champs Catalauniques allait être un affrontement de soldats à pied, le type de combat le plus brutal, avec des milliers d'hommes se battant à l'épée, à la massue et avec leurs poings pour la possession de cette crête et le contrôle du champ de bataille.

Tout de suite à droite de Flavius, le flanc gauche de l'armée des Wisigoths avançait sous les ordres de Radagaise et de Thiudimir, Théodoric et Thorismond se trouvant à plusieurs stades plus au sud, où on attendait le gros des Gépides d'Ardaric. Un homme, un *miles* romain – qui avait courageusement couru derrière Aetius, puis avait hésité, écrasé sans doute par l'énormité de l'armée qui le suivait –, progressait en travers, trébuchant et s'égarant, loin vers la droite, devant les lignes wisigothes. Soudain, il tomba à genoux, lâcha son arme, se boucha les oreilles avec ses mains et se roula en boule sur le sol. Radagaise s'approcha de lui à cheval, le visage tordu de fureur, puis attrapa l'homme par les cheveux et lui trancha la tête d'un seul coup d'épée, avant de se retourner et de la montrer à ses hommes.

— Voici ce qui attend les lâches ! hurla-t-il en lançant la tête, d'où le sang giclait encore, en direction de la crête.

Aetius était trop loin devant et trop concentré sur le sommet pour avoir vu ce qui se passait mais, même si cela avait été le cas, Flavius savait qu'il n'y aurait accordé aucune importance, car une seule chose comptait maintenant : conserver l'impulsion. Que le premier sang versé au cours d'une bataille le soit pour un acte de discipline dans son propre camp n'était pas forcément un mauvais présage, et cela pouvait renforcer la détermination des soldats qui venaient derrière. Malgré tout, étant donné les circonstances de cette alliance, le fait qu'un chef goth exécute un soldat romain au vu et au su de toute l'armée aurait pu être considéré comme une provocation mortelle, un acte susceptible de mener à la désintégration totale de la ligne de front. Il n'en fut rien, et le corps de l'homme disparut, piétiné par une armée rugissante. Flavius lui-même savait que Radagaise n'avait voulu provoquer personne et aurait sans aucun doute réservé le même sort à celui de ses hommes qui aurait montré la même hésitation ou se serait effondré, et l'aurait peut-être même traité avec plus de sauvagerie et de furie qu'il n'en avait fait subir au Romain.

La crête n'était plus maintenant qu'à trois cents pas. Flavius avait le souffle court, la transpiration coulait sur son visage, son cœur battait comme un tambour. Le sol sec, sous les blés, tremblait et vibrait sous les pieds des milliers d'hommes en armure qui escaladaient la pente en courant. Tous les événements du passé, tous les préparatifs, la stratégie, les pensées qui avaient occupé les longues heures de la matinée, tout cela avait disparu, comme le champ de blé massacré derrière eux, et il ne pouvait plus se concentrer que sur le présent, sur un monde de sensations et d'action qui laissait peu de place à la réflexion. C'était le mécanisme intemporel propre au soldat sur le point de s'engager dans la bataille, un blocage du processus de la pensée, qui l'empêchait de rester paralysé devant l'énormité et l'horreur de ce qui allait arriver. Rien ne comptait plus que sa prise sur son épée, le martèlement de ses pieds, l'entraînement et l'instinct qui entreraient en action dès qu'il serait en contact avec l'ennemi.

Macrobius courait devant avec les autres hommes du *numerus*, pour entourer et protéger Aetius, pour essayer de le ralentir et de le retenir derrière la ligne de front. Sa présence n'était plus nécessaire devant pour encourager les troupes et les faire avancer, et il était vital qu'il survive au premier affrontement afin de pouvoir diriger la bataille au fur et à mesure de son déroulement. Aetius le savait aussi et il se retira avec eux, laissant le *numerus* l'envelopper, tandis que l'infanterie s'écoulait autour d'eux et gravissait la pente en hurlant. Les hommes de tête étaient à moins de deux cents pas du sommet et ils ne voyaient toujours rien devant eux, seulement les blés ondulants et, au-delà, le ciel brumeux. Pendant un infime moment, Flavius se demanda si tout cela n'était pas simplement un rêve, si Attila et son armée n'étaient pas seulement le fruit de leur imagination, un mirage vu par les guetteurs dans la brume de chaleur. C'était comme s'ils montaient en courant sur une crête derrière laquelle ne les attendaient que le bout du monde et la culbute dans l'abîme.

C'est alors qu'il l'entendit. La vibration produite par leurs pas sembla doubler d'intensité, devint une pulsation qui résonna dans ses oreilles. Le sol ne vibrait plus, il tremblait. La ligne de crête, devant eux, se brouillait. Et les Huns apparurent, des milliers d'hommes vêtus de noir, hurlant et oscillant sur l'horizon, à moins de dix pas des premiers soldats romains. Il eut à peine le temps de s'en rendre compte, avant que les deux armées n'entrent en contact dans un bruit de fin du monde. L'énorme impulsion acquise de chaque côté provoqua un tassement tel que la ligne, là où l'impact s'était produit, se recouvrit d'une masse solide de chair humaine, les hommes s'écrasant les uns contre les autres avec une force qui les fit rebondir de chaque côté, bousculant ceux de devant sur Flavius et envoyant ceux qui étaient derrière lui s'étaler dans les blés.

Tandis qu'il se relevait et que la ligne se rétablissait, le martèlement fut remplacé par une cacophonie de hurlements et de beuglements, par le choc de l'acier, les coups sourds et les bruits d'écrasement des masses d'armes et des massues. L'entremêlement de corps dû à la terrible collision était devenu la ligne de front, avec les Huns d'un côté, les *milites* et les Wisigoths de l'autre, frappant et taillant, jouant des coudes entre hommes du même camp, tous trop serrés pour éviter les armes de leurs propres camarades. Les corps s'empilèrent sur les corps, jusqu'au moment où les deux armées se retrouvèrent trop éloignées pour rester au contact. Alors les hommes entreprirent d'escalader le monticule humain, glissant, pataugeant, dérapant, sans plus pouvoir brandir leurs armes, mais en fouaillant avec les mains et les dents, attaquant aux yeux et à la gorge, comme on le leur avait appris. La pression de ceux qui montaient la pente poussait de plus en plus d'hommes dans ce hachoir à viande, des centaines, qui se battaient désespérément pour leur vie sur une bande de terrain de pas plus de dix pas de large, et sur laquelle s'empilaient déjà de nombreux corps. Le sang coulait à flots le long de la pente près de Flavius, comme si la crête elle-même perdait son sang, en rivières rouges et visqueuses, qui entraînaient avec elles des doigts et des membres tranchés, et pire encore, des morceaux de viande dont on aurait dit qu'ils avaient été arrachés à de la chair vivante par des animaux sauvages affolés par la faim.

Flavius était abasourdi par la férocité et la rapidité de l'attaque, et il savait que des milliers d'autres autour de lui, en attente derrière les combattants, devaient ressentir la même chose. Cependant, ils devaient garder leur sang-froid, tenir bon, et être prêts à réagir pour empêcher les Huns de mener une attaque éclair sur les flancs romains. Déjà, des guerriers des deux camps avaient franchi la pile de corps et menaient des duels désespérés avant de tomber sous le simple effet du nombre. Flavius vit des Huns utiliser les armes qui avaient le plus terrifié les Parthes, trois ans auparavant, ces fouets lestés. Ils surgissaient des rangs ennemis comme des langues de serpent, tuaient ou assommaient Romains et Wisigoths par la seule force des poids de plomb sur les visages, s'enroulaient autour des cous d'autres soldats, qui étaient alors enlevés dans les airs et tirés, sans pouvoir se défendre, jusque dans les rangs huns. Là, on les achevait à l'épée et à la massue, alors même qu'ils tentaient encore de desserrer la corde autour de leur cou, que le sang giclait de leur nez et de leurs yeux sous l'effet de l'étranglement.

Un guerrier hun émergea de la masse tourbillonnante et s'avança vers eux en titubant. Il lui manquait un œil et un côté de son visage était horriblement mutilé, comme si un chien l'avait attaqué férocement. Aetius leva son épée, mais Macrobius bondit devant lui, transperça le cou de l'homme et le jeta sur le côté avec son épée toujours fichée dans le corps. Puis il le laissa retomber à terre tandis qu'il exhalait son dernier soupir dans un gargouillement. Un autre homme apparut derrière lui, mais cette fois-ci, c'était le chef goth Radagaise. Un paquet informe et sanglant pendait de sa bouche et un de ses yeux pendouillait, rattaché par un filament, bilan macabre de sa lutte avec le Hun. Il chancela, tituba et s'effondra, les yeux grands ouverts, une hache fichée profondément dans le dos. Sur la ligne de front, à sa gauche, Flavius vit soudain du sang et des morceaux de viande voler en l'air, comme de la boue mue par la force centrifuge s'échappant de la roue d'un chariot, là où un *numerus* d'Hibères armés de haches s'était jeté dans la bagarre. Leurs armes lançaient des éclairs au-dessus de la mêlée quand ils les levaient puis les abaissaient, produisant d'horribles bruits d'os éclatés et de chair pulvérisée.

Flavius se demanda combien d'hommes, parmi les guerriers huns en face de lui, avaient chevauché avec lui en compagnie d'Attila, deux ans auparavant. Il se souvint qu'il s'était entretenu avec Attila de ce que les Grecs appellent *kharme*, la soif du combat. Il se demanda si Attila la ressentait maintenant, ou s'il était véritablement incapable de l'éprouver s'il n'avait pas en main l'épée sacrée. Tandis qu'il fouillait les alentours du regard, cherchant un signe de la présence du chef hun, il sentit que la bataille se faisait moins féroce. Les hommes qui, un instant auparavant, s'étaient jetés les uns contre les autres par-dessus la pile de cadavres se retiraient en lignes irrégulières de part et d'autre de la crête. Ce qui restait du flux qui avait enflé dans les lignes romaines depuis l'assaut initial, et avait poussé les hommes vers l'avant, vague après vague, s'était finalement épuisé, comme une immense houle qui se serait brisée sur le rivage et se retirait maintenant en bouillonnant et en désordre. Il sentait la même chose du côté hun également. C'était comme si les morts et les blessés, l'épuisement et le choc de la confrontation avaient rattrapé les survivants et les avaient laissés hébétés, étourdis, et que l'impulsion qui venait de l'arrière n'était plus suffisante pour les obliger à aller s'affronter au-dessus des corps. On eût dit deux immenses fauves mutilés et déchirés après un duel, grondant et bavant, mais devenus incapables de s'étreindre dans un combat mortel, le désir de se battre toujours présent en eux, mais leur énergie enfuie et leurs membres pour l'heure incapables de leur obéir.

L'issue de la bataille semblait comme suspendue. Flavius savait que l'incident le plus infime pouvait maintenant influer sur le cours de l'histoire : une nouvelle explosion de férocité de la part de quelques soldats sur le front, les cris d'un officier bondissant en avant pour encourager ses hommes, un signe venant du ciel qui pourrait soudain prendre une signification énorme… Il savait que, de l'autre côté, leurs adversaires observaient, eux aussi dans l'expectative.

On vit alors la silhouette d'un guerrier à cheval se détacher sur la ligne noire de l'armée des Huns. Son cheval écumait et piaffait, secouait la tête d'un côté et de l'autre, son cavalier ferme et imperturbable, le regard fixé devant lui, les mains posées sur les hanches. Avant même de le reconnaître, Flavius sut que ce ne pouvait être qu'Attila. Il se trouvait à moins de cinquante pas, proximité qui lui avait paru hier impossible, si proche qu'il voyait les lignes de sa moustache et les trois cicatrices blanches qu'il avait sur chaque joue. Le chef hun se dressa sur sa selle, se raidit et mugit comme un taureau, un son extraordinaire qui gronda et roula le long du front comme un coup de tonnerre. Le reste des Huns le reprit, en gesticulant et en regardant les Romains et les Wisigoths avec mépris, à seulement quelques pas devant eux.

Le mugissement fut couvert par un énorme fracas d'armes entrechoquées, épée contre bouclier, hache contre jambière, semblable au son d'une immense cataracte tombant dans une gorge encaissée. Flavius sentit une appréhension soudaine dans les rangs romains, palpa la peur ambiante. Pour Aetius, il était trop tard pour répondre de la même façon et Attila avait l'avantage. Mais Flavius savait qu'Attila avait aussi fait un énorme pari : il s'était montré désarmé. Peut-être qu'en apparaissant ainsi son intention était de se moquer des Romains, de révéler son invincibilité même sans armes et de marquer sa confiance à ses hommes, de leur montrer qu'il croyait à leur seule force pour remporter la victoire. Mais, derrière le pari d'Attila, il y avait une vérité connue seulement de Flavius, Macrobius et Aetius, une vérité qui pouvait être utilisée contre lui de façon dévastatrice. Flavius sentit les Huns s'agiter, s'impatienter, brandir de nouveau leurs armes, se préparer à un nouvel assaut. Il jeta un coup d'œil à Aetius, qui hocha la tête. *Maintenant !*

— Macrobius ! cria Flavius, tout en cherchant des yeux le *numerus*. Et les autres ! Hissez-moi sur vos épaules !

Macrobius vint à lui immédiatement, rengaina son épée et présenta ses mains à Flavius pour qu'il monte dessus, l'*optio* Caton se plaça de l'autre côté, Sempronius et Maximus derrière lui. Lorsqu'il fut en haut, sur leurs épaules, au-dessus des *comitatenses* et des Wisigoths qui l'entouraient, parfaitement visible d'Attila et des rangs huns, il tendit le bras derrière lui, ouvrit le rabat au-dessus de la longue épée qui était sanglée sur son dos, sentit la pierre dure et irrégulière du pommeau, referma la main sur la poignée. Il la tira d'un seul coup et la maintint bien haut, tout en regardant autour de lui, et constata que tous les regards étaient fixés sur lui.

— Nous avons l'épée d'Attila ! cria-t-il. *Nous avons l'épée d'Attila !*

Macrobius l'avait polie le soir précédent, et le précieux métal qui avait été allié au fer pour le rendre plus dur que l'acier lui donnait un lustre supplémentaire, même dans cette brume, comme s'il avait absorbé la pâle lumière du soleil et la faisait rayonner sur les hommes assemblés sur la crête. Flavius lui-même en la regardant, tout en plissant les yeux à cause du reflet, se souvint de ce qu'avait dit Ȇrekan à Priscus au sujet de l'épée : son secret, son pouvoir sur les hommes, ne résidait pas dans une quelconque magie des chamans, mais dans l'astuce des forgerons, dans l'antique savoir-faire de ces hommes qui savaient que le pouvoir d'une grande épée ne résidait pas seulement dans son équilibre et la finesse de son tranchant, mais dans la qualité particulière de son aspect, qui faisait que les autres se ralliaient à celui qui la portait ou tremblaient de peur devant lui.

Un immense cri surgit des rangs romains, qui résonna longuement sur toute la ligne de front. Attila mugit de nouveau, mais, cette fois-ci, de consternation, et son cheval se cabra, le désarçonnant presque. Il l'éperonna et disparut en bas de la pente dans une tempête de poussière. Les Huns positionnés à l'avant de leurs lignes se tournèrent pour le regarder, quittant l'ennemi des yeux, et l'excitation qu'ils avaient accumulée pour l'attaque les abandonna d'un coup, les laissant déroutés et désemparés.

Aetius réagit aussitôt et s'élança en avant, l'épée à la main, suivi de Macrobius et des autres hommes du *numerus*. Ils franchirent la ligne de front, les *comitatenses* derrière eux, escaladant les monceaux de corps, et se jetèrent sur les Huns. En quelques secondes tout le front romain et wisigoth s'était engouffré dans la brèche et avait pris le sommet de la crête, taillant et tranchant, repoussant les premiers rangs des Huns, qui venaient se heurter au gros de leur armée dans leur tentative désespérée pour s'échapper. Les trompettes romaines retentirent sur toute la ligne, signal pour les *comitatenses* de s'arrêter sur la crête et de défendre leur position. Aetius avait demandé à ses commandants de stopper leur avance et d'attendre des renforts plutôt que de poursuivre l'ennemi en bas de la pente et de risquer de tomber tête baissée sur un front recomposé, renforcé par les archers de la réserve d'Attila.

Flavius rengaina la grande épée, sortit son *gladius* et regarda les Huns battre en retraite en bas de la pente, en direction du *carrago* dont il savait qu'il se trouvait quelque part plus loin, dans la brume et la poussière. Le bruit avait changé, le vacarme du combat était remplacé par les cris des blessés et les gémissements des mourants, un chœur de souffrance émanant de milliers d'hommes frappés sur toute la longueur de la ligne. Le carnage était terrifiant, d'une ampleur qu'il n'aurait jamais crue possible en si peu de temps. Les hommes de son *numerus* s'en étaient sortis indemnes, car ils avaient été retenus à l'arrière pour former un cordon autour d'Aetius, mais ceux qui avaient été propulsés à l'avant, dans l'horrible mêlée de la crête, avaient payé un prix terrifiant. La plupart des tribuns des *comitatenses* qui se trouvaient en tête étaient morts, ainsi que nombre de leurs officiers supérieurs. Aspar gisait, couvert de sang, appuyé sur une pile de cadavres, soigné par les hommes chargés des premiers soins appartenant à son *numerus* personnel, encore en vie, étonnamment, bien que son cou ait été pris par la lanière d'un fouet et sa tête presque séparée de son corps.

Un coup avait été porté au prestige d'Attila, mais il était toujours vivant, et ses archers à cheval restaient des ennemis redoutables. Il saurait certainement que l'armée romaine avait été très affaiblie, et que les pertes incluaient des chefs, comme le Goth Radagaise, qui précédaient toujours leurs hommes au combat et n'auraient jamais permis qu'on les fasse battre en retraite et qu'on les protège comme l'avait fait Aetius. L'issue du combat au nord et au sud contre les Ostrogoths et les Gépides était encore incertaine. Aetius avait immédiatement envoyé des messagers pour informer ses commandants du succès au centre et stimuler leur résolution. Maintenant que le centre de la crête était aux mains des Romains, ils se trouvaient dans une position excellente à la fois pour la défense et pour l'attaque, ce qui leur permettait de repousser les assauts des Huns sur la pente et aussi de harceler l'ennemi de loin. Déjà, Flavius voyait les *sagittarii* escalader la butte depuis leurs positions de réserve, sur l'ordre donné par Aetius dès que la crête avait été sécurisée, prêts à arroser l'ennemi de leurs flèches. Au sommet, les tribuns des *fabri* dirigeaient les *milites* pour entasser les corps, aussi bien ceux de leurs compagnons que ceux de l'ennemi, formant un long monticule le long du bord le plus avancé et créant ainsi une forteresse de chair sans équivalent dans la mémoire des hommes.

Flavius se tourna vers Aetius.

— Félicitations, *magister militum*. C'est le plus grand fait d'armes de tous les temps.

Le visage d'Aetius resta de marbre.

— La bataille n'est pas encore terminée. La marée de la guerre peut encore se retourner contre nous. J'ai besoin de toi à mes côtés, tribun, pour que tu me dises ce qu'Attila va faire maintenant.

— À tes ordres, *magister militum*.

17

Depuis le sommet de la butte, Flavius et Aetius découvrirent une scène extraordinaire. Le terrain descendait jusqu'à une plaine monotone semblable à celle qu'ils venaient de traverser, seulement il n'y avait pas de rivière pour en briser la vue. La chaleur due au soleil et à la présence d'un si grand nombre d'hommes et de chevaux dans un espace aussi réduit, respirant, transpirant et perdant leur sang, avait créé une brume qui flottait au-dessus du champ de bataille et empêchait de voir au-delà d'une distance de quelques stades.

Pourtant, à environ cinq cents pas en contrebas de la crête, se profilait la face la plus proche du cercle de chariots formé par Attila. Les roues étaient orientées vers l'extérieur et les ridelles des véhicules formaient un écran presque continu de bois, tel le mur d'un fort. Leur poste d'observation sur la crête aurait dû permettre aux deux hommes d'apercevoir l'intérieur du retranchement, mais un énorme nuage de poussière s'en élevait, leur bouchant la vue. Flavius ne pouvait discerner qu'un éclair d'acier ici ou là, un fouillis indistinct de sabots et de jambes, et, au milieu du vacarme qui s'en élevait, semblable aux rugissements d'une foule dans un stade, des hennissements et des renâclements. Il se tourna vers Aetius, élevant la voix pour se faire entendre dans le vacarme :

— J'ai vu ça en Parthie. Attila est en train d'exciter ses archers à cheval, en les faisant chevaucher en cercles, encore et encore, pour qu'ils soient tendus comme des ressorts, prêts à bondir…

Aetius se tourna vers Anagastus.

— Dis aux tribuns des *sagittarii* d'aligner leurs hommes en formation serrée de deux rangs pour tirer en salves. Ils ne doivent pas tirer leurs flèches vers le haut pour qu'elles retombent sur l'ennemi, mais attendre qu'ils soient suffisamment proches pour voir le blanc des yeux de leurs chevaux. Ils ne doivent décocher leurs flèches qu'à mon commandement.

Anagastus cria les ordres dans les rangs. Flavius se retourna et vit les premiers soldats des deux *numeri* de *sagittarii*, chacun fort de cinq cents hommes, atteindre la crête et décrocher leurs arcs. Ils avaient été maintenus en réserve derrière le gros de l'armée, car ils étaient trop précieux pour être engagés dans l'assaut initial, mais il était crucial maintenant qu'ils se mettent en place aussi rapidement que possible pour profiter de l'avantage d'une position élevée. D'autres encore arrivèrent, essoufflés, leurs carquois remplis de flèches dont les pointes brillaient car elles avaient été limées la veille pour être plus pointues. Un autre son provint du retranchement, un bruit que Flavius avait déjà entendu, l'étrange mélopée qui avait envahi l'air de la nuit dans les steppes de l'Est, trois ans auparavant. La mélopée que les cavaliers huns avaient entonnée juste avant de charger dans les plaines de Parthie, et il vit les premiers d'entre eux apparaître, jaillissant d'une ouverture du *carrago*, précédant un flot d'archers à cheval qui se répandit sur la plaine et entama sa montée vers eux dans un bruit de tonnerre.

Apsachos le Sarmate se tourna vers Macrobius.

— Je demande l'autorisation de me joindre aux *sagittarii*, centurion.

— Accordée, gronda Macrobius, le regard fixé sur les Huns. N'oublie pas de garder ta dernière flèche pour moi, au cas où je serais capturé.

Le sol se mit à trembler à l'approche des Huns. Flavius jeta un coup d'œil sur la ligne de crête, de chaque côté. Il aperçut Quintus loin à droite, blessé mais debout, formant un périmètre de défense, à l'extrémité du monticule, avec les survivants de son unité. Il n'y avait pas encore assez de *sagittarii* en position, moins de cent pour chaque *numerus*, et les autres progressaient encore le long de la pente depuis l'ouest, hors de vue. Cependant, la faiblesse de la position devant la première charge des Huns pouvait se retourner en leur faveur. À la vitesse où ils chargeaient, les cavaliers effectueraient leur mouvement tournant et lâcheraient leurs flèches avant que le gros de l'effectif ait pris position, ce qui aurait pour effet de réduire les pertes aux seuls hommes déjà en place sur l'éminence. Ceux qui suivaient devraient garder leur sang-froid, passer au-dessus des corps de leurs camarades et reformer le rang, mais ils seraient alors assez nombreux.

Flavius serra la poignée de son épée. Les Huns se trouvaient maintenant à moins de deux cents pas, proches de leur distance préférée pour effectuer leur virage et utiliser leurs arcs.

Il savait que, cette fois-ci, Aetius ne donnerait pas l'ordre aux *sagittarii* de tirer, que ceux qui étaient en position maintenant allaient être sacrifiés pour s'assurer d'une efficacité maximale lorsque le reste des hommes serait arrivé. Pour avoir la moindre chance de vaincre un ennemi si formidable, Aetius devait être assuré de frapper le plus fort possible lorsque la ligne de front serait à son maximum de puissance.

Les archers huns effectuaient déjà leur virage pour être parallèles à la crête et levaient leurs arcs tandis que les chevaux poursuivaient leur course. Le tribun de *sagittarii* le plus proche d'Aetius se tourna vers celui-ci, le visage décomposé, livide, mais son supérieur ne bougea pas, les pieds plantés au sol, le regard fixé devant lui, impassible. Dans un grand cri, à l'instant précis où les chevaux tournaient, les archers huns lâchèrent leurs flèches, les pointes fendant l'air avec un sifflement aigu et transperçant les hommes sur la crête comme des bottes de paille, tuant ou blessant près de la moitié d'entre eux. Le tribun qui avait paru si désespéré se retrouva assis par terre, la cuisse transpercée d'une flèche, le sang jaillissant par à-coups de l'artère, jusqu'à ce qu'il s'effondre lentement en avant, la tête sur les genoux. Derrière Flavius, l'*optio* Caton, de son propre *numerus*, avait laissé tomber son épée et luttait en vain, une flèche en travers de la gorge, son sang gargouillait et moussait, puis il tomba sans vie en arrière, les yeux grands ouverts et incrédules.

Les Huns avaient fait demi-tour près de leurs chariots et se préparaient pour une nouvelle charge. Les sabots des chevaux avaient fait un tourbillon de poussière dans l'espace qui séparait les combattants. Aetius se tourna vers Flavius et l'agrippa par l'épaule.

— Macrobius et toi, vous devez prendre en charge le *numerus* de *sagittarii* qui se trouve au sud. Leur centurion aussi est tombé. Il faut que vous rassembliez les hommes lorsqu'ils arriveront et que vous leur fassiez prendre position. Avec les lourdes pointes de fer que je leur ai ordonné de mettre au bout de leurs flèches hier soir, leurs arcs leur donneront un avantage de vingt pas en tir tendu sur les arcs huns. Attendez mon ordre.

Macrobius était déjà au milieu des hommes, hurlant des ordres à ceux qui venaient d'arriver et aidant à pousser sur le côté les morts et les blessés, de façon à dégager la place pour reformer le rang. En quelques minutes, il y eut deux cents, puis trois cents hommes échelonnés sur la crête, protégés à l'extrémité par Quintus et ses hommes, avec un nombre équivalent d'archers du *numerus* de l'autre côté. C'était le nombre critique nécessaire pour rendre efficaces les salves, mais, même ainsi, ce serait très juste. Les Huns repartaient déjà à la charge sur la pente, leurs chevaux bavant, les yeux exorbités, galopant la bride sur le cou, ce qui permettait aux archers de tenir leurs arcs prêts à tirer. Macrobius allait et venait lourdement le long du rang, en criant des ordres :

— Choisissez votre homme au moment où il effectue son virage et ne le lâchez plus ! Au commandement, les deux premiers hommes à droite du rang tirent sur le premier cavalier, et ainsi de suite en descendant le rang par paires, à l'instant où les Huns tournent et arrivent à notre portée !... N'oubliez pas que ce sont des cibles mouvantes et visez juste devant eux ! Attendez l'ordre de Flavius Aetius !

Le sol gronda et vibra lorsque les premiers cavaliers amorcèrent leur virage. Macrobius rugit de nouveau :

— Tendez vos arcs !

D'autres Huns apparurent, entamant leur virage.

— Tirez ! cria Aetius.

Deux des *sagittarii* avaient déjà lâché leurs flèches au plus près du cavalier de tête, l'envoyant bouler hors de sa selle, et le reste du *numerus* tira en une succession rapide à mesure que les Huns arrivaient à portée. La charge, qui avait paru impossible à arrêter, se transforma en une scène de chaos indescriptible, les premiers chevaux abattus ayant bloqué les suivants, et en quelques instants, des douzaines de chevaux et d'hommes s'empilaient sur la pente, tandis que les cavaliers qui arrivaient derrière repartaient à vive allure dans toutes les directions, essayant d'échapper au carnage, mais pour la plupart rattrapés par les flèches. Les *sagittarii* tiraient maintenant en continu, déversant une pluie ininterrompue de traits sur les Huns. Des dizaines de ceux-ci gisaient, morts ou blessés, tandis que les chevaux délestés retournaient au galop en direction du *carrago*.

Flavius poussa un grand soupir et se retourna pour regarder Aetius. Son plan avait fonctionné. Sans la moindre perte pour les Romains au cours du deuxième assaut, les Huns avaient été massacrés et mis en déroute, tandis que les survivants étaient obligés de faire retraite dans un retranchement de chariots trop peu ravitaillé pour espérer soutenir un siège prolongé.

Il longea la crête pour rejoindre Aetius, s'arrêta en chemin pour s'agenouiller près de Caton, casser et extraire la flèche de son cou et lui fermer les yeux. Il ne ressentait rien, ni regret ni chagrin, comme si la disparition au combat d'un homme qu'il connaissait depuis douze ans était aussi inévitable que le cycle de la lune. Puis il se souvint du jeune fils de Caton, à Rome, et se demanda s'il saurait jamais comment était mort son père, faisant face à l'ennemi et donnant sa vie dans le combat le plus acharné que Rome ait jamais mené de leur vivant contre une force barbare.

Il se releva et rejoignit Aetius. Ils contemplèrent ensemble les hommes et les chevaux massacrés en contrebas, observèrent les *sagittarii* occupés à achever un à un les Huns blessés qui tentaient en vain de se traîner hors de leur portée.

— Attila sera fou de rage, mais il sait maintenant qu'il a perdu tout espoir d'avoir l'avantage stratégique, observa Flavius. Il peut tenter une nouvelle sortie, mais il sait qu'elle aboutira au même résultat. Ils finiront par être obligés de sortir à cause de la faim et de la soif. Nous avons peut-être gagné cette partie de la bataille, mais il y aura encore des morts.

D'un geste du menton, Aetius indiqua la direction du sud, où se déroulait toujours une lutte violente entre la force wisigothe principale et les Gépides d'Ardaric.

— Les *sagittarii* vont rester ici avec le reste des *comitatenses* d'Aspar, pour tenir Attila en respect. Maintenant, Anagastus peut déplacer ses *comitatenses* pour prêter main-forte à Théodoric et Thorismond contre les Gépides. Du moins, si Théodoric et ses fils sont toujours en vie, et s'ils sont d'accord pour prendre sous leur aile une armée de *comitatenses*. Puisque la bataille tourne en notre faveur, les intentions de nos alliés et l'équilibre du pouvoir peuvent s'être déplacés, Flavius. Ce qui à l'origine était une alliance de nécessité entre Romains et Wisigoths peut très bien devenir maintenant un conflit avec pour objectif de remplir le vide laissé au nord de l'Empire à mesure que le spectre d'Attila s'éloigne. Pour un général, la conduite de la bataille cède vite la place à la stratégie politique et aux enjeux de pouvoir. Tu devrais t'estimer heureux d'être encore tribun et de pouvoir te concentrer sur le combat. Quant à moi, je dois aller jouer à un autre jeu…

On entendit alors un autre bruit provenant du *carrago*, un mugissement profond, qui résonnait depuis le cercle de chariots dans l'air humide en contrebas de la crête. Les soldats s'interrompirent dans leurs tâches – les *sagittarii* en train de remplir leurs carquois, Macrobius et les autres hommes du *numerus* en discussion autour du corps de Caton – et regardèrent la scène extraordinaire qui se déroulait en dessous d'eux. La poussière produite par les chevaux était retombée et on pouvait maintenant voir clairement l'intérieur du retranchement, avec les survivants de l'armée ennemie assis ou couchés en désordre sur le pourtour, leurs chevaux rassemblés autour d'eux. Au centre, il y avait un amoncellement de selles provenant des chevaux tués, haut de cinq fois la taille d'un homme, ou plus, le tout entouré de planches empilées et de roues enlevées aux chariots démantelés. Debout sur une plate-forme qui dominait la scène, un homme revêtu d'une armure et d'un manteau également noirs, les jambes écartées et plantées fermement, faisait face aux Romains. À chaque mugissement, il levait les bras et serrait les mains, comme si son corps était noué de fureur. Flavius le regarda, fasciné. C'était Attila.

— Qu'est-ce qu'il fait ? marmonna Aetius.

— Il a fait construire son propre bûcher funéraire, répondit Flavius. Il est en train de nous dire que nous pouvons bien l'avoir mis en cage, il n'y restera pas longtemps. Le Hun est un guerrier des steppes, des grands espaces ouverts, peu habitué à être enfermé dans des forteresses et dans des villes. Il nous signifie qu'il préfère mourir de sa propre main ou en combattant plutôt qu'à petit feu au cours d'un siège.

Macrobius les rejoignit et se tint près d'eux.

— Il est comme un lion affaibli par les lances de chasse, qui marche de long en large devant sa tanière, et n'ose pas bondir, mais dont le rugissement terrifie toujours ceux qui l'entourent.

Aetius plissa les yeux.

— Dès que les Wisigoths et les *comitatenses* d'Aspar en auront fini avec les Gépides, nous ne craindrons plus une contre-attaque sur nos flancs. Je donnerai l'ordre aux *sagittarii* de descendre le long de la pente jusqu'à une position d'où ils pourront faire tomber une pluie de flèches à l'intérieur du *carrago*. La cavalerie des *comitatenses* prendra position au sommet, prête à contrer toute sortie désespérée des Huns. Ce n'est pas que je veuille accomplir les souhaits d'Attila, mais je veux soit les voir, lui et son armée, détruits aujourd'hui, soit les laisser partir en ennemis vaincus. Ma décision reposera sur les Wisigoths et dépendra de qui survit parmi Théodoric et ses fils, et comment se dessine leur avenir…

Un nouveau son retentit à leurs oreilles, émergeant cette fois-ci de la rumeur étouffée de la mêlée entre les Wisigoths et les Gépides, au sud : c'était la vibration profonde et puissante d'une corne qui sonnait, une note longue suivie d'une plus courte, comme si elle avait été interrompue brusquement. Flavius sentit se dresser les poils de sa nuque et tous ses muscles se contracter, une réaction instinctive qui venait du fond de son âme. Il avait déjà entendu ce son, une seule fois, lorsque son grand-père Gaudentius avait été encerclé par des loups au cours d'une chasse en forêt, et que lui et ses cousins goths s'étaient élancés à cheval à son secours. C'était la corne de guerre des rois goths, dans laquelle on ne soufflait qu'en cas de danger extrême. Il se souvint de la question de Thorismond à propos de son allégeance, la veille, dans la salle du festin. Son côté romain lui disait qu'il ne pouvait pas faire grand-chose pour Théodoric maintenant, que sa place était auprès d'Aetius, qu'on ne pouvait probablement déjà plus rien faire pour aider le roi. Mais son côté goth lui disait que, si Théodoric était tombé, son devoir était de se joindre à Thorismond et à son frère et de réclamer le corps, de se battre pour obtenir vengeance de ceux qui avaient abattu le roi. Il savait aussi que, en dépit de son inimitié passée avec Théodoric, Aetius devait ressentir le même appel ancestral au son de la corne de guerre, car il était encore plus proche que Flavius de leur commune ascendance gothe, même si un général avait le devoir de refouler son instinct et de rester résolument là où il était, en seigneur du champ de bataille.

Flavius se tourna vers lui, n'eut même pas besoin de demander : Aetius montrait la direction du sud.

— Va.

Flavius cria à Macrobius, qui était retourné avec les *sagittarii* :

— Centurion, avec moi !

Il rangea son épée au fourreau et se mit à courir, suivi par Macrobius et les autres hommes du *numerus*, Apsachos et Maximus sur leurs talons, esquivant les corps qui jonchaient le champ de bataille, ou sautant par-dessus. Ils franchirent d'un bond le ruisseau saturé de sang qui coulait juste en contrebas de la butte et se frayèrent un chemin aussi vite qu'ils le pouvaient en direction des combattants. Flavius identifia quelques Wisigoths venant du bord de la rivière, qui se lançaient derrière leurs chefs pour se joindre à la mêlée, criant et mugissant lorsqu'ils rejoignaient le fracas tourbillonnant au milieu. Les Gépides serraient les rangs et résistaient à chaque tentative des Wisigoths pour les séparer. Deux cents pas plus loin, approchant d'un endroit où les entassements de corps étaient encore plus hauts, Flavius tira son *gladius* et se mit à hurler tout en continuant sa course. Il entraîna à sa suite Macrobius et les autres à travers la ligne gépide, en direction de la mêlée, en plein cœur du combat.

Flavius se fraya un chemin du tranchant ou de la pointe de son épée, embrocha un homme à hauteur de la gorge et glissa avec lui sur le sol rouge de sang, se redressa d'un bond juste au moment ou une volée de flèches provenant des archers wisigoths se fichait avec un bruit sourd dans les rangs gépides à sa gauche. Il courait vers le lieu où il pensait que Théodoric était le plus susceptible de mener ses hommes et il vit alors quelque chose qui le fit stopper net. Les Gépides étaient de proches parents des Ostrogoths, mais ils étaient plus petits, plus râblés, et utilisaient des épées plus courtes. Les hommes que Flavius voyait devant lui n'étaient pas des Gépides, mais des Ostrogoths, plus grands et plus musclés que les hommes autour d'eux. Aetius avait fait tout son possible pour éviter que les Wisigoths ne se battent contre leurs cousins ostrogoths, mais il semblait que, d'une façon ou d'une autre, une unité d'Ostrogoths avait été incorporée à l'armée gépide.

En s'approchant, il se rendit compte que c'était pire que ça. Plusieurs de ces hommes portaient les casques ornementés et l'armure segmentée des Huns. Ce n'étaient pas les Ostrogoths détachés de l'armée d'Ardaric que les *comitatenses* avaient affrontés au nord sur la crête, c'étaient des gardes du corps d'Attila en personne, une unité d'élite, sans doute les meilleures troupes à sa disposition. Le fait que ces hommes ne soient pas à leur poste près d'Attila à ce moment était tout simplement extraordinaire. Ils devaient être en train d'accomplir une mission de la plus haute importance, sur les ordres d'Attila lui-même. Flavius se rendit compte que le chef hun avait peut-être eu le dernier mot dans cette bataille, après tout : une fois qu'il avait compris que ses forces propres étaient vaincues et qu'Aetius était inexpugnable sur la crête, son unique but avait consisté à essayer de tuer Théodoric, et il avait engagé ses meilleures ressources pour mener à bien cette ultime action.

Les pensées se succédaient rapidement dans l'esprit de Flavius, tandis qu'il avançait péniblement, glissant dans le sang et trébuchant sur les corps, à la recherche du roi wisigoth. Il se souvint de ce qu'avait dit Aetius à propos de la vacance du pouvoir après la bataille, de l'alliance difficile entre les Romains et les Wisigoths. Attila l'avait compris, lui aussi. Le roi qu'ils avaient vu dans son retranchement de chariots, mugissant au-dessus de son bûcher funéraire, n'était pas seulement un seigneur de la guerre, c'était un maître stratège. Flavius comprit que le coup de théâtre d'Attila autour du bûcher après l'échec de ses archers avait été une diversion pour détourner leur attention des Wisigoths et de la mission dévolue à sa garde personnelle. En donnant à ses gardes du corps l'ordre de tuer Théodoric, Attila avait probablement tenté d'assurer quelque chose de vital pour lui, sachant qu'Aetius devrait y réfléchir à deux fois avant de laisser les Wisigoths, emmenés par un nouveau prince ambitieux, poursuivre et détruire les Huns survivants, et créer ainsi à leur profit une dynamique qui leur permettrait ensuite de se retourner contre leurs alliés romains et contre Aetius lui-même.

Macrobius le rejoignit, essoufflé, dégoulinant de sang, et lui désigna quelqu'un de la pointe de son épée :

— Là. Andag. Je me souviens qu'il faisait partie de la garde d'Attila à la citadelle.

Flavius fixa la silhouette imposante, à environ vingt pas devant eux, debout près d'un amoncellement de corps wisigoths. Il tenait dans sa main gauche une énorme masse d'armes terminée par une boule hérissée de piques agressives reliée à une chaîne. Les Wisigoths, dans leur offensive victorieuse contre les rangs gépides, avaient laissé à distance respectueuse l'arme qu'il faisait tourner férocement autour de lui. Sur le sol devant lui se trouvait la raison pour laquelle il restait sur place et ne s'attaquait pas aux Wisigoths qui progressaient alentour : une corne de chasse brisée. Il était comme un prédateur avec sa proie, debout sur le corps de sa victime, s'assurant que l'ennemi ne pouvait ignorer qu'il était victorieux. Les Wisigoths l'avaient maintenant dépassé de plus d'une centaine de pas et repoussaient les Gépides en bas de la pente, mais Andag demeurait sur place, le regard fixe, en faisant des moulinets avec son arme.

Flavius resserra sa prise sur la poignée de son épée, s'avança.

Macrobius le rattrapa.

— Il est isolé maintenant et il ne peut pas survivre. Il suffit d'attendre et il sera abattu par une flèche.

Flavius secoua la tête.

— Je ne vois nulle part ni Thorismond ni son frère. Les autres chefs sont morts, ou conduisent leurs hommes vers les flancs. C'est moi qui dois obtenir vengeance.

Un cri retentit derrière eux, et Flavius en se retournant vit que Maximus était encerclé par un groupe de Gépides qui s'étaient interrompus dans leur retraite pour mener un dernier assaut contre l'ennemi. Apsachos, après avoir en vain cherché des flèches pour remplir son carquois vide, tira son épée et courut à son secours, suivi de près par Macrobius et les autres. Flavius les laissa et s'approcha à quelques pas d'Andag, avec seulement une dalle de rocher nu pour les séparer, au milieu des cadavres gépides et wisigoths. Il vit de nouveau la corne, puis, devant la masse de corps mutilés, dans une mare de sang, il aperçut une épée à poignée dorée qu'il reconnut pour l'avoir vue, la nuit précédente, lorsque Théodoric était venu près de lui au bord de la rivière.

Andag était un véritable géant, il faisait au moins deux pas de haut et il s'était dépouillé de son armure pour laisser voir une poitrine immense, les épaules et les biceps les plus gros que Flavius eût jamais vus. Brusquement, il souleva sa boule et l'abattit avec une force effrayante sur la tête de l'un des cadavres qui dépassaient de la pile, la transformant en une purée sanglante. Il souleva alors de nouveau sa masse et la fit tournoyer autour de sa tête, ce qui fit gicler dans tous les sens les fragments de crâne et de pulpe sanglante qui étaient restés accrochés aux pointes. Il reposa l'arme et regarda Flavius fixement, en haletant et en bavant comme un chien.

— Le roi est mort, railla-t-il, dans un latin teinté d'un fort accent goth. Vive l'empereur !

— Ton empereur est piégé dans son *carrago* et s'apprête à mettre le feu à son propre bûcher funéraire, lui répondit Flavius. Ses archers à cheval ont été exterminés par nos *sagittarii* sur la crête. De plus, les Ostrogoths ont été vaincus par les *comitatenses*, et tu peux constater par toi-même ce qui est arrivé aux Gépides. Il ne reste que nous, Andag. Toi et moi. Nous *sommes* la bataille.

— Alors, pourquoi me défies-tu ? Pourquoi ne laisses-tu pas un de vos archers m'achever, ou ne me permets-tu pas de m'esquiver et de disparaître ?

Flavius lui répondit dans sa langue :

— Parce que je sais que tu n'es pas un lâche. Parce que tu resteras près de ton trophée jusqu'à ce qu'on vienne te le reprendre. Et parce qu'il était mon roi, et j'aurai ma vengeance.

Il bondit en avant, en évitant une flaque de sang glissante qui s'était formée sur le rocher, et dans le même mouvement se fendit de toutes ses forces vers le ventre d'Andag. Au moment où il l'enfonçait, jusqu'à la garde, il sentit les muscles du Hun se resserrer autour de la lame. Andag, surpris par la soudaineté de l'attaque, dans un cri de rage et de surprise mêlées souleva sa masse et en frappa violemment l'avant-bras de Flavius, puis il recula en titubant, ce qui libéra le *gladius*. Flavius savait que son coup avait manqué la colonne vertébrale et ne serait pas suffisant pour abattre Andag. Il attendit, le sang dégoulinant de son épée, qu'il tenait devant lui. Il se souvint du premier ennemi qu'il avait tué, des années auparavant, l'Alain devant les murs de Carthage, le moment de vulnérabilité qu'Arturus lui avait appris à prévoir. Andag perdait manifestement des forces maintenant, le sang qui coulait de sa blessure luisait sur son ventre et ses jambes, mais il lança soudain la masse derrière lui et bondit en avant, la poitrine et le cou à découvert, tout comme le guerrier alain à l'époque. Cette fois-ci, ce fut Flavius qui fut pris au dépourvu par la rapidité de l'attaque, mais il eut le réflexe quasi inconscient de se jeter en avant, son épée dressée à bout de bras devant lui, tous les muscles tendus, se transformant ainsi en lance humaine. Il entendit le craquement lorsque sa lame s'enfonça droit dans le front d'Andag. Le géant, incapable de s'arrêter à cause de l'élan donné à ses bras, laissa échapper son arme, qui passa en tournoyant au-dessus de la tête de Flavius.

Les deux hommes glissèrent en même temps dans la mare de sang, Andag sur Flavius, lui coupant le souffle de sa masse énorme, percutant sa tête, qui partit en arrière. Dans l'infime instant où il tenta de lutter pour ne pas perdre conscience, il sut que ce n'était pas la grande épée d'Attila qui avait permis de gagner la bataille, mais uniquement la force des armes, la sauvagerie des hommes luttant au corps à corps pour leur vie, comme Andag et lui venaient de le faire.

Puis il sombra dans les ténèbres.

18

Flavius reprit conscience, le visage plongé dans une mare sanglante qui s'était formée sur le sol rocheux et s'était amassée goutte à goutte sous lui. De son œil ouvert, il voyait la rigole de sang qui alimentait la flaque et provenait des blessures ouvertes et saignantes des cadavres amoncelés plus loin : des têtes partiellement détachées, des ouvertures béantes dans les membres et les torses, des trous sombres là où les intestins luisants avaient forcé le passage pour se répandre en sanglantes cascades sur les corps en dessous.

Il essaya de bouger, mais il semblait paralysé. C'était une sensation qu'il n'avait pas éprouvée depuis le jour où il avait été brutalement mis à terre en jouant avec ses cousins goths à la balle, lorsqu'il était enfant. Puis il se souvint : Andag, le choc brutal ressenti lorsqu'il avait pointé son épée en avant, et avant cela, la ruée des Wisigoths partis à l'assaut en hurlant pour soutenir Théodoric, les mugissements et les mélopées des Huns, le bûcher d'Attila… Il essaya à nouveau de bouger, sentit ses genoux se plier, puis ses bras. Alors il aperçut un bras qui dépassait du tas, à moitié recouvert de sang, le torse auquel il appartenait trop mutilé pour être identifié, et la tête, une bouillie de cheveux, d'os et de cervelle sanguinolents. Il se souleva lentement sur les genoux, sans le perdre de vue, et c'est alors qu'il la vit : la bague en or, reconnaissable sans le moindre doute. Théodoric.

Il la fixa, et un vertige le saisit. Il voyait les lettres gravées sur l'anneau : *HEVA*. Il se souvint du festin dans la grande salle au cœur de la forêt au cours duquel Théodoric la lui avait montrée, les éclats de rire contagieux et les histoires de combats héroïques, l'hydromel et le vin qui leur montaient à la tête, les venaisons provenant de la chasse. Théodoric lui avait expliqué la signification des lettres : *Hic est victoriae anulus*. « Ceci est l'anneau de la victoire. »

Flavius regarda autour de lui : le sang commençait à se figer, les mouches étaient déjà installées sur les yeux et la bouche des cadavres. Si c'était vraiment une victoire, alors Théodoric avait assuré sa place au ciel dans la grande salle de festin. Il vit la courte épée du roi qui dépassait de la bouillie sanglante, et l'autre, la longue, fichée plus loin dans le corps d'un guerrier hun. Il tira la cotte de mailles déchirée sur l'avant-bras pour couvrir la main et dissimuler l'anneau à la vue des pillards. Il tourna la poignée de l'épée vers le bas, serra les doigts sans vie autour. Il irait chercher Thorismond et son frère, les amènerait ici. L'anneau prouverait que le corps mutilé était celui de leur père. Et ils verraient qu'il était mort l'épée à la main, face à l'ennemi, dans la bataille la plus sanglante jamais menée au nom de leur royaume et de Rome.

Il se mit lentement debout, vit la blessure fraîche de son avant-bras, sur les quatre cicatrices blanches, là où l'alaunt l'avait déchiré, il y avait longtemps déjà, devant les murs de Carthage. Il se souvint de la soif dévorante qu'il avait éprouvée après cette bataille et il la ressentit de nouveau en cet instant. Seulement, cette fois-ci, c'était comme si son âme elle-même avait besoin d'être abreuvée. Il fit quelques pas hésitants, en titubant, vers la silhouette colossale d'Andag, qui gisait, tordue, parmi les cadavres, juste devant lui. Le poids de son corps, au moment où il s'était littéralement jeté sur l'épée de Flavius, avait fait s'enfoncer la lame jusqu'à la nuque et elle était ressortie à l'arrière du crâne. Cependant, il avait dû vivre encore quelques instants de tourments, parvenant à se soulever et à vaciller en arrière avant de retomber, les mains crispées des deux côtés de son visage, les yeux grands ouverts et figés dans une expression d'horreur.

Flavius posa son pied sur la tête d'Andag, se baissa et en retira son *gladius*, le tint d'une main mal assurée tout en regardant autour de lui, au cas où il y aurait eu encore des guerriers d'Attila prêts à bondir sur lui. Mais les seules silhouettes vivantes visibles sur le champ de bataille étaient celles de *milites* romains et de Wisigoths abasourdis, qui erraient parmi les monceaux de cadavres, se baissant parfois pour vérifier s'il ne s'agissait pas d'un camarade tombé, donnant de temps en temps un coup d'épée ou de lance pour soulager l'agonie d'un ami ou achever un ennemi.

Macrobius était là, lui aussi, et derrière lui Flavius reconnut une demi-douzaine des hommes de son *numerus*. Apsachos le Sarmate soutenait Maximus, dont la tête était enveloppée dans un tissu imbibé de sang. Macrobius avait enlevé son chapeau de feutre et il paraissait vieux, tout à coup, avec ses cheveux blancs et son visage creusé de sillons, mais lorsqu'il s'approcha, il reconnut en lui l'image intemporelle du guerrier romain.

Flavius leva le bras, ils s'étreignirent les mains, et les hommes du *numerus* se rassemblèrent autour d'eux. Pour une fois, il n'y eut pas de quolibets, pas de tentative d'humour guerrier. Ils étaient tous épuisés et couverts de sang, même Macrobius semblait interloqué par l'étendue du carnage.

— Je dois trouver Thorismond, dit Flavius d'une voix rauque. Son père gît, mort, sous ce monceau de cadavres.

Macrobius désigna du doigt un groupe d'hommes et de chevaux qui se tenaient sur une petite butte à l'ouest.

— Il se concerte avec Aetius. Thorismond souhaite poursuivre Attila, mais Aetius est d'un avis opposé. Selon lui, Attila n'est plus un adversaire redoutable et Thorismond, en sa qualité de nouveau roi des Wisigoths, doit s'assurer de son trône à Tolosa avant de repartir en campagne.

— Je vais aller le voir. Avant cela, il nous faut trouver de l'eau pour nos hommes…

— Le ruisseau qui traverse le champ de bataille est rouge de sang. La plus proche source d'approvisionnement est la rivière, en amont du confluent avec ce ruisseau, à environ deux stades à l'ouest. Il nous faut partir maintenant, si nous voulons y arriver avant le coucher du soleil.

Flavius posa la main sur l'épaule de Macrobius.

— Pars donc, centurion. La dernière grande bataille de Rome est terminée. Nous avons fait notre devoir et défendu notre honneur. Le moment est venu de s'occuper de nos hommes.

— À tes ordres, tribun.

Ce soir-là, Flavius se tenait dans l'obscurité, près de l'Aube, juste en dehors du cercle mouvant de torches qui entourait la fosse creusée pour le roi. Au passage du gué, les chevaux hennissaient et piétinaient, déjà sellés et abreuvés en prévision du long voyage qu'ils entameraient cette même nuit en direction de la capitale wisigothe, Tolosa, à dix jours vers le sud. À l'est, au-dessus du champ de bataille, le ciel était illuminé d'une lueur orange comme une fausse aurore, provenant des bûchers allumés par les Romains et les Wisigoths pour leurs morts. Les Huns et les Ostrogoths tombés seraient laissés sur le terrain et fourniraient en charogne le dernier grand festin des vautours qui avaient suivi les armées de Rome depuis leurs premières guerres de conquête, plus de mille ans auparavant.

Un crachin s'était mis à tomber et dans le crépitement des torches Flavius voyait les chefs wisigoths autour de la tombe, la tête baissée et l'épée tirée, tenue pointe en bas devant eux. Le seul autre Romain présent était Aetius, debout dans l'obscurité au-delà du cercle formé par les torches, son casque dans les mains, le regard sombre et résolu. Après que Flavius eut emmené Thorismond et son frère près du corps de leur père, ils l'avaient porté jusqu'à cet endroit et avaient creusé la tombe eux-mêmes, sans trop d'effort, dans le sable meuble qui s'était accumulé le long de la rive à cet endroit. Ils n'avaient prévenu les chefs, afin qu'ils viennent depuis leurs campements, qu'une fois le corps installé dans la tombe. L'enterrement avait été bref et tenu secret pour le préserver des pillards qui rôdaient déjà probablement autour du champ de bataille, attendant de dépouiller les cadavres et de ramasser dans le sol gorgé de sang tout ce qui pouvait avoir quelque valeur. Cependant, Thorismond avait une autre raison d'être pressé. Il avait mis à profit la cérémonie pour faire renouveler les serments d'allégeance des chefs, des hommes dont le soutien serait vital s'il voulait affirmer ses droits sur le trône wisigoth. Quelques-uns retourneraient à leur campement pour battre le rappel de la fidélité parmi leurs hommes. D'autres chevaucheraient vers Tolosa cette nuit comme gardes rapprochés de Thorismond, en espérant atteindre la capitale avant la nouvelle de la mort de Théodoric et y asseoir le droit de son fils aîné, contre celui de ses frères, à la succession. Plutôt qu'une célébration de douleur et de deuil, la cérémonie sur la tombe de Théodoric avait été un nouveau conseil de guerre.

Flavius regarda en direction d'Aetius, essayant de deviner le jeu tactique qu'il avait choisi. Avant Attila, Théodoric avait été le pire ennemi d'Aetius, et Thorismond le savait. L'alliance entre Wisigoths et Romains était née de la nécessité de s'unir contre un ennemi commun. Aetius ne pouvait ignorer que la vieille inimitié avec Rome pouvait revivre à travers les fils de Théodoric, une fois Attila vaincu. Lui non plus n'était pas là pour pleurer Théodoric, mais pour s'assurer que Thorismond parte pour Tolosa cette même nuit avec son armée. Si le jeune prince avait poursuivi Attila comme il le souhaitait et écrasé ce qui restait de l'armée des Huns, il aurait pu être tenté d'endosser le manteau d'Attila, de rompre l'alliance avec Rome et de poursuivre lui-même sur Ravenne. Maintenant que les Vandales de Genséric étaient massés comme une meute de loups des mers près des côtes d'Italie, Aetius savait que Rome ne pourrait pas résister à une attaque simultanée de deux forces barbares. En persuadant Thorismond de la menace qui pesait à Tolosa et du besoin de s'assurer de son royaume, il relâchait la pression sur Rome et permettait à celle-ci de rassembler ses forces, fortement réduites après la bataille. Quant à lui, il allait pouvoir s'atteler à une nouvelle stratégie de défense.

De tous les fils de Théodoric, Thorismond était le plus susceptible d'être bien disposé vis-à-vis de Rome une fois sur le trône, celui dont il fallait absolument cultiver les bonnes grâces. Il avait reçu la formation de la *schola militarum* à Rome et venait de remporter une victoire aux côtés des Romains, dans la plus impressionnante bataille qu'aucun des deux alliés eût jamais vécue. Théodoric, le fils le plus jeune, avait combattu aussi aux champs Catalauniques, mais il était loin dans la ligne de succession et admirait trop son frère pour être son rival. Son tour viendrait sans doute plus tard. Des quatre autres frères, Frédéric, Euric, Ricimer et Himmérit, aucun n'avait participé à la bataille et n'avait de liens forts avec Rome. Si Thorismond succombait à leurs intrigues, quel que soit celui qui l'emporterait, la guerre de succession qui s'ensuivrait conduirait plus vraisemblablement à une alliance avec Genséric qu'avec Valentinien et son armée affaiblie commandée par Aetius.

Flavius observait Thorismond, debout devant la tombe, et se souvint du jeune homme enthousiaste de la *schola*, douze ans auparavant, lorsqu'ils étudiaient la bataille d'Andrinople. Quoique tous les jeunes gens de la *schola* aient connu la hideuse réalité qui se cachait derrière la guerre – après tout, ils avaient grandi au milieu des intrigues et des assassinats, des alliances précaires de leurs pères, oncles et frères –, celle-ci était pour eux une question de batailles et de tactiques sur le terrain. L'essentiel de leur intérêt était logistique : le mouvement des armées, la taille et la spécialisation des unités, la nécessité de maintenir la chaîne d'approvisionnement, la façon d'organiser le recrutement et la formation. Dans les années qui avaient suivi, ils avaient été happés par quelque chose de plus sombre et de plus complexe, bien loin de la pointe de l'épée et de la gloire des armes. La bataille des champs Catalauniques elle-même avait constitué une nouvelle forme de guerre, quelque chose qui n'aurait pas vraiment pu prendre place dans les simulations qu'on leur avait enseignées, un combat où la vision des généraux et les finesses tactiques avaient été de moindre importance que les prouesses physiques et le sang versé.

Et maintenant Thorismond venait d'enterrer son père et se trouvait face à un avenir où il serait roi et où il ne pouvait y avoir place pour quatre de ses frères. Flavius ne lui enviait pas le prix qu'il aurait à payer pour assumer l'héritage qui lui revenait : les luttes intestines sordides, les meurtres, la détresse et la haine de ses belles-sœurs et de leurs enfants, la culpabilité qui le rongerait jusqu'à sa mort. Ce jour était le dernier de la jeunesse de Thorismond. Le fardeau de la royauté pèserait lourdement sur lui. Là était la réalité de la guerre, de la lutte pour le pouvoir qui la soustendait. Flavius était heureux que tout cela soit derrière lui maintenant, que ses jours passés à combattre pour la grande stratégie de Rome soient révolus.

Les chefs remirent leurs épées au fourreau et s'en allèrent. C'était le moment pour les deux Romains de présenter leurs respects. Flavius et Aetius pénétrèrent dans le cercle des torches, près de la tombe dont Thorismond occupait la tête et son frère le pied. Flavius regarda au fond de la fosse peu profonde, se souvenant du cadavre écrasé qu'il avait trouvé sur le champ de bataille. Il vit qu'on avait recouvert la tête et le torse d'une couverture, croisé les bras au-dessus, avec l'anneau d'or bien visible. Près du corps se trouvaient les objets que Théodoric et son frère avaient pu rassembler pour s'assurer que leur père n'aborderait pas la vie dans l'au-delà les mains vides : plusieurs coupes à boire en bronze, le harnais orné d'or et de bronze doré de Théodoric, le torque en spirales d'or qu'il portait dans la bataille, et, à son côté, ses deux épées aux poignées incrustées d'or et décorées de grenats. La plus courte, celle que Flavius avait placée dans la main de Théodoric sur le champ de bataille, était toujours tachée de sang, la plus grande marque d'honneur parmi les richesses qui accompagnaient dans la tombe un guerrier goth mort face à l'ennemi.

Thorismond se tourna vers Flavius, les yeux sombres et impénétrables, supputant déjà ce que serait l'avenir.

— Flavius Aetius, tu as lutté près de mon père et tu as tenté de lui sauver la vie sur le champ de bataille. Je ne l'oublierai pas. Je te salue.

Flavius inclina la tête pour remercier et dire adieu au roi disparu. Il jeta un coup d'œil à Aetius et les deux Romains sortirent du cercle et se dirigèrent vers la rivière, laissant Thorismond et son frère seuls avec leur père. Aetius se tourna vers son neveu et lui mit la main sur l'épaule.

— Tu t'es bien battu, Flavius Aetius, et tu as défendu à la fois l'honneur de Rome et celui des ancêtres goths de ton grand-père. Et, en prenant l'épée d'Attila, en lui enlevant ce symbole de pouvoir, il se peut que tu aies fait pencher l'issue de la bataille en notre faveur. Moi aussi, je te salue.

— Mais maintenant, je ne peux pas retourner à Rome.

Aetius enleva sa main et contempla les torches allumées, Thorismond et son frère en train de recouvrir la tombe avec le sable qui en avait été extrait.

— La cour est un lieu dangereux. Elle l'est pour moi aussi, mais je suis *magister militum* et j'y suis accoutumé depuis toujours. Quant à toi, le fait que tu aies réussi à tromper un empereur, même s'il était un ennemi mortel de Rome, peut suggérer à un autre empereur que tu pourrais faire la même chose avec lui. Valentinien se laisse facilement influencer par Héraclius, qui sait ce que toi et tes hommes pensez des eunuques de la cour. Et Valentinien subit d'autres influences – les évêques augustiniens de Rome et de Ravenne, qui connaissent tes liens avec l'hérétique Pelagius. On parle déjà de brûler des gens en public, de purges faites par des chrétiens parmi d'autres chrétiens. Si tu rentrais à Rome, tu pénétrerais dans un tourbillon aussi dangereux qu'un champ de bataille, mais moins facile à aborder pour toi.

— En ce cas, je dois te demander de me délier de mes obligations envers Rome.

— Thorismond t'acceptera dans son conseil restreint. Tu pourrais m'y être très utile, être mes yeux et mes oreilles à la cour du dernier allié de Rome. Un jour viendra bientôt, de ton vivant sinon du mien, où un prince goth sera empereur à Rome.

Flavius arracha les décorations en or de son casque, qui indiquaient son grade de tribun et qu'il avait fait mettre autrefois par les forgerons de Milan avant de s'embarquer pour Carthage. Il les tendit à Aetius.

— J'ai appris ce que cela signifie d'être un soldat. Je ne serai ni un espion ni un intrigant. Ma place est à la tête de mes hommes, épée à la main. Et je ne servirai pas Rome, si son empereur est influencé par un eunuque.

Aetius prit les bandelettes dorées, les soupesa.

— Qu'il en soit ainsi. Tu es délié de tout devoir vis-à-vis de Rome. Mais je garderai ceci en souvenir respecté de l'un des derniers vrais guerriers de Rome.

— Et mes hommes ? Et Macrobius ?

— Eux aussi sont libérés de leur engagement, si tel est leur vœu.

— Ils m'attendent avec les chevaux. Je vais leur poser la question.

— Et toi ? Que vas-tu faire, Flavius Aetius ?

Flavius leva les yeux dans le crachin, sentit les gouttelettes sur ses lèvres, le goût de sel de la transpiration et du sang encore collés à son visage. Au-dessus de leurs têtes, les nuages bas reflétaient toujours les bûchers du champ de bataille, comme si le sang répandu ce jour-là avait taché jusqu'au ciel.

Il montra le cours de la rivière, au-delà du site du combat.

— Ce soir, je chevaucherai vers le nord, avec les hommes de mon *numerus* désireux de se joindre à moi. Nous trouverons un bateau à destination du rivage occidental de la Britannie, où se trouve la forteresse d'Arturus. Je lui offrirai mes services en tant que soldat.

— Tu as la guerre dans le sang, Flavius Aetius.

— En Britannie, je peux continuer à me battre pour Rome, pas la Rome qui l'a abandonnée sous Honorius, mais celle qui a autrefois forgé un lien entre les légionnaires et le peuple de cette terre, les ancêtres d'Arturus et de ses hommes. C'est une cause où Rome ne signifie pas intrigue, meurtre et eunuques, mais un endroit où un soldat peut se battre en soldat.

Aetius leva sa main dans le crachin.

— Si tu vas en Britannie, il te faudra t'habituer à ceci.

— Je suis allé dans les déserts d'Afrique pour combattre les Vandales, j'ai chevauché dans les steppes avec Attila. Dans le désert, sur les terres arides et nues qui y mènent, chaque épisode de l'histoire jonche le sol autour de soi, à peine recouvert par la poussière. Le rappel constant des gloires passées devient un fardeau, une vision des batailles dont nous avons été amenés à croire que nous ne pourrions jamais les égaler. Carthage a été gagnée par les exploits de Scipion Aemilianus, mais son héritage pesait sur nous autant qu'ils nous inspirait. Avec Attila, c'était différent. Chevaucher avec lui était comme émerger d'un passé vierge de toute inscription, sans avoir à égaler des Césars ou des Scipions, à remporter de plus belles batailles. C'était aller vers un avenir inconnu. C'était jubilatoire. Cela, je le ressens aussi ici, dans le Nord, où la pluie nous lave des traces du passé. Bientôt, le sang des champs Catalauniques sera absorbé dans la terre crevassée, les moissons seront plus abondantes que jamais, et les gens oublieront qu'une bataille a jamais eu lieu ici. Un jour, je serai peut-être un vieux guerrier nostalgique des gloires passées. Mais maintenant, en tant que soldat, j'aspire à un lieu où les hommes regardent seulement vers l'avenir.

Aetius esquissa un sourire.

— Dans ce cas, la Britannie te conviendra peut-être. Et Arturus a l'étoffe d'un roi. Tu ne pouvais trouver mieux.

— Il a besoin de toute l'aide possible pour l'emporter sur les Saxons.

— Est-ce que cette femme hun est toujours avec lui ? Êrekan ?

— Elle est partie avec lui pour la Britannie après notre fuite de la capitale des Huns en traversant le Danube. Je n'ai pas beaucoup entendu parler d'elle depuis.

Aetius secoua la tête.

— Une petite-fille de Moundzouk. Fille d'Attila. Voilà, pour un ennemi, de quoi y réfléchir à deux fois.

— Te souviens-tu, quand tu m'enseignais le tir à l'arc lorsque j'étais enfant, sur le Champ de Mars ? Je n'ai jamais cru tes histoires d'archers huns qui pouvaient transpercer d'une même flèche la tête de deux ennemis, jusqu'à ce que je la voie le faire de mes propres yeux.

— Je voulais te demander, dit Aetius. Cette épée. Que vas-tu en faire ?

— L'épée d'Attila ? Son époque est révolue. Il est temps de laisser la place à de nouveaux rois, de nouvelles épées. Mais elle devrait revenir de droit à l'héritier le plus direct, au guerrier hun qui perpétuera la descendance d'Attila.

— C’est aussi pour cette raison que tu vas en Britannie ?

— Jusqu’alors, l’histoire restera inachevée. C’est mon dernier devoir vis-à-vis de Rome, que j’ai commencé à accomplir lorsque tu m’as envoyé à la recherche d’Attila et de l’épée, au-delà du Danube.

Ils regardèrent Thorismond et son frère balayer le sable sur la tombe de leur père, puis ramasser les torches et les lancer dans la rivière, éteignant ainsi les dernières flammes et plongeant la rive dans l’obscurité. Un cheval hennit, un chien hurla, un cri aigu, perçant, qui résonna le long des berges de la rivière. Flavius recula et leva son bras droit.

— *Salve atque vale*, Flavius Aetius Gaudentius, *magister militum*, je te salue.

Aetius leva la main à son tour.

— Bon vent, Flavius Aetius Secundus, dernier vrai tribun de Rome.

Épilogue

Britannie (hiver 455 après J.-C.)

Flavius fit un creux de ses mains et souffla dedans. Il sentit la chaleur de son haleine contre ses paumes, regarda la condensation tourbillonner au-dessus de lui. La neige tombait plus fort maintenant, mais il pouvait toujours discerner les pics escarpés qui s'élevaient autour d'eux comme un immense amphithéâtre, avec pour seule ouverture la piste rocheuse qu'ils avaient empruntée le soir précédent en provenance de la vallée à l'est. Ils étaient passés près d'une succession de lacs, à une altitude de plus en plus élevée, reliés par des torrents rapides aux eaux blanches, longeant des rives gelées en cascades de glace qui débordaient sur la piste et rendaient la progression hasardeuse tant pour les chevaux que pour les hommes. Finalement, ils avaient atteint le plus élevé d'entre eux, l'étendue d'eau qu'Arturus appelait Glaslyn, et dont les eaux sombres étaient juste visibles, en dessous d'eux, à travers les tourbillons de neige et le brouillard matinal.

Comme la plupart des autres hommes, Flavius avait passé une nuit agitée, recroquevillé dans son manteau, près de l'entrée d'une des mines de cuivre qui s'échelonnaient sur les pentes, plus pour se protéger de la montagne que d'un éventuel Saxon assez stupide pour les avoir suivis dans cet endroit. Pendant l'ascension de la soirée précédente, dans le vent qui hurlait, il avait été surpris de voir de gros fragments de rocher tomber de la montagne, et s'était abrité avec les autres derrière une dalle de pierre déchiquetée tandis qu'une avalanche d'éboulis dégringolait sur la pente autour d'eux. Les Bretons lui avaient dit que ces pierres étaient lancées par un géant, un monstre nommé Rhitta Gawr, emprisonné là-haut depuis l'époque où les montagnes étaient recouvertes de plaques de glace et où les rochers s'étaient fendus, lui laissant des morceaux qu'il précipitait dans la vallée lorsque les vents de tempête provoquaient sa rage et qu'il piétinait tout en mugissant au milieu des pics.

Macrobius, quant à lui, avait raconté une autre histoire, transmise par les soldats de la légion qui avait autrefois occupé le fort en ruine à la naissance de la vallée, construit là à l'époque des premiers Césars pour fournir une protection aux mineurs. À les en croire, lorsque l'empereur Constantin s'était converti au christianisme, Mars, le dieu de la guerre, avait fait irruption ici, dépité, et c'était lui qui arpentait les pics et entrechoquait les rochers, puis les précipitait dans la vallée en contrebas. Depuis que Constantin les avait rejetés, lui et les autres dieux, aucun soldat romain qui passait par là n'était à l'abri de sa colère. Les hommes du fort avaient refusé de quitter la vallée pour monter ici et les mines avaient été abandonnées. Lorsque Flavius avait entendu cette histoire, il escaladait péniblement le sentier avec tous ses compagnons, pliés en deux à cause du vent, avec, au-dessus d'eux, les rochers menaçants, et il avait serré son lourd manteau de laine autour de lui pour cacher les derniers vestiges de son allégeance passée, la lourde *cibanius*, ceinture avec fourreau pour une épée, que son oncle Aetius lui avait donnée à Rome, dans une autre vie. Il se sentait loin du Christ, ici, et il préférait accorder à cette histoire le bénéfice du doute. Pour une fois, il avait ressenti de la satisfaction à ne plus se battre pour Rome.

Macrobius grimpait la pente droit vers lui, venant des feux où se préparait la nourriture. Il portait une outre de peau pleine dans une main, un cuissot de viande rôtie dans l'autre. Il escalada le rocher en face du puits de la mine et s'assit lourdement sur les ardoises à côté de Flavius, en lui tendant l'outre.

— De la bière insipide et du mouton. C'est tout ce qu'ils ont.

Flavius déboucha l'outre et but longuement en la levant bien haut. C'était glacé, mais rafraîchissant. Il la reposa et fixa le mouton.

— Te souviens-tu du gibier que nous avons mangé devant Carthage ? Ferme les yeux et imagine que c'est ça.

Macrobius prit l'outre et but de grandes gorgées bruyantes de bière qui débordèrent sur sa barbe. Il la reboucha et s'essuya le menton.

— Avec un peu de chance, nous aurons du gibier bientôt. Les dernières bandes de guerriers bretons sont arrivées il y a quelques heures, et Arturus confère avec eux en ce moment. La rumeur court que nous allons redescendre sur les terres frontalières, dans la vallée de la rivière Dee, et les anciennes forêts de chasse de la Vingtième Légion. Nous allons festoyer comme des rois.

Flavius fit une moue.

— Si nous allons là-bas, ce n'est pas le chevreuil que nous allons chasser.

Macrobius considéra la viande d'un air découragé.

— Il n'y a vraiment que les Barbares pour manger du mouton…

— Des Barbares ? plaisanta Flavius en l'examinant. Est-ce que tu as vu, récemment, de quoi tu avais l'air ? Ta queue de cheval est assez longue pour y attacher un chariot, et ta barbe ne ferait pas honte à un chef de guerre germain.

— C'est ce que ton oncle Aetius nous a conseillé. Tu te souviens ? « Confondez-vous avec les gens du pays, ou bien quelqu'un vous repérera »… De toute façon, tu peux parler !

Flavius esquissa un sourire.

— Eh bien, si nous sommes des Barbares, après tout, nous *pouvons* manger du mouton. Je meurs de faim.

Macrobius prit le cuissot de mouton à pleines mains et le déchira en deux, en tendit la moitié à Flavius et se mit à manger l'autre avec bruit. La graisse lui giclait sur le menton, s'y mélangeait à la bière. Le hennissement d'un cheval retentit bruyamment et résonna sur le flanc des montagnes, et il se leva en continuant de manger.

— Il est temps de s'occuper des animaux, dit-il, la bouche pleine.

Il partit en zigzaguant, l'extrémité du fourreau de son épée cliquetant sur les cailloux, et se dirigea vers les amas de rochers près de la rive du lac où ils avaient rassemblé leurs montures pour la nuit. Les chevaux avaient été terrifiés par la tempête et avaient refusé d'entrer dans les galeries, de sorte que Macrobius était resté avec eux en utilisant l'abri précaire offert par les pierres. Flavius pouvait tout juste apercevoir Arturus et la douzaine de chefs bretons, un peu plus loin près du rivage, rassemblés autour de la dalle circulaire taillée dans la roche, qui était l'antique lieu de réunion pour ceux qui se rassemblaient ici. Si Flavius ne se trouvait pas parmi eux, c'était par choix. Il était le compagnon de combat d'Arturus, mais pas son conseiller, et Macrobius était l'écuyer de ce dernier, et rien de plus. Son rôle de stratège et de tacticien militaire s'était achevé pour Flavius aux champs Catalauniques, au moment où il avait donné à Aetius les insignes de son grade et avait quitté l'armée romaine pour toujours. Ici, il n'était qu'un soldat, et un autre homme était le roi.

Il arracha avec ses dents le dernier morceau de tendon qui tenait à l'os et laissa couler la graisse sur le fer de son épée, qu'il avait posée sur ses genoux et s'apprêtait à fourbir lorsque Macrobius était monté. Il l'étala sur la lame puis retourna celle-ci pour s'assurer que le gras pénètre bien au niveau de la poignée, là où l'acier avait rouillé sous l'action de l'humidité de l'air. Il essuya le surplus avec l'ourlet de son manteau, puis passa son doigt le long des encoches trop profondes pour avoir été limées par la meule. Il contempla l'itinéraire qu'ils avaient parcouru en contrebas dans la vallée, souligné de blanc maintenant, là où la neige s'était accumulée sur le chemin entre les amas de rochers. Les quatre années qui s'étaient écoulées depuis les champs Catalauniques avaient été une suite de combats presque ininterrompus, et ils n'avaient cessé de se déplacer. Il ne restait plus qu'une poignée des hommes du *numerus* d'origine qui avaient choisi de les suivre, Macrobius et lui, et de traverser la mer jusqu'en Britannie. Ils n'étaient plus des *limitanei* romains, mais les chevaliers d'une nouvelle garde sélectionnée par Arturus, fidèle et endurcie au combat, dont chaque homme pouvait lutter à armes égales avec n'importe quel champion que les Saxons pouvaient leur opposer. Cela avait été une guerre de duels, d'escarmouches, d'embuscades sanglantes, au cours de laquelle ils avaient dû, eux et les autres bandes de guerriers bretons, effectuer une retraite devant l'avance continue des envahisseurs, les survivants s'unissant sous le commandement d'Arturus lorsque le bruit s'était répandu que les chefs de guerre l'avaient accepté comme leur seigneur suzerain, leur roi.

Et maintenant, sur cette forteresse montagneuse désolée, ils avaient atteint le bout du chemin. Plus à l'ouest se trouvait Mona, l'antique île des druides, plate et impossible à défendre, puis Hibernia. Au-delà, l'océan immense, la limite du monde. Ils avaient atteint le dernier endroit où les Bretons qui avaient résisté à Rome quatre cents ans plus tôt s'étaient cachés, et Arturus et ses hommes se trouvaient face au même choix fatidique que leurs prédécesseurs : rester dans ces montagnes, en ce lieu qu'aucun envahisseur ne pouvait soumettre, envisager pour leur enfants un futur limité, sous l'œil maléfique du dieu de ces pentes rocheuses, ou bien faire demi-tour et tenter une sortie, utiliser les quelques centaines d'hommes de leurs bandes pour oser ce qui n'avait jamais encore été essayé – affronter les Saxons en bataille rangée, en utilisant la tactique romaine jamais expérimentée encore par l'ennemi.

Ceux qui étaient actuellement rassemblés au bord du lac autour de la dalle circulaire étaient en train de prendre leur décision. Mais Flavius savait dans quelle direction Arturus s'orienterait. Il ne disparaîtrait pas de l'histoire comme les derniers guerriers bretons, quatre siècles auparavant, qui avaient vécu comme des trolls dans les montagnes, pour toujours errants, constamment pourchassés. C'étaient les ancêtres d'Arturus, mais il en avait d'autres, les soldats romains qui étaient venus en Britannie et s'étaient mariés avec des femmes bretonnes, et Flavius savait que c'était le sang romain d'Arturus qui l'emporterait. S'ils devaient tomber, ce serait en soldats, sur le champ de bataille, en luttant jusqu'à leur dernière goutte de sang, accompagnés des ombres de leurs ancêtres romains, les légionnaires et *milites* de mille ans de guerres. Les derniers d'entre eux ne pouvaient pas clore cette histoire en abandonnant la place qui leur revenait, celle de guerriers qui avaient juré de se battre jusqu'à la mort pour protéger leur honneur et celui de leurs camarades.

Il fixait la neige tourbillonnante. Quatre années s'étaient écoulées depuis les champs Catalauniques. Les affaires de Rome lui apparaissaient comme de l'histoire ancienne maintenant, aussi éloignées que les immenses événements des guerres puniques dont il avait lu la relation dans les livres de Polybe et de Tite-Live lorsqu'il était un jeune garçon. Après leur arrivée en Britannie, ils n'avaient eu que peu de nouvelles du monde pendant longtemps, et rien qui leur soit parvenu directement, seulement des rumeurs véhiculées par des mercenaires goths capturés qui avaient traversé la mer jusque-là pour se battre avec les Saxons. Puis son cousin Quintus, son ancien étudiant à la *schola* de Rome, les avait rejoints après un voyage périlleux depuis l'Italie. Il avait été tué, il y avait juste une semaine, en repoussant seul une charge des Saxons, au cours d'une escarmouche sanglante près de Viroconium, qui avait finalement contraint Arturus à partir à l'ouest à travers les montagnes jusqu'à cet endroit. Les nouvelles apportées par Quintus avaient montré que Flavius avait été bien avisé de quitter Rome et qu'il l'avait fait au bon moment. L'eunuque haï Héraclius avait persuadé Valentinien qu'Aetius convoitait la pourpre impériale, et les deux hommes avaient attaqué ensemble Aetius et l'avaient poignardé à mort. Flavius savait qu'Aetius serait trahi un jour dans une intrigue de cour, mais finir de cette façon, par la main d'hommes qui n'avaient jamais vu un ennemi au combat, était ignominieux pour un soldat romain, pour le meilleur général que Rome ait produit depuis des générations, l'ultime espoir de l'empire d'Occident.

Flavius avait incliné la tête en entendant la nouvelle. Ce qui s'était produit après la mort d'Aetius semblait avoir été aussi inéluctable que la course des étoiles. Les gardes du corps huns d'Aetius, Optila et Thraustila, les anciens gardes d'Êrekan, devenus farouchement loyaux vis-à-vis de leur nouveau maître, s'étaient vengés d'une façon sanglante, en assassinant Valentinien alors qu'il s'exerçait au tir à l'arc sur le Champ de Mars, à l'extérieur de Rome. Ils avaient agi par loyauté envers Aetius, et non envers Attila, mais on aurait dit qu'il avait été déterminé d'avance que ce seraient des guerriers huns qui abattraient le dernier empereur romain d'Occident de quelque importance. Après Valentinien, il ne pouvait y avoir que des fantoches et des marionnettes. Après son assassinat, l'impératrice Eudoxie, craignant pour sa vie, s'était offerte avec ses deux filles au roi vandale Genséric. Par un incroyable retournement du destin, ces Barbares dont l'armée avait offert à Flavius sa première expérience du combat, plus de quinze ans auparavant, devant Carthage, étaient maintenant invités aux portes mêmes de Rome. C'était comme si la déesse Roma, chassée par les prêtres et les évêques du Christ, s'était dressée une dernière fois, du lieu de son exil, et avait fait signe à Rome pour l'entraîner dans la destruction, dans un refus de laisser sa ville s'abaisser encore plus, ouvrant une faille dans le monde souterrain pour elle, pour qu'elle s'y engloutisse et que sa domination millénaire sur les affaires des hommes s'achève enfin.

Quintus avait aussi apporté des nouvelles d'Attila. L'homme qui avait désiré si ardemment mourir par l'épée, que Flavius avait entendu de ses propres oreilles mugir ce souhait aux champs Catalauniques, cet homme avait aussi connu une fin ignominieuse, noyé dans son propre sang après une hémorragie provoquée par un excès de boisson lors de la célébration d'un de ses nombreux mariages. Après avoir battu en retraite, il avait regroupé ses guerriers survivants et marché sur Rome, pillant les villes du nord de l'Italie sur son chemin, mais son armée était épuisée et les guerriers étaient repartis dans leurs immenses steppes au-delà du Danube. Attila avait sans doute échoué dans la conquête de l'empire d'Occident par les armes, mais il avait gagné, finalement. Des espions, qui avaient vu sa *strava*, la célébration de ses funérailles, avaient témoigné qu'il avait été enterré avec un immense trésor de pièces de monnaie romaines, la totalité du tribut qu'il avait extorqué aux empereurs, et qui avait mis à sec le trésor romain. La perte de cet or avait appauvri l'Empire et mis les empereurs de Ravenne dans l'impossibilité de payer l'armée. Après cela, Flavius savait que la suite ne serait plus qu'une question de temps : l'invasion de l'Italie par les Goths – les plus forts parmi les derniers vassaux d'Attila –, et la déposition des derniers dirigeants qui avaient succédé à Valentinien, les marionnettes qui accompagnaient la désintégration finale de l'armée romaine d'Occident.

Flavius s'enveloppa dans son manteau, se souvenant d'avoir fait le même geste autrefois devant Carthage, ce dernier matin froid avant que les Vandales ne déferlent. Il se rappela Arturus ce même jour, tel qu'il l'avait vu pour la première fois, émergeant d'un nuage de poussière dans le désert, puis ce qu'ils avaient prédit ensemble du futur en attendant que les navires les évacuent de la cité en flammes. L'histoire leur avait donné raison sur une question décisive : les Vandales, à l'origine maraudeurs pillards des forêts, étaient devenus, depuis leur nouvelle cité portuaire, d'excellents marins et d'authentiques guerriers des mers. Tout comme Rome avait autrefois appris des Barbares, en adaptant leurs armes et leurs tactiques, les Barbares avaient appris de Rome, s'étaient emparés de la force que tous avaient crue inattaquable et se l'étaient appropriée. Pour la première fois depuis que le grand Pompée avait écrasé la piraterie, cinq siècles auparavant, Rome avait perdu le contrôle de la Méditerranée. Quelques décades après sa première rencontre avec la mer, lorsqu'il l'avait traversée entre l'Hispanie et l'Afrique dans sa marche sur Carthage, Genséric était devenu l'homme fort des océans, en adaptant sur la mer sa tactique de pillard des forêts.

Il évitait le combat naval rangé avec ce qui restait de la marine romaine et utilisait ses *liburnae* rapides pour harceler et affaiblir les navires romains au cours d'attaques éclair dont les Vandales sortaient la plupart du temps victorieux.

Attila mort et la flotte vandale prête à attaquer non loin du Tibre, ce serait Genséric, et pas un chef hun, qui franchirait les portes de Rome, mais cette issue était devenue inéluctable lorsque Attila avait soufflé dans sa corne de guerre et avait fait franchir le Danube à ses cavaliers, dix ans auparavant. Cela avait détourné Rome de la menace maritime et porté le premier coup qui allait mener à l'effondrement de l'empire d'Occident. Pour ce qu'en savait Flavius, cela s'était peut-être déjà produit. La cité éternelle, et avec elle tout le symbolisme qui l'avait motivé lorsqu'il était jeune homme, était peut-être déjà incendiée et réduite à l'état de ruine.

Il se souvint d'une autre chose qu'avait dite Arturus à Carthage, sur l'éternel retour des choses. La perte des riches terres agricoles de l'arrière-pays africain, prises par les Vandales, avait mortellement affaibli Rome, tout comme, six cents ans auparavant, la perte de l'Afrique par Carthage au profit de Rome avait condamné la Carthage punique. Flavius avait dans son enfance lu un ouvrage dans une bibliothèque à Rome, une série de propos sibyllins qui prédisaient une nouvelle chute de Carthage et annonçaient que Rome paierait pour la destruction de la ville par Scipion et son armée. Flavius avait appris à ne pas croire les prophéties païennes. C'étaient les hommes, et non les dieux qui décidaient du sort des cités, et le jeu de la guerre n'était pas l'affaire d'une quelconque lubie des dieux, mais de stratégie serrée et de tactique, où se jouait l'équilibre du pouvoir et des décisions, bonnes ou mauvaises, prises par les hommes. Genséric était maintenant aux portes de Rome, et une chose semblait sûre : la guerre avec Carthage avait fait de Rome une grande puissance ; aujourd'hui, Carthage était devenue le quartier général de l'assaut final des Barbares sur Rome, et le dernier acte de ce conflit allait briser la cité des Césars.

Flavius mit son épée au fourreau et se leva. Il se pencha à l'intérieur de la galerie et y prit ses fontes, qu'il jeta par-dessus son épaule, puis il sortit et se posta sur le talus formé par les roches rejetées par les mineurs. Il discerna à travers les flocons un mouvement près du lac. Les chefs qui s'étaient assis autour de la dalle circulaire étaient partis, quelques-uns remontaient la pente vers leurs hommes, d'autres se dirigeaient vers les chevaux. Autour de lui, il vit les hommes qui commençaient à bouger devant l'ouverture des autres puits de mines, et, vers le lac, certains s'étaient regroupés autour des feux de la cuisine pour se réchauffer et commençaient à rassembler leurs armes et leurs possessions. Macrobius menait un cheval gris pommelé sur le chemin qui conduisait à la dalle, et la douzaine de chevaux, qui était tout ce qui leur restait, renâclait et piaffait le long du chemin, chacun mené par un jeune garçon et attendant son cavalier. Au-delà de la dalle, Flavius discerna Arturus et une autre silhouette debout près du rivage, qui regardaient vers le lac. Il savait qu'ils l'attendaient. *Il devait partir.*

Flavius descendit en glissant le dernier monticule de déchets des mines et atteignit le chemin du bord du lac, où Macrobius menait le cheval gris juste devant lui, tandis qu'Arturus et sa compagne attendaient plus loin. Le gros des hommes, peut-être trois cents en tout, commençait à se rassembler avec ses chefs dans un espace où le sol était plus plat, proche de l'extrémité orientale du lac. L'eau s'y précipitait en un torrent furieux vers le lac suivant, loin au-dessous, et vers la rivière dans la vallée, près de laquelle ils étaient passés en montant. Les autres chevaux, dont Macrobius avait la charge, étaient répartis entre les chefs, seul signe de leur statut parmi les silhouettes emmitouflées dans leurs manteaux qui se serraient les unes contre les autres pour se garantir de la neige. Parmi eux se trouvaient les quelques hommes qui restaient de ce qui avait été le *numerus* de Flavius, quatre ans auparavant.

Il pressa le pas en atteignant un terrain plus ferme, désireux de ne pas faire attendre les hommes plus longtemps qu'il n'était nécessaire, et aussi dans l'espoir que le mouvement atténuerait le froid qu'il ressentait dans ses membres. Un instant plus tard, il était à côté de Macrobius devant Arturus, dont la barbe parsemée de gris était tout juste visible sous le capuchon de son manteau. La compagne d'Arturus était descendue au bord de l'eau, mais elle remonta alors, le capuchon rabattu et le visage offert à la neige, ses longs cheveux noirs attachés derrière la tête, les cicatrices de ses joues livides dans le froid. Les années de guerre avaient endurci Êrekan, l'avaient rendue plus féroce, plus belle. Elle portait toujours sous son manteau l'armure d'écailles métalliques que son père Attila lui avait donnée, et, en dessous, la tunique et la culotte doublées des peaux des animaux qu'elle avait chassés elle-même dans les steppes de ses ancêtres. Son arc, sur son dos, était enveloppé de cuir, et à sa ceinture

Flavius vit son fouet enroulé, dont les lames étaient soigneusement tournées vers l'intérieur afin que seul son ennemi en connaisse la morsure mortelle.

Flavius se tourna vers Arturus, qui avait également baissé son capuchon. Son visage encadré par sa barbe et les longs cheveux qui tombaient sur ses épaules paraissait émacié, comme les images du Christ que les hommes du Nord avaient commencé à dessiner à leur ressemblance. Flavius posa sa main sur le pommeau de son épée et regarda son ami.

— Eh bien ? As-tu pris ta décision ?

Arturus montra le chemin.

— Nous ne pouvons pas rester ici. La neige humide se transformera en glace d'ici quelques heures. Le froid descend de la montagne. La glace briserait les jambes des chevaux et des hommes.

— Tu veux dire que tu as choisi de retourner faire la guerre.

Arturus, insondable, regarda Flavius.

— Me suivras-tu ?

— Mes hommes sont les tiens, Arturus.

— Tu es toujours leur tribun, Flavius. Et Macrobius est leur centurion.

— Tout cela appartient au passé. Rome ne représente plus grand-chose. Le moment est venu d'oublier l'histoire. Tu es leur *dux*, leur capitaine.

Macrobius se baissa et ramassa un morceau de tuile au bord du lac, provenant d'un cantonnement de gardes qui s'élevait auparavant en contrebas des mines. Il en essuya la neige, et des lettres apparurent, profondément incrustées sur sa surface : *LEG XX*.

— La Vingtième Légion, grommela-t-il.

Ils avaient vu de nombreux vestiges du pouvoir militaire romain dans le paysage ravagé de Britannie : les murs croulant de la vieille forteresse de Deva, les restes envahis par la végétation du fort temporaire au bout de la vallée, enfouis dans le sol. Macrobius retourna la tuile, hésita, puis la lança contre un rocher près du lac, où elle se brisa en petits morceaux.

— Ainsi finit Rome, déclara-t-il en plissant les yeux en direction d'Arturus. Le moment est venu pour toi, maintenant.

— *Ave,* centurion, lui répondit Arturus. Tant que tu porteras ce vieux bonnet de feutre, tu resteras un *miles* romain pour moi. C'en est sans doute fini de Rome, mais ses soldats continuent à vivre.

Une autre silhouette se dirigeait vers eux, coiffée d'un capuchon, une houlette à la main, qui désigna le rocher circulaire où Arturus avait tenu conseil.

— À l'époque lointaine de nos ancêtres, les pierres et les cercles de pierre avaient une signification importante comme lieux de réunion. On en trouve partout, si on ouvre les yeux et si on sait où regarder.

— Tu parles de plus en plus comme un druide, Pelagius, prévint Arturus. Je vais devoir bientôt t'appeler par ton vieux nom breton.

— Pas encore, Arturus. Pas tant que tu n'es pas couronné roi.

— Alors il se peut que tu attendes longtemps, mon ami. Ta barbe blanchira et sera tellement longue qu'il te faudra la coincer dans ta ceinture. Et, de toute façon, souviens-toi avec quelle passion, avec Aetius, nous avons cru en Rome. L'ère des empires est révolue. Voici venue l'époque des républiques.

— Ah, dit Pelagius, en pliant son doigt. C'était *Rome*. Mais aujourd'hui, c'est la *Britannie*. Et je ne parle pas d'un empire, mais seulement d'un royaume. Probablement un très petit royaume. Mais de grands et beaux arbres peuvent pousser à partir de petits arbustes.

— Et voilà, tu parles de nouveau comme un druide. Il est temps que tu boives ton infusion de gui.

— Des Barbares, marmonna Macrobius, en s'éloignant d'un pas lourd. Je ne peux vivre ni avec eux ni sans eux.

Ils se tournèrent vers le lac, le contemplèrent. L'eau était d'une couleur étrange, un rouge métallique scintillant, due au cuivre extrait des mines sur les pentes. Elles étaient abandonnées depuis longtemps mais elles suintaient à chaque fois qu'il pleuvait, comme si la montagne saignait. La vue était obscurcie par la brume et la neige, mais Flavius pressentait la présence des grands murs de rochers qui s'élevaient depuis l'autre rive jusqu'aux sommets loin au-dessus. On disait qu'un second géant des montagnes rôdait par là, dans le lac : l'Afanc, monstre des profondeurs, frère de Rhitta Gawr, jeté là après que tous deux s'étaient battus dans un combat de titans parmi les montagnes, à l'aube des temps. D'autres disaient que le lac n'avait pas de fond, que si on lançait une pierre dedans elle tomberait dans le monde souterrain. Pour les anciens Bretons, il avait été sacré, un lieu d'offrandes comme les rivières et les marais que Flavius les avait vus vénérer à travers toute la Britannie et qui étaient les frontières liquides entre ce monde et l'au-delà. Les guerriers qui savaient que leur fin était proche y jetaient leurs boucliers et leurs épées, sachant que leurs armes les attendraient pour qu'ils les portent lorsqu'ils passeraient dans l'autre monde après avoir rendu leur dernier soupir, déjà prêts pour les batailles à venir.

Arturus fit un signe à Macrobius, qui prit un paquet de forme allongée dans les sacs suspendus à la selle et le lui tendit. Arturus en tira une épée qu'il donna à Êrekan. C'était l'épée de guerre sacrée d'Attila, l'épée du dieu de la guerre, qu'ils avaient gardée avec eux depuis qu'ils l'avaient prise dans la citadelle des Huns, sous le nez d'Attila, presque six ans auparavant. Elle n'avait pas vu la lumière du jour depuis les champs Catalauniques, et la lame en était grise et terne, piquée de rouille.

En la regardant, et en voyant l'intensité du regard d'Êrekan, Flavius se demanda si leur mission pour s'emparer de l'épée et priver Attila de son symbole de pouvoir avait changé le cours de l'histoire, en définitive. Son cousin Quintus lui avait dit que, lorsque Attila était mort, le nouvel empereur d'Orient, Marcien, successeur de Théodose, n'avait pas rêvé d'une épée brisée mais d'un arc brisé. Les guerriers huns n'avaient aucun besoin d'un symbole sacré pour les précipiter dans la bataille, pas plus que les soldats romains n'avaient eu besoin d'une croix chrétienne ou d'un aigle. Il jeta un coup d'œil à Macrobius, à son visage tanné par les intempéries, parcouru de rides profondes, à sa barbe grise, et pensa aux champs Catalauniques. L'issue de la plus grande bataille de tous les temps n'avait peut-être pas dépendu de l'absence de l'épée sacrée, mais bien de la force des armes romaines, du sang, de la sueur et de la détermination d'hommes comme Macrobius, apportant toute la puissance de mille ans de hauts faits militaires pour peser sur la dernière bataille menée dans l'empire d'Occident au nom de Rome.

Flavius se tourna vers Arturus.

— Tu es sûr ?

Arturus hocha la tête et haussa les épaules.

— Après tout, c'est une épée de cavalerie, trop longue pour nous. Nous combattons en fantassins, en *pedes*. C'est un poids mort.

— Exactement, grommela Macrobius. Rien ne vaut un *gladius* à l'ancienne. On a toujours surestimé les *equites*.

Arturus lui posa une main sur l'épaule.

— Voilà des paroles de vrai *miles*, mon ami. De toute façon, la décision ne m'appartient pas, ajouta-t-il en se tournant vers Êrekan.

Cette dernière soupesa l'épée, regarda les bandes d'or terni autour de la poignée, puis dit en grec :

— Je vais l'envoyer à mon père, pour qu'elle repose à côté de lui dans le monde souterrain, comme il se doit.

Arturus s'inclina légèrement et tous se reculèrent. Êrekan prit la poignée dans sa main gauche, laissant la pointe traîner sur le sol derrière elle, puis visa de son autre main en direction du lac. Elle se pencha en arrière et, avec un cri rauque, lança l'épée au-dessus de sa tête et l'envoya tournoyer en l'air. L'arme disparut, dissimulée à leurs regards par les volutes de brume. Ils l'entendirent fendre la surface de l'eau, et ce fut tout. Êrekan se retourna, escalada la pente jusqu'au chemin et prit la bride que lui tendait Macrobius, sauta sur son cheval, lui flatta l'encolure en se penchant pour lui parler doucement à l'oreille dans la langue de son peuple. Le cheval piaffa et renâcla, et elle s'assit droite, prit le fouet à sa ceinture et le fit claquer au-dessus de sa tête, laissant la corde se dérouler en ondulant parmi les flocons de neige, puis elle la ramena à elle et la rangea.

— Lorsque mon père a trouvé cette épée, il a su qu'il deviendrait un seigneur de la guerre, dit-elle. Après cela, on a dit que son armée était un tourbillon. Suivez-moi au combat et vous verrez pourquoi.

Flavius perçut un éclair fugitif dans ses yeux. Il avait déjà vu exactement ce même regard, loin, très loin sur les rudes plaines proches du lac Méotide, lorsqu'il avait chevauché à côté d'Attila alors que celui-ci fondait comme un tonnerre avec ses archers sur les prisonniers parthes. Il se sentit grisé, tout à coup, comme s'il n'avait attendu que cet instant toute sa vie, un signe comme l'éclat fugitif d'une lame fraîchement aiguisée annonçant la bataille imminente et la proximité de l'ennemi. Il se tourna vers Macrobius.

— Es-tu prêt, centurion ?

Macrobius désigna les hommes qui attendaient devant eux.

— Oh, je pensais à nos soldats. Je me demandais s'ils avaient eu assez à manger. On ne peut pas faire marcher une armée le ventre vide.

— Tu auras pourvu à ça, répondit Flavius en esquissant un sourire.

Macrobius inspira profondément, hocha la tête, prit son vieux casque bosselé et le ficha au-dessus de son bonnet de feutre.

— En avant, *milites*, dit-il, en s'avançant le long du chemin en direction de ses hommes.

Flavius s'attarda un instant. Il contempla la tuile réduite en morceaux sur le sol devant lui, évoqua tous ces soldats romains partis avant eux.

— En avant, *legionarii*, dit-il à voix basse.

Êrekan tira sur les rênes de son cheval et baissa les yeux vers lui.

— Où est-elle ?

Flavius la fixa, interloqué.

— Que veux-tu dire ?

— Tu n'arrêtes pas de toucher cette pierre à ton cou. C'est certainement le cadeau d'une femme.

Flavius se rendit compte que ses doigts étaient agrippés autour du collier de jais qu'Una lui avait jadis donné. Il le lâcha et le rangea prestement sous sa tunique, puis fixa Êrekan.

— Elle est avec Dieu.

Êrekan le regarda avec détermination.

— Alors il te faut trouver une autre femme.

— Non, ce n'est pas ce que je voulais dire. Elle porte la parole de Dieu au sein de son propre peuple.

Êrekan resta impassible.

— Sait-elle manier l'épée ?

Flavius réfléchit un instant, puis leva les yeux :

— Elle sait courir. Très vite et pendant très longtemps.

— Alors elle a sa place parmi nous. Lorsque la bataille qui s'annonce sera terminée, tu devras aller la chercher.

Elle fit faire un demi-tour à son cheval pour suivre Macrobius, se retourna à nouveau.

— Et elle peut emmener Dieu avec elle, si elle veut. Aucune aide ne sera de trop.

Elle partit au galop et Arturus s'avança près de Flavius. Il portait le casque qu'Aetius avait offert à son neveu lorsque celui-ci avait été nommé tribun, et que Flavius lui avait donné lorsqu'ils avaient traversé la mer vers la Britannie. Un casque décoré d'or n'avait pas sa place sur la tête d'un fantassin qui ne se battait plus pour Rome. Ici, ce casque ne pouvait convenir qu'à un roi. Flavius se souvint de sa première rencontre avec Arturus, lorsqu'il marchait à grandes enjambées à travers le désert africain, revêtu d'un habit de moine, en homme qui avait renoncé au combat et aux plaisirs terrestres pour une vie de contemplation, qui avait tourné le dos à son peuple alors que les Barbares déferlaient. Il sourit intérieurement à cette évocation, car un roi combattant endurci au combat se trouvait devant lui maintenant.

— Es-tu prêt ?

Arturus posa son casque sur sa tête et inspira profondément. Il sortit son épée du fourreau et la pointa en direction de la vallée.

— En route pour la guerre !

Note de l'auteur

Les pages qui suivent constituent un bref accompagnement historique du roman, ponctué par un rapide inventaire des sources historiques et archéologiques ici utilisées.

La fin de l'Empire romain occidental

Presque six cents ans se sont écoulés depuis l'époque de *Total War Rome : Détruire Carthage*, le premier roman de cette série historique. Après avoir été une république naissante montrant sa force en Méditerranée, Rome était devenue l'empire le plus puissant que le monde ait jamais connu, et son influence s'étendait depuis le détroit de Gibraltar jusqu'au golfe du Bengale, et des confins du Sahara jusqu'à la pointe septentrionale de la Grande-Bretagne. L'armée avait été au cœur de toute cette puissance, sa force principale, au fil de ces siècles au cours desquels les dictateurs étaient devenus empereurs, où l'Empire avait vacillé à cause de la corruption et des ambitions personnelles, où la pression des Barbares aux frontières s'était faite trop forte pour être plus longtemps contenue, où le peuple s'était laissé tenter par une nouvelle religion.

Au cours des règnes de Dioclétien et de Constantin le Grand, à la fin du IIIe et au début du IVe siècle, un tournant décisif se produisit. Dioclétien réforma l'armée de façon à empêcher les usurpateurs potentiels de rallier facilement les soldats et à la rendre également plus efficace sur les frontières. Il divisa aussi l'administration de l'Empire en deux. Constantin adopta officiellement le christianisme comme religion d'État et transféra la capitale impériale, de Rome à l'ancienne colonie grecque de Byzance sur le Bosphore, dans la nouvelle cité nommée Constantinople.

La dernière période de l'Empire romain occidental correspond au siècle et demi qui s'est écoulé entre le règne de ces empereurs et la chute de l'Empire occidental, en 476. La première moitié de cette période fut une époque de prospérité et de sécurité retrouvées, sous l'effet bénéfique des réformes de Dioclétien et de Constantin. À Rome, le visiteur aurait trouvé une ville plus impressionnante qu'elle ne l'avait jamais été, avec de nouvelles basiliques magnifiques, dont celle de Saint-Pierre. Rien à voir avec la seconde période. Rien ne pouvait contenir la menace des Barbares aux frontières du Rhin et du Danube, ni souplesse stratégique, ni traités, ni concessions, et une rupture dans le tissu même de l'Empire était inévitable. À la bataille d'Andrinople, en 378, les Goths avaient vaincu les armées unies des empires d'Occident et d'Orient, puis s'étaient avancés inexorablement à travers la Grèce et l'Italie et avaient mis Rome à sac, ce qui constitua un traumatisme psychologique dévastateur dont l'Occident ne se releva jamais vraiment. En dépit de la compétence de ses chefs, l'armée romaine était paralysée par des empereurs faibles, dont le souci était davantage de l'utiliser pour augmenter leur sécurité personnelle que pour défendre les frontières. Des Vandales aux Saxons, d'autres Barbares suivirent les Goths, les premiers en traversant la Gaule et l'Espagne, et les seconds en obligeant les Romains à se retirer définitivement de Grande-Bretagne. Le décor de l'extraordinaire arrière-plan historique de ce roman était planté, une histoire tragique et inévitable, faite de courage et de prouesses militaires face à la force du nombre, qui ont permis à l'armée romaine de cette époque d'égaler les exploits de ses illustres ancêtres des siècles précédents.

Lorsque ce roman commence, aux environs de 430 après J.-C., Rome est une ville en pleine mutation. Une proportion non négligeable des classes administratives a maintenant des ancêtres barbares, conséquence de l'envoi à Rome, par des chefs germains pacifiés, de leurs fils pour y recevoir une éducation, de l'accès de mercenaires germaniques aux grades élevés de l'armée et de mariages mixtes. Même si les gens vivaient plus que jamais dans la crainte d'une invasion barbare, la distinction ethnique entre Romains et Barbares devenait floue. Les deux chefs les plus compétents de l'armée romaine au cours du Ve siècle, Stilicon et Flavius Aetius, étaient respectivement d'ascendance vandale et gothe, et nombreux étaient les simples soldats dont les ancêtres avaient été des ennemis jurés de Rome, seulement quelques générations auparavant, dans les forêts au-delà du Rhin et du Danube.

Des changements significatifs se produisaient aussi dans le mode de vie et l'environnement matériel. Les rouleaux étaient remplacés par des codex, les livres que nous connaissons aujourd'hui. On mettait au rebut les toges pour adopter les pantalons et les tuniques.

Le vieux système monétaire basé sur le *denarius* en argent avait été remplacé par celui du *solidus* en or, et l'argent, tout comme les pièces de métal, n'était plus accepté partout, en raison de la dévaluation et de l'instabilité économique. La ville de Rome, qui n'était plus capitale de l'Empire, voyait aussi son aspect changer. À l'époque de mon premier roman, qui se situe au IIe siècle avant J.-C., le Colisée, le Panthéon et les palais impériaux n'avaient pas encore été construits. Au Ve siècle après J.-C., ils appartenaient déjà au passé. Le dernier combat de gladiateurs avait eu lieu au Colisée en 386 après J.-C., et les palais avaient perdu leur importance par rapport aux nouvelles capitales impériales de Constantinople pour l'Orient, et de Milan et Ravenne pour l'Occident. Les bâtiments destinés à subsister – temples, cours de justice et amphithéâtres – ne le durent souvent qu'au fait qu'ils avaient été convertis en lieux de culte chrétien. Le Ve siècle vit donc les débuts d'un ordre nouveau, mais qui allait s'écrouler avant que le monde que l'on allait qualifier de médiéval prenne toute sa place. Et derrière cette plongée vers les ténèbres apparaissait en première ligne la stature terrifiante d'un chef de guerre barbare, Attila le Hun.

L'administration de l'Empire

Les premiers empereurs se plaisaient à dire qu'ils n'étaient que les gardiens de la République, que le titre de *princeps* n'était qu'une nouvelle version du vieux titre de *dictator* réservé à une situation d'urgence et porté par Jules César pour assurer la pérennité de la République pendant les guerres civiles. C'était une fiction, bien sûr. Après Auguste, la Rome antique ne redevint jamais une république. Mais les principales institutions administratives survécurent effectivement, et en particulier le Sénat, tandis que le gouvernement décentralisé des provinces, instauré à la fin de la République, servit de modèle pour celui de l'Empire. Le succès de ce système dans les nouvelles provinces reposait sur une délégation du pouvoir à l'élite autochtone, encouragée à assumer des postes administratifs dans les villes et à percevoir ainsi les avantages de la romanisation. Si nous pensons aux majestueux monuments éparpillés sur toute l'étendue de l'Empire romain, aux amphithéâtres, aux aqueducs et aux basiliques, il y en a peu qui ont été réellement commandés et payés par Rome. Beaucoup étaient le fruit d'une émulation ostentatoire au sein de l'aristocratie locale romanisée, composée d'hommes soucieux d'asseoir leur prestige et d'assurer leur élection à des postes-clés. Dans une province comme la Britannie, la majorité des gens adeptes d'un mode de vie à la romaine étaient des natifs du lieu, alors que les soldats à la retraite formaient le seul groupe notable d'immigrants, qui s'intégrait par le mariage – sachant que ces vétérans n'étaient pas forcément romains eux-mêmes et ne venaient même pas toujours d'Italie. Ce système se révéla un moyen efficace pour maintenir la paix et la prospérité dans les provinces, car il constituait un encouragement à produire de la richesse de façon à maintenir un taux élevé d'impôts tout en permettant la construction des infrastructures nécessaires à leur collecte, à travers le développement des villes et du réseau routier.

Les circonstances qui poussèrent l'empereur Dioclétien

à effectuer des réformes furent une défaillance massive de ce système administratif au cours du IIIe siècle après J.-C. – une période qui vit se succéder plus de trente empereurs en autant d'années ! –, en même temps qu'une pression accrue des Barbares aux frontières et une dépression économique qui menaça à la fois l'approvisionnement de l'armée en nourriture et l'or nécessaire pour leur solde. Plutôt que de tenter de reconstituer l'ancien système, Dioclétien et ses conseillers créèrent une organisation plus rigoureuse, basée sur des provinces de taille réduite, ordonnées en « diocèses ». Par exemple, l'ancienne province d'Afrique proconsulaire fut divisée en trois parties, la Byzacène, la Zeugitane et la Tingitane. La Britannie fut partagée en deux, la Britannia Prima et la Britannia Secunda. Dioclétien fut plus radical en divisant l'Empire en deux parties, l'Orient et l'Occident, dirigées par une tétrarchie constituée pour chacune d'un « Auguste » plus âgé et d'un « César » plus jeune. Il ouvrit ainsi la voie à Constantin pour créer la nouvelle capitale impériale sur le Bosphore et prépara le déplacement de Rome à Milan et Ravenne, qui devinrent les centres administratifs de l'Occident. La division instaurée par Dioclétien n'avait pas seulement une fonction administrative, elle constituait une reconnaissance des profondes différences sociales, économiques, linguistiques et religieuses qui existaient entre l'Orient et l'Occident, et mena en définitive à la création de deux empires séparés, en 386 après J.-C. En conséquence, à l'époque de ce roman, les soldats de l'armée occidentale avaient dû prêter serment non pas à l'empereur « senior » de Constantinople, mais plutôt à leur propre empereur, dans la nouvelle capitale occidentale de Milan.

Les derniers empereurs romains nous semblent souvent avoir exercé un pouvoir plus personnel et despotique que leurs prédécesseurs. Ce fut en partie la conséquence d'un plus grand contrôle des activités économiques – qui comprenaient en particulier la production de nourriture et d'équipements pour l'armée –, ainsi que de l'obligation pour les citoyens de conserver les mêmes activités, en rendant de nombreux métiers héréditaires par décret. Une autre cause fut le glissement vers l'Orient, où la tradition des rois semi-déifiés était plus profondément inscrite dans les mœurs. Alors qu'à Rome l'empereur et sa famille avaient toujours constitué une présence visible, à Constantinople et dans les nouvelles capitales d'Italie la cour impériale était plus distante et plus imposante. Cette distance est incarnée par la statue de Constantin, érigée dans sa nouvelle basilique sur le Forum à Rome : colossale, très stylisée et regardant vers le ciel plutôt que vers le peuple, une statue qui, ironiquement, fut commandée juste au moment où il était sur le point de renoncer au paganisme et au culte impérial. Lorsqu'on observe les effigies des empereurs occidentaux sur les pièces de monnaie datées du siècle suivant, l'ensemble est contrasté. Certaines montrent le réalisme rugueux des empereurs-soldats, pour qui le despotisme impliquait pragmatisme et brutalité, plutôt que la recherche d'une quelconque haute image d'eux-mêmes. Les problèmes vinrent de tentatives de successions dynastiques, lorsque des empereurs faibles étaient poussés sur le devant de la scène par des hommes aux basses ambitions. Cela obligeait des chefs d'armée capables tels que Stilicon et Aetius à passer plus de temps à se dépêtrer d'intrigues de cour qu'à tenir à distance les envahisseurs barbares. C'est cela, ajouté aux querelles intestines, qui devait jouer un grand rôle dans le délabrement de l'empire d'Occident en tant qu'entité administrative, au ve siècle après J.-C.

Le christianisme

L'émergence du christianisme comme religion officielle constitua un immense changement dans cette période de l'Antiquité tardive. Une vision en pleine bataille avait conduit l'empereur Constantin à se convertir au christianisme, religion qui fut acceptée par l'État, lors de sa mort en 337 après J.-C. Le christianisme semblait offrir beaucoup au commun du peuple, ce que la religion païenne de Rome ne faisait pas. Sous sa forme la plus ancienne, trois siècles avant Constantin, le christianisme était moins une *religio* – qui signifiait à l'origine en latin « obligation » – qu'un enseignement moral plus philosophique, qui permettait plus de participation et était plus adapté à la vie quotidienne que la religion païenne. Il était ouvert, accueillait en son sein tout un chacun, tandis que la religion païenne, au niveau de l'État, avait été fermée et distante, et réservait la participation à ses rites aux prêtres et aux privilégiés. À une époque où la cruauté arbitraire était répandue, la tradition judéo-chrétienne proposait un code moral inédit dans le monde classique. Les Dix Commandements n'avaient jamais eu d'équivalent à Rome, qui ne connaissait que les obligations de fréquenter les temples, d'offrir des sacrifices et les menaces de punition divine pour ceux qui ne les remplissaient pas. Le christianisme attirait les opprimés en leur montrant comment ils pouvaient puiser de la force grâce à une vie ouvertement morale et offrait ainsi un réconfort aux moins privilégiés qui, dans le monde ancien, avaient des possibilités extrêmement restreintes d'amélioration de leur condition sociale ou matérielle.

Ce serait une erreur, toutefois, de penser que ceux qui exerçaient le pouvoir à Rome et firent du christianisme la religion d'État furent influencés par ces facteurs. Pour Constantin le Grand, c'était plus une question de réalisme politique que de révélation personnelle, en dépit du fait qu'il revendiquait avoir « vu la lumière » au cours de la bataille contre son rival Maxence, en 312 après J.-C. Constantin savait probablement comment les maîtres sassanides de la Perse – les rivaux par excellence de Rome à l'Est – avaient utilisé le monothéisme à leur avantage, en exploitant la religion zoroastrienne de façon à renforcer les bases de leur pouvoir. Déjà, au IIIe siècle, les empereurs romains avaient encouragé le culte de *Sol Invictus*, le Soleil invincible, semblable à celui du soleil-roi dans l'ancienne Égypte, et l'avaient assimilé au culte impérial. Ils avaient ainsi préparé la voie pour la transition vers le Dieu unique judéo-chrétien après 331.

Sa conversion au monothéisme fit perdre à l'empereur son statut divin, base du culte impérial – il ne pouvait plus être un dieu –, mais cela fut très vite remplacé par la notion de l'empereur désigné par Dieu, celui choisi par le Christ, et du coup l'égal des apôtres. Par conséquent, les premiers empereurs chrétiens pouvaient se comporter comme des dieux, et ce encore plus que leurs prédécesseurs. Certains usèrent puissamment de cette nouvelle image, mais les plus faibles n'existèrent guère plus que comme symboles, en vivant à l'écart dans leurs palais, marionnettes entre les mains des hommes forts qui régnaient réellement sur l'Empire.

Sous d'autres aspects aussi, la transition vers le christianisme d'État représenta un moindre bouleversement qu'on ne pourrait l'imaginer. La vieille « triade capitoline », constituée par Jupiter, Junon et Minerve, fut traduite en Sainte-Trinité, composée de Dieu, du Fils et du Saint-Esprit. *Mater Magna* fut incarnée par la Vierge Marie, et les nombreux saints qui proliférèrent bientôt en Italie et ailleurs prirent la place des dieux païens locaux. L'idée que les prêtres étaient ordonnés par Dieu, intermédiaires nécessaires entre le peuple et Lui, donna au clergé un statut semblable à celui du clergé ancien, ce qui fut renforcé par le développement d'une liturgie et de rituels mystérieux ayant pour effet de les éloigner encore plus du petit peuple. Le christianisme commença à reprendre beaucoup des traits qui avaient détourné les gens de la religion païenne. Comme Constantin l'avait prévu, l'ouverture du christianisme – la dimension nouvelle de l'assemblée des fidèles – signifiait que toute la population pouvait être contrôlée à travers l'Église. Comme la morale chrétienne prenait ses racines dans la pauvreté et l'abstinence, cela convenait à un empire qui prélevait des impôts élevés, privilégiait les charges héréditaires et la servitude, laquelle confinait à l'esclavage pour nombre de citoyens qui, devenus chrétiens, accepteraient d'autant mieux leur sort. Loin de constituer une transition vers une société plus éclairée, le christianisme devint un moyen, pour une administration totalitaire, de contrôler et d'opprimer une population qui, autrement, aurait risqué de se retourner contre l'empereur.

À l'époque où se situe ce roman, une centaine d'années après Constantin, de nombreuses institutions de la future chrétienté commençaient à s'affirmer, y compris la papauté, les évêchés et les monastères, qui furent d'abord implantés dans les villas rurales fortifiées caractéristiques de cette période. Le système de datation romain, qui prenait pour origine *ab urbe condita*, « depuis la fondation de la ville », changera et deviendra *anno domini nostri iesu*, « depuis la naissance de notre Seigneur », une date fixée par le moine scythe Denys. Dans les villes, il y avait un besoin urgent de construire des bâtiments assez grands pour contenir d'importantes congrégations, de donner des « maisons de Dieu ». À Constantinople, on satisfit ce besoin grâce à l'église monumentale d'Hagia Sophia, Sainte-Sophie, dont le dôme influencera aussi bien la conception de nombreuses églises en Orient que celle des premières mosquées au VIIe siècle. À Rome, on transforma les anciennes cours de justice ou « basiliques » – un terme qui venait du mot grec signifiant « roi » et voulait dire « palais » – qui fournirent le modèle, qu'on put voir dans les premières églises basiliques comme Saint-Pierre, avec leur forme oblongue en colonnade et une abside à une extrémité. En outre, de nombreux temples païens devinrent des églises – par exemple le Panthéon à Rome –, et d'autres bâtiments comme le Colisée furent consacrés comme sanctuaires à cause de leur association avec le martyre des premiers chrétiens, ce qui, ironiquement, assurera leur survivance jusqu'à nos jours.

En dépit de l'histoire du christianisme qui, avant

Constantin, avait été une religion persécutée, il n'y eut pas de revanche systématique contre ceux qui continuaient à pratiquer les rites païens après 331. Nous aurions tort de projeter sur la période romaine une image conditionnée par notre représentation de l'extrême intolérance religieuse manifestée par l'Église catholique au cours de la période médiévale. Dans l'ensemble, le christianisme attirait suffisamment les masses pour rendre inutile la conversion forcée. Les sacrifices païens furent bannis, mais pas le polythéisme. Le paganisme continua à jouir d'assez d'estime pour que l'empereur Julien « l'Apostat » revienne au polythéisme au milieu du IVe siècle et persécute les chrétiens pendant son règne. Des quatre historiens principaux du Ve siècle, le plus ancien, Eusèbe, était profondément anti-chrétien, attribuant les malheurs de l'Empire au rejet des anciens dieux et à l'adoption du christianisme. Il ne fait aucun doute que des pratiques païennes profondément ancrées subsistèrent dans l'armée romaine, y compris le culte de dieux traditionnellement préférés par les soldats, comme Mithras, Isis et Sol Invictus.

Au sein de l'Église, des différences cultuelles apparaissaient de plus en plus évidentes entre l'Orient et l'Occident, ce qui entraîna les distinctions qui existent aujourd'hui entre l'Église de Rome et celle de Constantinople. À mesure que ces différences s'institutionnalisaient, des théologiens s'empêtrèrent dans un débat sur des questions de doctrine et de pratique qui devint de plus en plus obscur – un parallèle à la tradition sophiste du débat philosophique à la fin de la période classique, portant plus sur la forme que sur le fond. Malgré leur nature absconse, ces débats aboutirent à des schismes et à la stigmatisation des tenants de l'une ou l'autre opinion comme hérétiques et à leur persécution, souvent jusqu'à la mort. Il y eut plus de chrétiens tués de cette façon par des croyants comme eux qu'il n'y en eut qui furent jetés aux lions par les empereurs païens : un aspect sombre de la chrétienté occidentale, qui devait entacher son histoire pour de nombreux siècles à venir.

Saint Augustin et Pelagius

Deux érudits du début du Ve siècle qui figurent dans ce roman sont remarquables pour leur influence sur la pensée chrétienne des origines et sur les relations entre le christianisme romain et la conduite de la guerre au cours des dernières décennies de l'empire d'Occident. Le premier est l'évêque d'Hippone, Augustin, canonisé plus tard sous le nom de saint Augustin ; le second était un moine probablement d'origine bretonne appelé Pelagius. Nous en savons beaucoup sur Augustin car ses idées ont été intégrées dans la pensée traditionnelle chrétienne en Occident, grâce à ses deux plus importants écrits, *Les Confessions* et *La Cité de Dieu*. Pelagius, en revanche, fut considéré comme un hérétique et rien, de ses écrits originaux, n'a subsisté.

La Cité de Dieu, d'Augustin, peut être considérée comme une réaction aux invasions barbares de son temps ainsi qu'à la faiblesse endémique qu'il constatait dans l'État romain, ce qui le conduisit à écarter les royaumes terrestres et à affirmer que le seul à triompher serait le royaume spirituel de l'Église, sa « Cité de Dieu ». C'était une position peu susceptible de trouver des adeptes parmi les chefs de l'armée, à la recherche d'une Église militante susceptible de procurer un point de ralliement pour des troupes sur le terrain, de préférence à une Église qui avait abandonné les affaires de ce monde et regardait seulement en direction du ciel. En revanche, beaucoup des autres affirmations d'Augustin plaisaient au clergé et à l'État car elles leur paraissaient à même de renforcer la mainmise de l'Église sur le peuple, et parmi celles-ci la croyance que les évêques et les prêtres étaient désignés par Dieu, et le fait que la faveur divine, appelée « grâce », était nécessaire pour les actions humaines – ou plutôt que les actions humaines étaient quelque chose qui requérait l'intervention des prêtres et les rituels de l'Église qui se mettaient en place à cette époque.

C'est ce dernier point qui provoqua le désaccord entre Augustin et Pelagius, ce dernier prétendant que les actions humaines n'avaient besoin d'être guidées ni par Dieu ni par les prêtres et que les hommes pouvaient se conduire selon leur propre libre arbitre. Il se peut que la pensée de Pelagius ait reflété un individualisme sous-jacent dans la vie spirituelle de la Grande-Bretagne romaine et du vieux monde gothique de l'Europe du Nord-Ouest, pour des personnes attirées par les enseignements de Jésus au moment où ceux-ci atteignirent pour la première fois la Grande-Bretagne au début de l'Empire, mais qui le seraient moins par l'Église romaine dans ses orientations postérieures. L'héritage de cette tradition originale de l'Europe du Nord-Ouest, peu compatible avec l'Église romaine, se retrouve mille ans plus tard dans la révolution protestante et l'expansion du non-conformisme en Europe et au-delà. Le développement de la pensée religieuse au Vᵉ siècle a par conséquent une influence directe non seulement sur la stratégie militaire de l'époque – sur la question de savoir si, oui ou non, cela valait la peine de se battre pour un empire « terrestre » –, mais encore sur notre compréhension du monde chrétien d'aujourd'hui.

L'armée romaine au Vᵉ siècle après J.-C.

L'armée romaine tardive était très différente de l'armée républicaine de mon précédent roman dans cette série, *Total War Rome : Détruire Carthage*. Le danger, lorsque l'on se penche sur une longue période du passé, est de lui appliquer une image certes bien documentée – des soldats, du mode de vie, des types de construction… – mais du coup figée et censée la représenter dans son intégralité. La période de six cents ans entre le siège de la Carthage punique au IIᵉ siècle avant J.-C. et les invasions des Huns au Vᵉ siècle après J.-C. représente presque exactement la même durée qu'entre la bataille d'Azincourt et aujourd'hui. Les changements que nous constatons dans l'armée romaine tardive témoignent des évolutions que nous devrions nous attendre à trouver sur une si longue période de temps, mais ils doivent beaucoup aux réformes des empereurs Dioclétien et Constantin.

Sur bien des points, nous en savons moins sur l'armée romaine tardive que sur l'armée républicaine qui l'a précédée. En ce qui concerne l'armée du IIᵉ siècle avant J.-C., nous avons le traité militaire exhaustif de Polybe, alors qu'aucun des historiens du Vᵉ siècle après J.-C. dont les travaux nous sont parvenus n'était lui-même soldat ou ne s'est intéressé d'une quelconque manière à l'aspect militaire. Le *Notitia Dignitatum*, un catalogue des fonctionnaires dans l'Empire romain, datant du IVe siècle après J.-C., nous en dit beaucoup sur la haute hiérarchie, mais peu sur l'organisation au niveau des unités. Contrairement au début de l'Empire, il y a peu de pierres tombales à la fin de l'Empire comportant des inscriptions donnant des détails de la carrière militaire d'un soldat, et peu de traces archéologiques et d'inscriptions mises au jour provenant de forts qui auraient été occupés de façon continue par des unités individuelles pendant de longues périodes. En outre, les Romains ont remporté moins de victoires incontestables au cours des sièges et des batailles de l'Antiquité tardive, et même celles qui le furent sont rarement relatées par des témoins oculaires ou par plus de quelques lignes de texte, et souvent sans le moindre détail concernant la tactique ou les unités engagées.

Là encore, en raison de notre tendance aux raccourcis, à amalgamer des éléments éparpillés qui sont en réalité très étalés dans le temps – même dans le contexte de l'armée romaine tardive en Occident, la période dont nous parlons s'étale sur un siècle et demi, depuis Constantin le Grand jusqu'à la chute de l'empire d'Occident, en 476 après J.-C. –, on peut trouver des descriptions contemporaines de l'armée romaine tardive d'une complexité qui n'en favorise pas la compréhension, alors que si nous savions en détail ce qu'il en est à un moment donné, cela pourrait nous paraître plus ordonné et rationnel. Ce que nous montre en fait la diversité apparente des grades et des titres des unités, surtout lorsque nous arrivons au Ve siècle, c'est une armée qui évolue et se transforme rapidement pour s'adapter à la menace venue de l'extérieur, aux luttes intestines, et à l'incorporation de plus en plus fréquente d'unités barbares dans ses rangs. Et sur tout ceci plane l'idée que l'armée aurait bientôt à affronter un ennemi venu des steppes d'Asie, dans l'affrontement le plus décisif de toute la longue histoire de Rome.

Notre adjectif « byzantin », signifiant « détaillé et compliqué à l'excès », vient du nom de la vieille colonie grecque sur le Bosphore sur laquelle fut construite Constantinople, et ce terme est souvent employé pour faire référence à l'Empire romain oriental depuis sa création au IVe siècle après J.-C. jusqu'à la chute finale de Constantinople devant les Turcs en 1453. Au premier abord, l'armée romaine tardive peut sembler « byzantine » dans son organisation, avec une administration pléthorique à mettre en parallèle avec la complexité du nouveau gouvernement des provinces instauré au IVe siècle. Cependant, si on approfondit, si on se rapproche des soldats eux-mêmes, on constate comment cette façon de voir les choses peut donner une impression fausse de son efficacité en tant que force de combat. Sous bien des aspects, l'armée impériale des origines était contrôlée de plus près et bien moins flexible, et les légions avaient quelque chose de la rigidité des régiments d'infanterie en Europe au XVIIIe et au début du XIXe siècle. Si on écarte l'apparente complexité de l'organisation à un plus haut niveau, nous pouvons voir au Ve siècle une armée où une plus grande responsabilité tactique était laissée à des unités de taille réduite, avec une plus grande souplesse laissée aux commandants à un niveau plus bas et davantage d'initiative donnée au soldat individuel. C'est cela qui donnait à l'armée romaine tardive sa force, et c'est une chose que j'ai tenté de mettre en évidence dans ce roman.

Officiers et autres grades

Le *cursus honorum*, succession de postes militaires et civils qui, au début de l'Empire, constituait la structure rigide de sa carrière pour un Romain de rang sénatorial ou équestre, avait été abandonné dans une large mesure. Au début du Vᵉ siècle, les fils d'aristocrates étaient toujours nommés au rang d'officiers subalternes, mais seulement après être passés par l'école des tribuns. Alors que l'académie d'officiers du IIᵉ siècle est hypothétique dans le premier roman de cette série, la *schola militarum* de la fin de l'Empire est attestée historiquement, annonçant les académies modernes comme Sandhurst et West Point. Une différence essentielle avec ma première académie est le fait que les étudiants de la *schola militarum* comptaient de nombreux anciens sous-officiers, des hommes qui avaient été recommandés par le *magister* de leur corps d'armée ou le *dux* de leur unité frontalière, ce qui signifie que le corps des officiers de l'armée romaine tardive comprenait plus d'hommes issus du rang que cela n'avait été le cas au début de l'Empire. Cela donnait une tonalité très différente au service dans l'armée, au sein de laquelle n'importe quel *miles* pouvait aspirer au haut commandement et où de nombreux empereurs-soldats et *magisteres militum* étaient eux-mêmes des hommes de basse extraction qui s'étaient hissés en haut de l'échelle grâce au mérite militaire plutôt que par le privilège de la naissance.

Le vieux grade de centurion existait toujours dans certaines unités, y compris dans celles qui portaient toujours le titre de *legio*. Cependant, la légion familière au début de l'Empire, d'un effectif pouvant aller jusqu'à sept mille hommes et divisée en cohortes et en centuries, n'existait plus au Ve siècle, et les unités qui portaient toujours ce titre ne différaient pas d'autres unités plus petites, souvent appelées *numeri* – dont beaucoup avaient un effectif nominal de peut-être un millier ou cinq cents hommes –, qui formaient le socle de l'armée romaine tardive. Le commandement des unités de la taille d'une compagnie avait été repris par un tribun qui, comme nous l'avons vu, pouvait être soit un jeune officier, soit un vétéran sorti du rang. Le fait que des vétérans commandent souvent des unités devait peser particulièrement sur un tribun fraîchement nommé et ne possédant pas d'expérience sur le terrain, car ses hommes étaient alors moins respectueux de son statut social qu'ils ne l'auraient été au début de l'Empire et s'attendaient à ce qu'il gagne leur respect à la dure, en les menant au combat.

« Tribun » doit plutôt se comprendre non comme un véritable grade, mais comme un titre signifiant « commandant d'une unité », le statut relatif de cet officier étant déterminé par l'unité en question – de sorte que le tribun d'un *numerus* de *limitanei*, de quatre-vingts ou cent hommes, serait considéré comme subalterne d'un tribun d'un *equus comitatenses* ou d'un *pedes homoerari*, respectivement une garde d'élite à cheval et une unité plus importante d'infanterie de plusieurs centaines d'hommes. En termes modernes, « tribun » pouvait être l'équivalent de grades divers s'étalant de chef de section à commandant de bataillon, de lieutenant à lieutenant-colonel. Pour les grades subalternes, les nombreux titres attestés au cours de l'Antiquité tardive pour les jeunes sous-officiers et les simples soldats peuvent représenter la somme de ceux qui existaient pour des périodes différentes, comme déjà évoqué ci-dessus, quoique, comme dans l'armée britannique moderne, il pût exister différents titres pour le même grade, selon les spécialités ou les traditions à l'intérieur de l'unité, comparables à sapeur, artilleur, parachutiste, fusilier, ou garde. Dans ce roman, je me réfère aux simples soldats par leur titre le plus communément utilisé, *pedes*, qui signifie littéralement « soldat à pied », ou par *miles*.

Armes

L'armure et les armes du soldat romain avaient également beaucoup changé depuis le début de l'Empire. Il n'était plus question de l'armure faite de plaques, la *lorica segmentata*, des jambes nues et des sandales des légionnaires. Les soldats portaient plutôt maintenant des cottes de mailles, des tuniques et des pantalons, ce qui leur donnerait à nos yeux un aspect plus médiéval que romain. Le *gladius* court destiné aux coups d'estoc et le *pilum* du légionnaire avaient été remplacés par toute une série d'armes qui étaient souvent le reflet des origines barbares de leurs utilisateurs, incluant l'arc composite. Les épées qui avaient été copiées par des forgerons germains, des siècles auparavant, à partir de modèles grecs, étrusques et romains, et avaient ensuite évolué pour s'adapter aux techniques de combat des Barbares – comme l'épée longue provenant de la tombe d'un guerrier du Ve siècle en Hongrie qui illustre ce roman –, avaient finalement conduit aux épées romaines de l'époque tardive. La technologie des armes avait ainsi, vers le milieu du Ve siècle, fait un cycle complet, au moment où les soldats qui combattaient pour Rome se mesuraient plus que jamais à des envahisseurs barbares, dans une confrontation où l'on ne pouvait plus compter sur la puissance militaire romaine ni sur la réputation de Rome à son apogée pour tenir tête à un chef de guerre qui se voyait en prochain empereur du monde connu.

Organisation

L'armée du début de l'Empire était composée principalement de légionnaires – citoyens-soldats – et d'auxiliaires, hommes des nouvelles provinces qui se verraient récompensés par l'octroi de la citoyenneté romaine après un certain temps de service. Elle comprenait aussi des unités irrégulières formées par des tribus frontalières récemment alliées, les *foederati*. Lorsque l'empereur Caracalla accorda la citoyenneté universelle aux hommes libres vivant dans l'Empire, en 212 après J.-C., la différence de statut entre légionnaires et auxiliaires s'estompa, même si les légions gardèrent leur rôle d'unités en garnison à l'intérieur des provinces, prêtes à être déployées, et les auxiliaires celui d'unités postées aux frontières.

Les réformes des empereurs Dioclétien et Constantin mirent fin à cette structure ancienne de l'armée, en remplaçant les légions par des *comitatenses* – littéralement : « compagnons » – et les unités frontalières par des *limitanei*, troupes affectées aux frontières. Ces nouvelles unités continuèrent à assurer à peu près les rôles respectifs des légions et des auxiliaires, mais il y eut de grands changements dans l'organisation interne, surtout concernant les légions et les *comitatenses*. Les légions avaient été de grandes unités de cinq mille hommes ou plus, avec l'esprit de corps d'un régiment moderne, mais un rôle tactique plus semblable à celui de la brigade. Elles étaient adaptées aux batailles rangées typiques de la fin de la République, comme lors des guerres puniques, par exemple. Les *comitatenses*, en revanche, comprenaient des unités d'environ huit cents ou mille hommes, plus semblables au bataillon moderne.

Diminuer la taille des unités rendit l'armée plus mobile et plus flexible en campagne, mieux adaptée à un type d'actions contre les envahisseurs barbares moins orientées vers les batailles rangées. Mais la raison principale de ce changement a peut-être peu à voir avec la tactique de campagne et sans doute plus avec la sécurité de l'empereur. Les commandants des légions qui auraient pu menacer la pourpre impériale pouvaient compter sur la loyauté de nombreux hommes, tandis que des unités de taille plus restreinte, fidèles à leur propre commandement, pouvaient se révéler plus difficiles à rassembler pour un usurpateur et plus aisées à contrôler pour un empereur.

Ce qui est troublant, c'est que certaines unités gardèrent le nom de légions – par exemple *Legio II Adiutrix* et *Legio XX Valeria Victrix*. Cependant, il semble que ce n'ait été qu'un nom, et cela représente probablement une tentative consciente de garder une continuité de tradition depuis les formations les plus anciennes, de façon à favoriser le bon moral et le recrutement. On pourrait comparer, aujourd'hui, avec le maintien du nom *« The Black Watch, the Old Royal Highland Regiment »* pour un bataillon récemment formé du Régiment royal d'Écosse, ce qui signifie que l'on souhaite conserver les traditions et les symboles même si le *Black Watch* a cessé d'exister en tant que régiment.

En même temps que la nouvelle organisation, on instaura de nouvelles structures de commandement. C'en était fini des anciens légats, les commandants de légions, avec des armées en campagne menées par des consuls ou des membres de la famille impériale. Les armées de *limitanei* étaient maintenant conduites par un *dux*, origine de notre mot « duc », ou par le *comes*, ou « comte », officier de moindre importance. Les *comitatenses*, armées de campagne, étaient commandées par un *magister*, et l'ensemble des forces armées par un *magister militum*, bras droit de l'empereur et, dans les faits, la deuxième personnalité de l'Empire romain.

Pour renforcer leur sécurité, les empereurs rassemblèrent une force de *comitatenses* affectée spécifiquement à leur personne, ce qui affaiblit les armées provinciales, et remplacèrent la vieille garde prétorienne par une nouvelle garde d'élite affectée au palais, le *praefecti comitatense*. Cette décision de donner à la sécurité de l'empereur la priorité sur la défense des provinces et des frontières a diminué les avantages tactiques de la nouvelle organisation des *comitatenses*, et représente une faiblesse qui peut aider à comprendre la vulnérabilité aux invasions de l'empire d'Occident au cours de cette période.

Recrutement

L'armée des débuts de l'Empire était dans une large mesure formée de volontaires, s'inscrivant dans la tradition de l'armée citoyenne de la République. Elle incorporait des soldats expérimentés provenant des provinces nouvellement créées. Le métier de légionnaire était honoré et estimé, et pouvait aboutir à une allocation de terre décisive à l'heure de la retraite. Être auxiliaire menait à la citoyenneté. Fait déterminant, les soldats étaient assez bien payés pour que le salaire soit aussi une incitation au recrutement, car il permettait à un homme d'économiser suffisamment pour développer son lopin de terre lorsqu'il prendrait sa retraite, et d'assurer la subsistance de sa famille, d'améliorer son statut social et les perspectives de progression pour ses enfants.

Le tableau était très différent à la fin de l'Empire. L'octroi de la citoyenneté universelle sous Caracalla, en 212 après J.-C., avait affaibli cette incitation à s'enrôler dans les auxiliaires. Pendant la crise du IIIe siècle, une période d'anarchie au cours de laquelle, on l'a dit, plus de trente empereurs se succédèrent en autant d'années, les gouvernants successifs dévaluèrent la monnaie d'argent au point que la paie des soldats ne valait presque rien. Même après que le standard-or eut été recréé, au cours des IVe et Ve siècles, la solde était, de notoriété publique, irrégulière et souvent inexistante. Les soldats en vinrent à dépendre des empereurs ou de commandants fortunés qui octroyaient des subsides ponctuels, système qui pouvait permettre à un empereur ou une faction opposée d'acheter la loyauté d'une armée à une époque où celle-ci aurait dû être indépendante de la politique et rassembler toute sa détermination contre la menace barbare.

Comme le suggère ce qui précède, la base traditionnelle de l'enrôlement volontaire avait largement disparu au IVe siècle, et de nombreux soldats des *limitanei* et des *comitatenses* ne l'étaient que parce qu'ils y avaient été obligés d'une façon ou d'une autre – certains tenaient lieu de paiement de l'impôt, lorsqu'un père envoyait un de ses fils à l'armée comme substitut de ce qu'il devait en espèces ou en nature. Comme cela se produit pour toute armée de conscrits, le moral et l'esprit de corps n'allaient pas de soi. Les hommes susceptibles de se battre pour la gloire de Rome étaient moins nombreux qu'à l'époque de leurs ancêtres légionnaires, et il y avait pléthore de cyniques et d'individualistes. Cependant, dans une armée de conscrits, ce sont parfois ces hommes qui sous la coercition de la guerre se révèlent les soldats les plus capables et les plus imaginatifs, de sorte que la conscription n'était pas nécessairement une faiblesse dans l'armée romaine tardive. Aussi réticents qu'ils puissent avoir été au début, des conscrits pouvaient construire leur détermination, confrontés à la guerre totale, lorsque leur foyer et leur famille étaient menacés – comme c'était certainement le cas, en Italie, après le sac de Rome par les Goths en 410 après J.-C. –, et développer une fierté dans leurs capacités et dans celles de leur unité. Ils étaient probablement fidèles avant tout à leurs camarades et aux chefs qui avaient combattu à leurs côtés et ainsi gagné leur respect, renforçant ainsi le caractère autonome des petites unités de l'armée romaine tardive, par opposition aux anciennes légions.

L'aspect professionnel de l'armée reposait à la fois sur les jeunes tribuns de familles aristocratiques qui y accédaient directement comme officiers et sur le recrutement volontaire et continu de soldats provenant de régions possédant des traditions guerrières solides, en particulier la Pannonie près du Danube et le nord des Balkans, et par-dessus tout sur un flux de Barbares, encore récemment ennemis de Rome. Dans les débuts de l'Empire, le fait d'offrir à des ennemis récemment pacifiés des conditions de service privilégiées dans l'armée avait constitué une façon de romaniser les autochtones et de laisser s'exprimer des ardeurs guerrières qui auraient pu autrement mener à l'instabilité et à la rébellion. À la fin de l'Empire, au contraire, les chefs de guerre germains nouvellement installés par traité en Gaule et en Hispanie n'avaient pas été vaincus ou désarmés, et considéraient le service dans l'armée romaine comme une occupation excellente pour leurs fils, en même temps qu'un moyen de défendre leur propre territoire, récemment acquis, contre de nouvelles menaces barbares. Les Barbares que l'on trouvait dans l'armée romaine pouvaient aussi bien appartenir à des unités de *foederati*, qui n'étaient guère mieux que des bandes de guerriers errants, qu'être des officiers du rang de commandant d'armée, chose impensable au début de l'Empire.

Les talents guerriers de ces hommes d'origine barbare, ainsi que l'aguerrissement et le cynisme des conscrits d'Italie et des anciennes terres provinciales aident à comprendre l'extraordinaire résilience de l'armée romaine au cours de ses derniers combats à l'Ouest. Ces batailles furent gagnées moins par la stratégie et les manœuvres que par la capacité de chaque soldat, individuellement, à affronter un ennemi féroce en combat rapproché, et ceci est au cœur de toute reconstruction des faits de guerre au cours de cette période charnière de l'histoire ancienne.

Sources du roman

L'« épée d'Attila » est un objet dont l'existence est attestée, décrite par Priscus de Panium dans la citation en exergue de ce roman. Priscus, qui est un des personnages de ce récit, est notre source principale en ce qui concerne Attila et les Huns au Ve siècle après J.-C., et pratiquement tout ce qu'on peut dire sur Attila provient soit de ce qui reste de sa relation, soit de sources postérieures que l'on peut lui attribuer. Priscus est né à Panium, sur les rives du Pont-Euxin (mer Noire), près de Constantinople, aux alentours de l'an 420 après J.-C. Avec son ami Maximinus, un jeune officier de l'armée, il se rendit à la cour d'Attila pour le compte de l'empereur d'Orient Théodose, en 449 après J.-C., deux ans seulement avant la grande offensive du Hun contre l'Occident. Priscus était avant tout un érudit, auteur d'ouvrages de rhétorique et d'histoires de l'empire d'Orient et d'Attila, et ce qui reste de son texte sur l'expédition chez Attila fournit l'un des récits de première main les plus vivants qui nous soient parvenus de l'Antiquité classique. C'est de lui que nous viennent tous ces détails concernant les Huns, ces descriptions de la construction en bois chevillé de la forteresse d'Attila, la scarification rituelle des joues des guerriers et le rôle du chaman. Priscus nous donne aussi une idée de l'immense complexité de cette période, qui fut une époque d'intrigues et de complots continuels dans les cours impériales de Théodose à l'Est et de Valentinien à l'Ouest.

Comme les Huns étaient un peuple nomade et ne construisaient jamais qu'en bois – et encore, s'il leur arrivait de construire –, les traces archéologiques que l'on connaît sont souvent limitées aux tombes trouvées par hasard. Ainsi ont été révélés des squelettes d'hommes et de femmes dont les crânes montrent des signes évidents d'aplatissement, ce qui explique la description dans ce roman de Huns au front obtus. Une découverte remarquable a été faite en 1979 près du monastère bénédictin de Pannonhalma, non loin de Budapest. Parmi les objets exhumés se trouvait un magnifique harnachement de cheval doré à l'or, qui a fourni les éléments pour la description des décorations du cheval de Moundzouk dans le prologue, de même qu'une belle épée, dont la poignée est sertie de bandes dorées et le fourreau tout aussi richement travaillé.

Il est clair que les forgerons huns étaient des artisans extrêmement doués et que la vénération pour l'épée était chez eux profondément ancrée. Presque mille ans avant Priscus, l'historien grec Hérodote décrivait comment les Scythes adoraient leur dieu de la guerre sous la forme d'une épée de fer, érigée sur un monticule de brandes, et comment étaient sacrifiés sur ces autels non seulement du bétail et des chevaux, mais aussi des ennemis capturés : « Ils tranchèrent la gorge de leurs victimes et récupérèrent le sang, le transportèrent au sommet du monticule et le répandirent sur l'épée. Au pied de l'autel, ils coupèrent le bras droit et l'épaule du cadavre et les lancèrent en l'air, en laissant en place chaque bras là où il était tombé. Les torses gisaient séparément » (*Histoires*, 4, 62).

Malheureusement pour nous, Priscus n'était pas un historien militaire et il a fourni peu de détails sur les campagnes et les batailles, et ce qui reste de ses travaux ne donne aucune indication sur les deux immenses affrontements qui prennent place dans ce roman. Bien qu'elle constitue l'apogée d'une des campagnes militaires les plus extraordinaires de l'histoire, la conquête de la Carthage romaine par les Vandales sous Genséric en 439 n'est évoquée que par quelques lignes d'autres historiens, jamais plus. La moisson est plus abondante lorsqu'il s'agit de ce qui fut probablement le plus énorme affrontement de l'Antiquité classique, la bataille des champs Catalauniques, en 451 après J.-C., entre les Romains et les Wisigoths d'un côté et les Huns, les Ostrogoths et les Gépides de l'autre, avec dans les deux camps de nombreux autres alliés, représentant la plupart des peuples belliqueux d'Europe à cette époque. Toutes les relations modernes de la bataille découlent de l'*Histoire des Goths (Getica)* de Jordanès, fonctionnaire subalterne à Constantinople au milieu du VIe siècle, qui a basé presque tout son travail – y compris une histoire d'Attila et des Huns – sur les volumes perdus de Priscus. La relation de la bataille par Jordanès comporte plus de deux mille mots, mais également beaucoup de lieux communs – un discours d'Attila, par exemple, qui est probablement fictionnel –, et fort peu de détails topographiques et tactiques, mais y apparaissent la butte centrale, la disposition des armées, le ruisseau rouge de sang et le destin du roi goth Théodoric, « jeté à bas de son cheval et piétiné par ses propres hommes… quoique certains disent qu'il fut tué par la lance d'Andag, de l'armée des Ostrogoths, qui étaient alors sous l'influence d'Attila » (*Getica*, 20). Il nous parle aussi de la comète qui est censée avoir été vue la veille de la bataille. En évaluant Jordanès comme source historique, il est important de se souvenir non seulement qu'il écrivait un siècle après la bataille, mais encore que sa source principale, Priscus de Panium, n'était ni témoin oculaire du combat ni historien militaire.

En ce qui concerne Carthage, la profonde humiliation de la défaite et l'absence d'un historien témoin oculaire – tel Polybe, qui avait assisté à la conquête romaine presque six cents ans auparavant – expliquent dans une certaine mesure le manque de relations écrites de la part des Romains, tandis que les Vandales, de leur côté, n'avaient pas de tradition littéraire. Les principaux historiens de l'époque dont les travaux nous sont parvenus, des hommes comme Priscus et Jordanès, étaient de Constantinople et plus concentrés sur les affaires de l'Orient. À Ravenne et Rome, toute raison de célébrer la bataille, au mieux une victoire ambiguë pour les Romains, fut vite perdue dans la marche de l'histoire. Même si Attila en personne n'était plus une menace, vingt-cinq ans seulement plus tard, ses alliés ostrogoths d'autrefois envahirent l'Italie, prirent Ravenne et placèrent sur le trône leur chef Odoacre, mettant ainsi fin dans les faits à l'Empire romain occidental.

Les champs Catalauniques se trouvent probablement en Champagne, au nord-est de la France, près de Châlons, nom sous lequel on désigne parfois la bataille. Pour certains, la découverte à proximité, en 1842, sur la rive sud de l'Aube, d'une tombe contenant un squelette avec deux épées et des ornements d'argent et d'or datés du Ve siècle après J.-C. est un facteur décisif de localisation. L'un de ces ornements est un anneau portant l'inscription *HEVA*, qu'il est possible d'interpréter comme dans le chapitre 18 de ce roman – tous ces éléments pouvant fort bien constituer les biens funéraires d'un chef de guerre goth. L'hypothèse que cela puisse être la tombe du roi Théodoric, hâtivement inhumé après la bataille, a été formulée la première fois au XIXe siècle, et elle constitue la base de la scène du chapitre 18 de ce roman. L'ensemble a été nommé le trésor de Pouan et est visible aujourd'hui au musée Saint-Loup à Troyes.

Un des personnages centraux de ce roman est Arturus, un Breton renégat ayant du sang romain qui sert dans les *foederati* en Gaule, travaille comme agent de renseignement pour le *magister militum* Aetius, puis retourne en Britannie pour conduire son peuple contre les envahisseurs saxons. Les décades qui ont suivi le retrait de Rome de la Britannie en 410 après J.-C. m'ont toujours paru le contexte le plus favorable pour un homme de ce type, à une époque de troubles pour ce pays, quand l'issue des invasions était incertaine – ce qui pouvait permettre à un chef charismatique de faire pencher la balance –, et que la Gaule aussi fourmillait probablement de vétérans et d'aventuriers bretons, dont quelques-uns devaient se tenir au courant de la situation dans leur pays. Aux champs Catalauniques, par exemple, il est impossible de croire que dans les armées des deux côtés il n'y avait pas de mercenaires bretons, dont quelques-uns avaient des ancêtres légionnaires, et qui auraient lutté avec les Saxons, les Angles, les Jutes et les hommes de toutes les autres tribus guerrières que leurs frères et leurs cousins combattaient dans les terres frontalières du pays de Galles et de l'ouest de l'Angleterre. La question de savoir si Arturus a vraiment existé et a pu fonder un royaume est une autre affaire, perdue pour l'histoire mais préservée dans la mythologie, au cours de cette période obscure mais fascinante de l'histoire ancienne, à l'époque où l'Europe moderne que nous connaissons était en gestation.

Les citations d'Ammien Marcellin au chapitre 7 comprennent des phrases sur les Huns traduites de son *Res Gestae* (livre XXXI), et au chapitre 8 le commentaire d'Una sur la prière de l'évêque de Carthage Quodvultdeus paraphrase un fragment d'un sermon qui lui est attribué, intitulé « Saints Innocents ». Au chapitre 9, l'inscription que contemple Flavius est celle que l'on peut voir réellement aujourd'hui à la base de la colonne de Trajan à Rome. Au chapitre 11, l'inscription gravée sur l'ordre de Trajan sur les falaises des Portes de Fer sur le Danube, la *Tabula Traiana,* est visible aujourd'hui sur la rive serbe, en face d'une immense effigie, sculptée dans la roche, de Débalus, opposant dace de Trajan, et c'est ce qui m'a inspiré l'idée que des sculptures colossales des deux généraux auraient pu exister à cet endroit de la gorge dans l'Antiquité. L'élévation du niveau du fleuve en raison de la construction d'un barrage, qui a entraîné le déplacement de la *Tabula Traiana* jusqu'à son emplacement actuel, a également provoqué l'engloutissement de l'île d'Ada Kaleh, un port franc médiéval et antre de contrebandiers avec « un millier de ruelles sinueuses » dont j'ai imaginé qu'il avait déjà cet aspect au ve siècle après J.-C.

À la même date, en Éthiopie, à l'autre extrémité

du monde antique, l'extraordinaire royaume chrétien d'Aksoum atteignait son apogée, de façon analogue à ce que relate Una au chapitre 8. Pour beaucoup d'êtres dans une situation semblable, Aksoum pouvait paraître un endroit d'où était bannie la persécution et où il était possible de refonder la chrétienté, et cela constituait sans aucun doute la base des histoires évoquant une terre chrétienne fabuleuse dans l'Est – parmi lesquelles la légende du prêtre Jean – qui persistèrent jusqu'au début des Temps modernes.

La pièce de monnaie qui illustre les différentes parties de ce livre est un véritable *solidus* de Valentinien que j'ai en ma possession, frappé à Rome et datant des environs de 440 après J.-C.

Pour obtenir plus de renseignements historiques concernant cette fiction ainsi que mes traductions des passages de Priscus sur les Huns et de Jordanès sur la bataille des champs Catalauniques, ainsi que des images de la grande épée des Huns et d'autres objets et sites mentionnés dans le roman, consultez mon site www.davidgibbins.com et le lien www.facebook.com/DavidGibbinsAuthor.

Glossaire

Quelques termes appartenant à l'époque romaine tardive :

Césars : terme générique désignant les premiers empereurs, jusqu'à Hadrien
Centurion : grade ancien et respecté correspondant à un sous-officier de *numerus* ayant fait ses preuves
Comes : comte, officier commandant une armée de *limitanei*
Comitatenses : compagnons (dans une armée en campagne)
Dux : duc, officier commandant une armée de *comitatenses*
Fabri : sapeurs
Foederati : groupes de guerriers barbares alliés aux Romains
Limitanei : soldats des frontières
Magister : général commandant en chef des armées d'un diocèse ou d'une province
Magister militum : commandant en chef
Numerus : unité militaire dont l'effectif peut varier de moins de cent à plusieurs centaines d'hommes
Optio : grade équivalent à celui de caporal
Sagittarii : archers
Saxons : terme générique désignant les envahisseurs de la Britannie venus du nord de la Germanie

Remerciements

Je remercie chaleureusement mon agent, Luigi Bonomi, de l'agence LBA, Rob Bartholomew, de The Creative Assembly et de Sega, Jeremy Trevathan, Catherine Richards et l'équipe de Pan Macmillan au Royaume-Uni, Peter Wolverton, Anne Brewer et l'équipe de Saint Martin's Press à New York, tous mes autres éditeurs et traducteurs, et tous au sein de The Creative Assembly et de Sega, pour leur apport. Je suis également particulièrement reconnaissant à Martin Fletcher de son excellent travail éditorial, à Al Bickham, de The Creative Assembly, de ses commentaires, à Mandy Woods, de son travail d'édition, et à Ann Verrinder Gibbins, de sa relecture attentive et de ses nombreux et utiles conseils au cours de l'écriture.

Lorsque j'étais à l'école, mon père m'a encouragé à lire *Le Comte Bélisaire,* roman de Robert Graves, qui m'a mené à la source principale de Graves, Procope, puis à Jordanès et Priscus, les historiens qui donnent une vision si vivante des invasions barbares du Ve siècle après J.-C. et du monde d'Attila le Hun. J'ai été en contact pour la première fois avec la période de la fin de l'Empire romain en tant qu'archéologue lorsque j'ai effectué, pendant un été, une expédition en Sicile sur les ruines de Caucana, site identifié comme étant le lieu d'où s'est embarqué Bélisaire pour reprendre Carthage aux Vandales, au VIe siècle après J.-C. En Sicile, nous recherchions des épaves des IVe et Ve siècles après J.-C. Cette expédition m'a donné une excellente connaissance de l'archéologie de cette période. Plus tard, j'ai eu la possibilité d'enrichir cette expérience grâce à des fouilles à Carthage, en Italie, en Angleterre et en d'autres lieux qui figurent dans ce roman. Quelques-unes de ces recherches ont été rendues possibles grâce au financement de l'Institut canadien de recherches en sciences sociales et humaines, de l'Académie britannique, de la faculté d'études classiques de l'université de Cambridge, du Corpus Christi College à Cambridge, et à tous je suis redevable.

Je dois des remerciements particuliers à ma fille Molly, qui m'a accompagné dans une folle escalade hivernale au pays de Galles, au-delà du lac Glaslyn et pour l'ascension du mont Snowdon, où j'ai eu pour la première fois l'idée de l'épilogue, ainsi qu'aux nombreux étudiants qui ont travaillé sur une fouille que j'ai menée près de la rivière Dee, où j'ai tenu entre mes mains une tuile sur laquelle figurait l'inscription *LEG XX*, tout comme le fait Macrobius dans la scène finale du roman.

L'auteur

David Gibbins est un auteur à succès reconnu par le *New York Times* et le *Sunday Times*, et dont les livres se sont vendus à plus de trois millions d'exemplaires et ont été traduits en trente langues. Il a reçu une formation universitaire en archéologie, et on retrouve dans ses romans sa vaste expérience des fouilles de sites anciens, terrestres ou sous-marins, dans le monde entier.

Il est né au Canada, il y a grandi, ainsi qu'en Nouvelle-Zélande et en Angleterre. Après avoir obtenu brillamment son diplôme en histoire de l'Antiquité méditerranéenne à l'université de Bristol, il a poursuivi des études d'archéologie à l'université de Cambridge, où il a soutenu une thèse de doctorat, puis a été chercheur au Corpus Christi College et enseignant à la faculté d'études classiques. Il a enseigné comme professeur d'université l'archéologie et l'art romains, l'histoire de l'Antiquité et l'archéologie marine.

Outre ses ouvrages romanesques, il est également l'auteur de nombreuses publications dans le domaine de la recherche, parmi lesquelles des articles parus dans *Antiquity, World Archaeology*, l'*International Journal of Nautical Archaeology*, le *New Scientist* et d'autres revues, ainsi que de monographies et de volumes publiés.

Son travail d'archéologue sur le terrain l'a conduit dans toute la région méditerranéenne, y compris la Turquie, Israël, la partie continentale de la Grèce, la Crète, l'Italie et la Sicile, l'Espagne et l'Afrique du Nord, ainsi que les îles Britanniques et l'Amérique du Nord. Ses projets ont reçu le soutien, entre autres, de l'Académie britannique, des écoles britanniques à Rome, Jérusalem et Ankara, de la Société des antiquaires de Londres, et aussi de la Fondation Winston Churchill, qui lui a octroyé une bourse de recherche. Il a travaillé à Carthage, où il a dirigé une campagne de fouilles sur les vestiges du port antique. Il a appris à plonger à l'âge de quinze ans et a exploré des sites d'épaves dans le monde entier, y compris pendant une période où il a été professeur adjoint de l'Institut d'archéologie marine et a travaillé sur le site d'une épave datant de l'Antiquité au large de la Turquie.

Sa fascination pour l'histoire militaire lui vient en partie de son intérêt de longue date pour l'engagement de ses propres ancêtres dans les guerres victoriennes ou plus anciennes. Parallèlement à son profond intérêt pour les armes de l'Antiquité, il collectionne et restaure des armes à feu militaires des XVIIIe et XIXe siècles, et façonne des reproductions de fusils américains à silex qu'il utilise au Canada, dans les étendues sauvages où il se retire la plupart du temps pour écrire. Son intérêt pour l'art militaire se retrouve dans ses romans précédents : les guerres puniques (*Total War*

Rome : Détruire Carthage), les campagnes romaines vers l'est (*Tigres de guerre*), les guerres victoriennes en Inde et au Soudan (*Tigres de guerre, Pharaon*), et la Seconde Guerre mondiale (*Le Masque de Troie, Les Dieux d'Atlantis*).

Composition et mise en pages
Nord Compo à Villeneuve-d'Ascq

Imprimé en France par CPI
en mai 2016
N° d'impression : 3017385

POCKET - 12, avenue d'Italie - 75627 Paris Cedex 13

Dépôt légal : janvier 2016
S26280/02